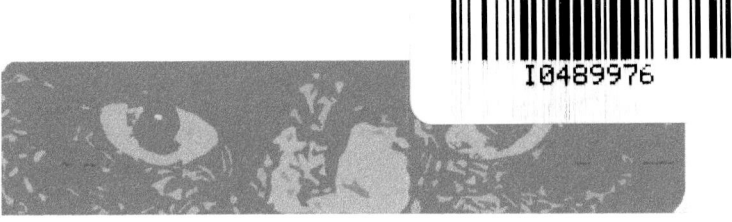

NIST 800-171: „Beyond DOD"

(Zweite Ausgabe)

Evolving Federal weiten Cyber

Security Requirements

Enthält aktuelle Informationen über die externe Zertifizierungsstelle (ECA) Programm

♦♦♦

Mark A. Russo

CISSP-ISSAP, CISO

WIDMUNG

Dieses Buch ist die Cyber-Security-Männer und Frauen gewidmet, die zu schützen und
Die Informationssysteme dieser großen Nation verteidigen.

Dies wird auch zu meiner Familie gewidmet, die unterstützt haben meine Bemühungen in dem Schreiben zu stürzen, wie
nicht nur ein Hobby, sondern eine Berufung, die Welt zu einem besseren zu machen
und sicherer.

NIST 800-171: „Beyond DOD"

~ Second Edition

Inhaltsverzeichnis

Die externe Zertifizierungsstelle Program (ECA), siehe Seiten 135-136

SPECIAL Gutscheincode für: „Einführung in der NIST SP 800-171" auf Udemy für erste 500 Besucher zu einem Sonderpreis von $ 19.99, benutzen Sie bitte Code „CYBER-MARK"   https://www.udemy.com/introduction-to-nist-sp-800-171

NIST 800-171 Anwendbarkeit auf zukünftige Vergaben

Erwartungen

Ende 2018 ist die Erwartung, dass die Vereinigten Staaten (US) Bundesregierung wird das National Institute of Standards and Technology (NIST) Special Publication (SP) erweitert 800-171, Revision 1, *Ohne Zuordnung Informationen Schützen in nonfederal Informationssysteme und Organisationen* Cyber technische Publikation wird auf die Gesamtheit der Bundesregierung beantragen. Es wird verlangt, dass jedes Unternehmen, Unternehmen oder Agentur, die US-Regierung unterstützt mit NIST 800-171 vollständig kompatibel ist spätestens zum Zeitpunkt der Auftragserteilung. Die Federal Acquisition Regulation (FAR) Ausschuss Fall # 2017-016 hatte eine ursprüngliche Spannung Datum März 2018; zu diesem Zeitpunkt ist gekommen und gegangen. Der neueste und erwartete Zeitrahmen für eine endgültige Entscheidung zu einem erwarteten Zeitraum von 2018. November verschoben Während es möglich ist, dass die Federal Acquisition Regulation (FAR) Ausschuss weiter NIST 800-171 Umsetzung verzögern kann, ist der Wert und der Zweck dieses Buchs ist, nicht weniger kritisch.

Während NIST 800-Serie Cyber Publikationen ein Unternehmen sagen, „was" erforderlich ist, müssen helfen, sie nicht zu erzählen, „wie" die 110 Sicherheitskontrolle Anforderungen in NIST 800-171 erfüllen. Die Zahl der Sicherheitskontrollen kann Anstieg auf die tatsächlichen oder vermeintlichen Bedrohungen zu einer Bundesbehörde auf Basis fördern. Die Unternehmen sollten Kontrollanforderungen mit ihrem jeweiligen Vertragsamt bestätigen.

Dieses Buch wird erstellt, bei der Erfüllung der neuesten Cyber-Contracting Anforderung, die kleinen und großen Unternehmer zu helfen. Es ist beabsichtigt, Unternehmen zu unterstützen und ihre Informationstechnologie (IT) Mitarbeiter, wie am besten, um die Herausforderungen zu begegnen, das 2016 National Institute of Standards and Technology (NIST) 800-171, Revision 1. Diese umfasst ferner die Einhaltung der Federal Acquisition Verordnung (FAR) Klausel 52,204 bis 21 und seine Begleiter DOD zu ergänzen, das Defense Federal Acquisition Regulation Supplement (DFARS) und seine spezifische Klausel, 252,204-7.012.

Darüber hinaus ist dieses Buch gewidmet und Unternehmen und ihren IT zu geben erstellt Mitarbeitern einen inhaltlichen Startpunkt. Es wird entwickelt, durch die Sicherheitskontrollen in genug Detail zu gehen Genehmigung, um sicherzustellen, regelmäßige Unternehmen, Waren und Dienstleistungen zu bedienen und zu betreiben, mit der US-Bundesregierung. Dieser Ansatz wird in wahrscheinlich Vorgriff auf eine bundesweiten Anforderung für alle Unternehmen bietet eine „guten Glauben" Darstellung, welche die neuen NIST 800-171 Anforderungen zu zeigen versucht.

NIST 800-171 gilt für **Prime und Subunternehmer** . Es gibt drei Kernvertrags Verpflichtungen:

1. „Angemessen sichern" Controlled Ohne Zuordnung Information (CUI), und wenn die Arbeits
   mit dem Department of Defense (DOD), Covered / Critical Defense Information (CDI).

2. Rechtzeitige Cyber-Vorfall Berichterstattung an die Regierung, wenn ein IT-Netzwerk
   Verletzung identifiziert; typischerweise innerhalb von 72 Stunden oder früher.

3. Wenn mit einem Cloud Service Provider (CSP) betrieben wird, „ausreichend" Sicherheit muss sein gezeigt; in der Regel durch einen Vertrag mit dem CSP, das zeigt, dass sie ausreichende Sicherheit bietet Datenschutz als Drittdienstanbieter zur Verfügung stellen. Ein Vertrag oder Service Level Agreement (SLA) sollte das Unternehmen zeigen, ist solide Internetsicherheit Sorgfalt Regierung Contract Officers (CO) ausgeführt wird.

Was ist „ausreichende Sicherheit?" **Ausreichende Sicherheit** wird durch „Compliance" mit den 110 NIST 800-171 Sicherheitskontrollen definiert ist, und, wenn das Geschäft eine Aufforderung ausgegeben wird, dh Zuschlag. Es wird auch auf das Geschäft oder Unternehmen durch die bestimmungsgemäße CO ausgegeben ausreichend auf eine Zulassung in Betracht gezogen werden. Das bedeutet nicht, alle Sicherheitskontrollen in Kraft sind, aber wo eine Abweichung erforderlich ist, einen Aktionsplan und Meilensteine (POAM) vorgesehen ist.

Ein POAM wird als Teil der offiziellen Einreichung Paket der Regierung erforderlich. Es sollte erkennen, warum das Unternehmen derzeit nicht die Kontrolle adressiert, und wenn er erwartet, dass die Steuerung zu lösen. (Siehe Zusatzführung: *Schreiben eines wirksamen Aktionsplan und Meilensteine (POAM) auf Amazon® für weitere Details.*)

Das Geschäft wird auch verwendet, um rechtzeitig Cyber-Vorfall Berichterstattung an die Regierung erforderlich, wenn ein Bruch in sein Netzwerk aufgetreten ist. Die DOD Anforderung, zum Beispiel ist, dass das Unternehmen der Regierung innerhalb von 72 Stunden informiert über **Anerkennung** eines Sicherheitsvorfalls. (Siehe das Kapitel über die Incident Response (IR) Steuer Familie).

Darüber hinaus kann die US-Regierung das Geschäft erfordert Cyber Unterstützung und Response-Elemente innerhalb der Bundesregierung zu informieren. Dies kann das Department of Homeland Security (DHS) US Computer Emergency Response Team (US-CERT) umfasst (https://www.us-cert.gov/) Oder andere wie Agentur innerhalb der Regierung.

Ändern Bundescybervertragsanforderungen nehmen auch Rücksicht auf die großen Bewegungen innerhalb des öffentlichen und privaten Sektors in Cloud-Service. Typischerweise würde der Sicherheitsschutz in Verträgen oder SLA zwischen dem Unternehmen und dem CSP finden. Diese sind normalerweise genügend Beweise für die Regierung.

Die gute Nachricht in Bezug auf CSPs gibt es viele aktuellen CSPs, die bereits in Übereinstimmung mit der Bund Risk and Authorization Management Program (FedRAMP) der Regierung. Sein FEDRAMP-compliant vor der endgültigen Einreichung des NIST 800-171 Body of Evidence (BOE) wird die Herausforderungen der Verwendung einer nicht beglaubigten CSP reduzieren; entsprechend planen, wenn man bedenkt das bewegliche Teil oder die ganze Geschäft Operationen in der 'Wolke'.

Folgen der Nichteinhaltung

Es gibt mehrere wichtige Konsequenzen Auftragnehmer und deren Zulieferer berücksichtigen müssen, wenn entweder nicht in der Lage, um ihre Compliance zu erfüllen oder aufrechtzuerhalten. Dies kann mehrere schwerwiegende Folgen umfassen und es ist wichtig, das Unternehmen in Bezug auf jede Änderung ihrer Haltung Cyber-Strom bleibt. Bleiben Sie ständig aktuell über jede neue NIST 800-171 Richtung im allgemeinen oder spezifisch für die Agentur unterstützt. Andernfalls bleibt Strom mit dem Vertrag Büro kann Geschäftsbeziehungen mit der Regierung in Frage stellen. Diese Folgen können sein:

- Auswirkungen auf Future-Kontraktes Auswahl. Dies kann so einfach wie eine vorübergehende disbarment von Bundesauftragsarbeiten sein. Es könnte auch dauerhafte Maßnahmen von der Regierung ist ein Unternehmen für einen viel längeren Zeitraum auszusetzen. Darüber hinaus könnte die Regierung das Unternehmen für Betrug oder eindeutig falsche Darstellung ihrer Sicherheitslage der US-Regierung verfolgen. Dies ist sehr wahrscheinlich auftreten würde, wenn eine Cyber **Vorfall** tritt innerhalb des Netzwerks Unternehmen. Dies ist höchstwahrscheinlich würde in der Regierung Dritter Gutachter ernannt, die bestimmen würde, ob es eine vorsätzliche Missachtung von NIST 800-171 und allen damit verbundenen FAR / DFARS-Klauseln war. *Merken*, das Geschäft wird immer anhand der folgenden Kriterien beurteilt:

    O War dort **ausreichende Sicherheit** an Ort und Stelle vor und während des Vorfalls?
    O Wurde der Schutz angemessen auf einem etablierte Basis **guter Glaube** Anstrengung
       das Unternehmen CUI / CDI zu schützen?

- Einschätzungen von der Regierung initiiert. In dieser Phase wird die Regierung ungehinderten Zugang Strafbarkeit des Vorfalls zu bestimmen und ob es gebracht weiteren Schaden gegen die Regierung und ihre Behörden. Die Zusammenarbeit ist ein Schlüssel Verpflichtung und den Vorfall versteckt haben kann schlimme Auswirkungen als nicht das Eindringen berichten.

- **Ein POAM ist erforderlich.** Die Regierung wird höchstwahrscheinlich Mandat ein POAM die Feststellung zu adressieren entwickelt werden. Dies sollte eine gute Leistung sein Zwischen Meilensteine zu identifizieren, mit dem endgültigen und geplanten Fertigstellungsterminen eine Situation wieder auftreten wird nicht zu gewährleisten. (Siehe Beilage: *Schreiben eines wirksamen Aktionsplan und Meilensteine:*

  https://www.amazon.com/Writing-Effective-Plan-Action-Milestonesebook/dp/B07H2M3F2M/ref=[...]28&sr=82&keywords=POAM)

- **Der Verlust des Vertrages.** Schlimmer Fall bestimmt die Vertragsbeauftragte kann, dass das Unternehmen die Cyber-Anforderungen nicht erfüllen konnte. Die Ergebnisse, dass Bestimmung höchstwahrscheinlich in Annullierung des Vertrages ergeben sich für *Ursache*.

Der wahrscheinliche Kurs: FAR-Klausel 52,204 bis 21

Zum <u>sehr einfach</u> Sicherung der Auftragnehmer Informationssysteme, die verarbeiten, speichern oder übertragen Bundes erwarten „Vertragsinformationen", wird diese Klausel mehrere der spezifischen NIST 800-171 Sicherheitskontrollen zu reduzieren modifiziert werden. Eine abgespeckte Auswahl der Kontrollen in den frühen Phasen verwendet werden würde von NIST 800-171 Implementierung und Übergang für eine Bundesbehörde. FAR 52,204 bis 21 kann für den Auftragnehmer Informationssystem auf etwa fünfzehn (15) „basic" Cyber-Kontrollen geändert werden. Dies gilt typischerweise auf „Bundes-Vertragsinformationen", wenn ein Unternehmen eindeutig speichert, verarbeitet oder überträgt Bundesdaten. Die spezifische Sprache ist:

> *„Information, nicht für die Öffentlichkeit freigegeben werden sollen, das heißt, die von oder für die Regierung im Rahmen eines Vertrages erzeugt ein Produkt oder eine Dienstleistung an die Regierung zu entwickeln oder zu liefern, aber nicht einschließlich der Information der Öffentlichkeit zur Verfügung gestellt (wie auf öffentlichen Webseiten) oder einfache Transaktionsinformationen, wie notwendige Zahlungen zu verarbeiten."*

Diese Klausel wird <u>nicht</u> verlangt, dass alle 110 Sicherheitskontrollen und wird erwartet, dass die folgenden Arten von damit verbundenen Kontrollen zu verringern oder zu minimieren:

1) Cyber-Schulungsanforderungen
2) Zwei-Faktor-Authentisierung (2FA)
3) Detaillierte Beschreibungen Systemsteuer
4) Cyber Vorfälle oder Verletzung Benachrichtigungen

Erwarten Sie einige Bundesbehörden diese Klausel langfristige Anwendung, da die Bundesbehörde für öffentliche und Kongress-Kontrolle eröffnet. Erwarten Sie dies als eine kurzfristige Lösung bis zu dem Zeitpunkt ein künftiges Vertragsänderung auftritt, und die Agentur ist zuversichtlich, in seinem Verständnis und die Anwendung von NIST 800-171 angewandt werden.

Schließlich ist dieses Buch immer noch anwendbar für FAR 52,204 bis 21 Implementierungsszenario. Es kann die erwarteten 15 Sicherheitskontrollen zu beantworten verwendet werden, wie in den folgenden Kapiteln dieses Buches identifiziert. Überprüfen Sie die tatsächlich erforderlichen Sicherheitskontrollen mit dem Vertrag Amt. Es ist wichtig, die notwendige Steuer Erklärungen zu bestätigen, wie es später in dem in späteren Kapiteln und ihre jeweiligen Steuer Familie angegeben beschrieben.

Was ist der minimale Beweis für ein Cyber-Haltung des Unternehmens?

Die Grundlage der NIST 800-171 ist, dass Auftragnehmer ausreichende Sicherheit auf allen abgedeckt Auftragnehmer Information Systems (IS) zur Verfügung stellen. Typischerweise ist die Mindestanforderung Steuer Umsetzung zu demonstrieren durch **Dokumentation**. Ein weiterer Begriff, der in diesem Buch verwendet wird, ist ein **Artefakt**. Ein Artefakt ist jede Darstellung eines Vertrages Amt oder unabhängigen Dritten Gutachter der Einhaltung bestimmter Sicherheitskontrollen zeigt. Es ist ein wichtiger Teil des Beweises, dass ein Unternehmer die Bundesregierung zur Verfügung stellen würde.

Die allgemeine Bezeichnung für die Sammlung aller Anwendungen und unterstützenden Artefakte ist die Body of Evidence (BOE). Die wichtigsten Elemente für die BOE erforderlich beinhaltet drei wesentliche Elemente:

1. **Allgemeine Geschäftsbedingungen oder Verfahren.** Für dieses Buch werden diese Begriffe synonym verwendet.

   Im Wesentlichen jede Richtung an interne Mitarbeiter und Subunternehmer zur Verfügung gestellt, die zum Arbeits US durchsetzbar sind Gesetze und Human Resource (HR) Richtung. Es wird empfohlen, dass eine solche Politik oder Verfahren Artefakt eine einzigartige Sammlung von sein, wie das Unternehmen befasst sich jede der 110 Sicherheitskontrollen.

Alle Cyberbezogene Politik oder Verfahren Anforderungen sind

am besten in einzelner Geschäftspolitik oder Verfahren Führung erfaßt.

Dies sollte die Steuerelemente Adresse ausgerichtet mit

die Sicherheitskontrolle Familien

---

2. **System Security Plan (SSP).** Dies ist ein Standard Cyber Dokument. Es beschreibt die

   Unternehmen gesamte IT-Infrastruktur-Hardware und Software-Listen aufzunehmen. Gegebenenfalls Vorschläge von zusätzlichen Artefakte, die in ein Standard-SSP-Format in diesem Dokument und dupliziert aufgenommen werden sollten werden empfohlen. (Sehen *System Sicherheitsplan (SSP) Vorlage und Arbeitsmappe: Eine Ergänzung zum „DOD NIST 800-171 Compliance-Ratgeber „Auf Amazon®*)

   EIN *frei* 36-minütige Einführung in die SSP ist derzeit auf Udemy.com bei
   https://www.udemy.com/system-security-plan-ssp-for-nist-800-171-compliance/ .

3. **Aktionspläne und Meilensteine (POAM).** Dies beschreibt eine Kontrolle, dass das Unternehmen

kann nicht reparieren oder vollständig seine volle Übereinstimmung zeigen. Es bietet die Möglichkeit, für ein Unternehmen schwierig

zu verzögern Adressierung technische Lösung zu implementieren, oder weil Kosten untragbar sein.

POAMs sollte immer ein erwartetes Abschlussdatum und definierte Zwischen Meilensteine hat, die die Aktionen, die zu einer

vollständigen Auflösung oder Umsetzung der Steuerung beschreibt. *POAMs Regel nicht länger als ein Jahr sein, sollte*

jedoch ein kritischer Hinweis, kann ein Unternehmen verlangt eine Erweiterung mehrfach, wenn nicht vollständig die

Kontrolle zu erfüllen.

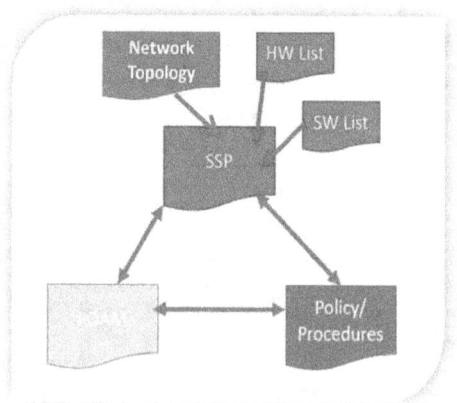

Die wichtigsten Artefakte Erforderlich von der Bundesregierung unter NIST 800-171

Wenn mit der Regierung arbeiten, ist einfach

und konsequent hilft immer durch einen sehr

jungen und weniger als definierter Prozess

Warum eine Erweiterung der NIST-basierte Internetsicherheit Standards verfolgen?

Das Amt für Personalmanagement Breach

Laufende Eingriffe in kritische Bund Systeme verweisen auf die immer agil und sehr wirkungsvolle Effekte von Cyber-Bedrohungen weltweit. Berichte der großen Mengen von Personaldaten aus dem Office of Personnel Management (OPM) exfiltrated und Eingriff in scheinbar sehr geschützten Netzwerke des DOD, zum Beispiel unterstreichen die Notwendigkeit für Veränderungen. „Seit fast einer Woche etwa 4.000-Schlüssel Militär- und Zivilpersonal für den Joint Chiefs of Staff arbeitet [hatte] verlor den Zugang zu ihrer nicht klassifiziert E-Mail nach, was geglaubt wird nun ein Eingriff in den kritischen Pentagon-Server zu sein, dass das E-Mail-Netzwerk übernimmt ... "(Starr, B. 2015, den 31. Juli. *Das Militär beschäftigt sich noch mit Cyber-Angriff ,Durcheinander'.* Von CNN.com:

http://www.cnn.com/2015/07/31/politics/defense-department-computer-intrusion-email-server/). Die Bedrohungen sind allgegenwärtig, und NIST 800-171 und die laufenden Entwicklungen anderer NIST entwickelter Sicherheitsrahmen Unternehmen und Firmen zu helfen, Release nähern sich bundesweit in Bezug auf Cyber-Schutz zu helfen und zu unterstützen.

Die Notwendigkeit, zu implementieren und das Risk Management Framework (RMF), basierend auf NIST Cyber-fokussierte 800-Serie zu verbessern, weiterhin sehr diskutiert werden. Die Herausforderung war, ob das NIST RMF „Rahmen" jenseits der Bundesregierung zu erweitern. Was passiert, wenn die Bundesregierung ihre Anwendbarkeit auf den privaten Sektor beauftragt? Dieses Buch ist im Vorgriff auf dieser Expansion geschrieben. Kann die Erweiterung der NIST 800-Serie, umfasst speziell NIST 800-171, bieten ein besseres Mittel der Nation um sensible Daten zu schützen?

Diese Erweiterung umfasst Gesetze und Verordnungen die Verbesserung der Corporate und Business Cyber Schutz zu erhöhen; dies kann die gegenwärtig gültige Gesetze wie das Federal Information Security Management Act (FISMA) nutzen. Solche Gesetze, Vorschriften und Verfahren sollen die kritischen Infrastrukturen und sensible Daten innerhalb der physikalischen Grenzen der USA und ihre lebenswichtigen Unternehmen gespeichert verbessern und zu schützen. Vermutlich eine solche Entwicklung wird besser die vitale und sensible Daten des US-Schutz vor internen und ausländischen Akteuren Wunsch, die USA zu schaden.

Darüber hinaus wurde FISMA durch den Kongress geschrieben, um die Sorge und die Wirksamkeit von Cyber-Attacken gegen die Bundesregierung und seine großen IT-Infrastruktur zu reduzieren. FISMA und andere Cyber-Gesetze stellen ein Verfahren Aufsicht der Informationssicherheit Anwendungen, Systeme zu verbessern und Netzwerk. FISMA weiter zu suchen, „... für einen umfassenden Rahmen der Wirksamkeit der Informationssicherheitskontrollen über Informationsressourcen zu gewährleisten, die Bund Operationen und Vermögen unterstützen" (US-Regierung. (2002). Federal Information Security Management Act von 2002 (44 USC §§ 3541- 3549) von NIST.:

http://csrc.nist.gov/drivers/documents/FISMA-final.pdf)). Die Sorge ist jetzt mehr wird in Großen und Ganzen durch die jüngsten Mandatierung von NIST 800-171 durch das Verteidigungsministerium und seinen Geschäftspartnern demonstriert und expectedly, der Rest der Bundesregierung die IT-Infrastrukturen.

Foreign Cyber-Bedrohungen

Die Federal Communications Commission (FCC), zum Beispiel, ist entmutigend US Telekommunikations- und Internet-Unternehmen aus dem chinesischen Technologie zu kaufen, die für die Überwachung verwendet werden könnten. „Bedrohung für die nationale Sicherheit gestellt durch bestimmte Kommunikationsausrüster sind eine Frage der parteiübergreifenden Anliegen. „Hidden,Hintertüren'in unsere Netzwerken in Routern, Switches - und praktisch jede andere Art von Telekommunikationsgeräten - kann eine Allee sorgt für feindliche Regierungen Viren zu injizieren, starten Denial-of-Service-Attacken, Daten stehlen, und vieles mehr." Die Haus und Senat Intelligence Committee empfohlen, den FCC-Verkäufe auf US-Geheimdienste Analyse und Aktualisierungen der FCC über Huawei angebliche Rolle in der chinesischen Überwachung Bemühungen basiert zu stoppen.

„Als Mitglied der House Intelligence Committee, wurde es mir klar gemacht, dass [ein großes chinesisches Telekommunikationsunternehmen] kann nicht vertraut werden und eine Bedrohung für die Sicherheit der US-Regierung Netze, wenn der Zugang darstellen würde", Rep. Mike Turner, R-Ohio , angegeben. „Die Entscheidung der FCC nicht chinesische IT-Produkte zu verwenden, ist ein wichtiger Schritt [die USA] vor möglichen Sicherheitsverletzungen zu schützen, und ich sie voll dabei unterstützen."

Insbesondere Verizon® und AT & T ® ihre Pläne im Januar 2018 zu erwerben chinesische IT- und Telekommunikationsgeräte. (QUELLE: https://www.washingtonexaminer.com/policy/defensenational-security/fcc-wants-chinese-tech-out-of-us-phones-routers)

DOD Cyber wird Ernst

Im Jahr 2014 nahm das DOD die Gesamt NIST RMF 800-Serie als Cyber-Standard. Im 2017 es erforderlich, offiziell seinen Vertrag Belegschaft, um spezifisch die NIST 800-171 Anforderung zu erfüllen. Die Gesamtleitung hat die aktuelle DOD Führung worden, um effektiver seine eigenen kritischen IT-Daten zu schützen und Infrastrukturen, und über seine DOD Grenzen zu erweitern zu schützen *es ist* Daten in den privaten Auftragnehmer Sektor übertragen.

NIST 800-171 wird eine Herausforderung für die Unternehmen sein wollen kommerzielle Unternehmen mit der Regierung fortzusetzen oder zu beginnen. Dieses Buch hat sich verpflichtet, einen rationalen Ansatz zu bieten, die effektiv durch kompetentes IT-Personal Anfänger beschäftigen, die 110 Sicherheitskontrollen zu beantworten. Es ist durch eine „guten Glauben" Anstrengungen seitens des Unternehmens, die sensible Datentypen zu schützen, wie CUI und CDI erwartet wird. Dies ist eine Anleitung zu buchen. Es ist nicht nur für die DOD von NIST aktueller Ausführung bestimmt 800-171, aber die erwartete zukünftige bundesweite Regierung Verabschiedung der NIST 800-171.NIST 800-171 Revision 1 war der erste Versuch für DOD, die an Lieferanten und Auftragnehmer gilt, um sicherzustellen, CUI / CDI ordnungsgemäß vor Bedrohungen geschützt. Es wurde ferner beauftragt, die Informationen über ein Geschäft des Unternehmens spezifisch für das DOD von Kompromiss geschützt sind oder nutzen; das heißt, Modifikationen, Verlust oder Zerstörung. Es wird versucht, eine grundlegende Anstrengung, um sicherzustellen, wird ausgeführt, die eigenen internen CUI sowie miteinander vermischte DOD Informationen zu schützen, die als Teil des Unternehmens normalen Geschäftsbetriebes erstellt wird.

Zum 31. Dezember 2017 ein Unternehmen mit DOD Geschäfte machen will, ist erforderlich, die treffen **110** NIST-basierte Sicherheitskontrollen. Unternehmen können diese Sicherheitslösungen implementieren, entweder direkt oder durch außerhalb von Drittanbietern verwenden, „Managed Services", um die Schutzanforderungen der Controlled Ohne Zuordnung Information (CUI) / Covered Defense Information (CDI) zu erfüllen. NIST Publikationen, während die zuvor nicht zwingend für „nonfederal Entitäten", NIST 800-171 rev.

1 ist das erste Mal, dass eine Bundesbehörde nonfederal Agenturen, vis a vis, private Unternehmen, erfüllt diese Bundesspezifischen Veröffentlichung beauftragt hat.

„Nonfederal" Organisationen wie Unternehmen und ihre internen IT-Systeme Verarbeitung, Speicherung oder Sende CUI / CDI kann mit NIST 800-171 einzuhalten erforderlich. Im Fall von DOD, dass Vorschlag ist, *jetzt* verpflichtend.

CUI und CDI sind keine nationalen Sicherheitsstufe Informationen als die meisten typischen innerhalb des DOD betrachtet wie **Vertraulich, Geheim,** oder **Streng geheim.** Die ehemalige DOD Terminologie für CUI oder CDI wurde überwiegend kategorisiert **Für nur offiziellen Gebrauch** (FOUO). Diese Daten können als sensibel, aber nicht erfordert strengere Sicherheits oder Kontrollmechanismen als mit der nationalen Sicherheit Informationen. Grund CUI / CDI können Mitarbeiterdaten, Personal Health Information (PHI) oder persönlich identifizierbare Informationen (PII) geschützt durch Bundes- und Landesgesetze enthalten. CDI ist spezifischer auf die operativen und die Unterstützung durch DOD erforderlichen Funktionen seiner nationalen Mission zu erfüllen.

Das **110** explizite Sicherheitskontrollen von NIST 800-171 werden von NIST Kern Cyber-Sicherheitsdokument, NIST 800-53 extrahiert, *Sicherheit und Privacy Controls für Federal Information Systems und Organisationen,* die für DOD Geschäft und Kampfsysteme sind lebenswichtig betrachtet. Darüber hinaus ist dies eine sehr abgespeckte Reihe von Kontrollen der Sicherheitsanforderungen gerecht zu werden basierend

Im von NIST angeboten tausend potenzielle Kontrollen 800-53; dies ist eine expansive Reihe von Kontrollen durch DOD verwendet, um alle seine Systeme von seinem Kampfjet zu seinem großen Personal Datenbanken zu schützen.

Menschen-Prozess-Technologie (PPT) Modell

Dieses Buch konzentriert sich Unternehmer und ihre IT-Support-Mitarbeiter, die beide die minimalen und vollständigere vorgeschlagen Antworten für jede der angegebenen Kontrollen zu erfüllen. Firmen zum Glück brauchen nur darauf zu konzentrieren, wie man am besten, um diese Kontrollen in einer „minimal" Natur zu begegnen und sicherzustellen, Zustimmung von der Bundesregierung, dass das Unternehmen positive Kontrolle über die Sicherheitsgrenzen hat, wo seine Mission Systeme und Daten befinden. Darüber hinaus ist es mehr ist durchdacht, um das Geschäft zu schützen seine sensible Daten und geistiges Eigentum (IP) bestimmt.

Das **Menschen, Prozesse und Technologie (PPT) Modell** ist die empfohlene Anleitung für viele der Kontrollen innerhalb der NIST 800-171 beantworten. Während alle Lösungen nicht unbedingt eine benötigen **technologisch** Antwort, die Berücksichtigung der **Menschen** (zB wer? welche Fähigkeiten? etc.) und **Verfahren** (zB Mitteilungen an die Geschäftsleitung, Action-Workflows, etc.) werden viele der Antwortanforderungen erfüllen. Siehe Steuern 3.6.1, die beispielsweise Antworten liefert, die angeboten werden können, wenn die Menschen-Prozess-Technologie (PPT) Modell anwenden. Die besten Antworten werden in der Regel umfassen die Typen und Arten von Menschen das Verfahren oder Verfahren, um die Kontrolle zu überwachen zugewiesen, die den Workflow zu identifizieren, die sicherstellen, dass die Steuer erfüllt ist, und in einigen Fällen sind die Technologie, die die Steuerung teilweise beantworten oder vollständig.

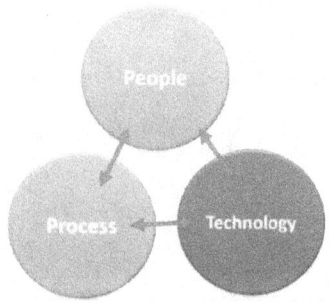

PPT Modell

Mehr über Artefakte und POAMs

Andere Artefakte, die gelegentlich diskutiert wird, aber nicht weniger wichtig, sind die SSP und POAM. Diese werden große Teile des eingereichten BOE an die Regierung. Artefakte sind so konzipiert, Behauptungen der Vollständigkeit und dieses Buch zu unterstützen, zum Beispiel kann „Screenshots" als eine von vielen Beweise enthalten, die eine Kontrolle erfüllt ist; Alle modernen Betriebssysteme (OS) eine „Print Screen" -Funktion, wo der Text oder das Bild wird in temporären Computerspeicher erfasst, platziert und in ein Dokument Anwendung eingesetzt werden kann. Dies kann dann leicht zu einem CO oder eine Sicherheitskontrolle Assessor in der Form von entweder einem weichen oder Hardcopy Artefakts vorgesehen sein. IT-Personal soll diese Funktion zu zeigen, beispielsweise Richtlinieneinstellungen oder Systemprotokollierung (Audit) Daten verwenden. Im Zweifelsfall haben immer irgendeine Form der grafischen Darstellung der Regierung zu zeigen.

Die POAM wird verwendet werden, wo das Geschäft kann nicht die Kontrolle erfüllen oder die Adresse entweder aus technischen Gründen „wir haben keine ruhende Daten (DAR) Verschlüsselungsanwendung" oder Kosten, „wir planen, die DAR-Lösung zu kaufen, als nicht später 1. April 2019." POAMs sollten Meilensteine sind; Meilensteine sollte beschreiben, was Überstunden erreicht wird, wird für die vollständige Umsetzung der Steuerung in der Zukunft vorzubereiten. Was wird in der Zwischenzeit das Unternehmen tun, um die Kontrolle zu lösen? Dies könnte zum Beispiel andere Milderung Antworten von verbesserten physikalischen Sicherheitskontrollen verwendet wird, wie zum Beispiel einer 24-7 Wachmannschaft, die Zugabe eines Stahl-Tür-Eintrag zu dem wichtigsten Computer-Server oder verbessert und durchsetzbaren Maßnahmen zu verhindern, die expliziten Auswirkungen haben auf Personal.

POAMs wird immer ein definiertes Enddatum haben. Typischerweise ist es entweder innerhalb von 90 Tagen, sechs Monaten oder einem Jahr lang. Ein Jahr soll das maximale Datum sein; aber das Geschäft, als Teil dieses junge Verfahren kann eine Erweiterung des auf dem „geplant" Enddatum basierend POAM fordern; RMF bietet Flexibilitäten. Haben Sie keine Angst POAMs als angemessen zu trainieren und zu nutzen. (Siehe Access Control (AC) für eine Beispielvorlage).

Alles in Betracht gezogen

Der Einstieg in ein Cyber-Mind-Set

Im Mittelpunkt steht den mentalen Ansatz und technisches Verständnis von dem, was die Steuerung (und was es nicht ist). Der erste Absatz beschreibt eine MINDEST ANTWORT. Das ist das, was benötigt wird, um eine grundlegende Antwort für ein minimales und akzeptables Niveau der Antwort vorzubereiten. Vor allem erfordern diese Lösungen Politik oder Verfahrensunterlagen, die die Regierung beschreiben, wie das Geschäft wird diese Kontrolle gewährleisten, erfüllt werden; wenn nur zügig versuchen, durch den Prozess zu bekommen, wird dieser Absatz genug sein, um eine Genehmigung zu sichern.

Wenn es ein größerer Wunsch zu verstehen ist, den Prozess weiter und zeigt eine wesentlichere Lösung, den Absatz, vollständigere Antwort entwickelt, um mehr Tiefe zu schaffen. Es ist beabsichtigt, mehr vollständig an den Eigentümer zu beschreiben, wie man besser ein Verständnis für die Bundesregierung zeigt die Implementierung von NIST 800-171.

Auch zur Klärung des *Grundlegende Sicherheitsanforderungen* Überschrift was ist in der Regel wie die beschriebenen **Common Control** für die Steuerungsfamilie. Am besten ist es einfach zu verstehen, ist es die Hauptsteuerung für die jeweilige Steuer Familie. Das *Abgeleitet Sicherheitsanforderungen* Mehr als ergänzende und „körnige" Anforderungen für die „Eltern" Kontrolle betrachtet werden. In Abhängigkeit von den Typen und Arten von Daten gespeichert, diese Kontrollen in dem mehr *klassisch* NIST 800-53 Veröffentlichung kann Hunderte von anderen Kontrollen umfassen; Die US-Regierung hat sich zum Glück nur 110 steuert als notwendig erachtet wird.

FAMILIE	FAMILIE
(AC) Zugriffskontrolle	(MP) Medienschutz
(AT) Sensibilisierungs- und Schulungs	(PS) Personalsicherheit
(AU) Audit and Accountability	(PP) physischer Schutz
(CM) Configuration Management	(RA) Risikobewertung
(IA) Identifizierung und Authentifizierung	(SA) Security Assessment
(IR) Incident Response	(SC) System und Kommunikation Schutz
(MA) Wartung	(SI) System und Informationsintegrität

NIST 800-171 SICHERHEIT ANFORDERUNG FAMILIEN

Schneiderei-out-Steuerelemente Möglichkeiten

Die 2016 Version Update auf NIST 800-171, Revision 1, bietet eine weniger als ausreichend Richtung in der Frage der **Steuer Schneiderei**. Darin heißt es in seinem Anhang E, dass es drei Hauptkriterien für die Entfernung einer Sicherheitskontrolle (oder Steuerverstärkung) aus der Betrachtung und Einbeziehung in den NIST 800-171 BOE sind:

- **Die Steuerung ist einzigartig Bund (dh in erster Linie in der Verantwortung der Bundesregierung):** Die Regierung stellt die Steuerung direkt an das Unternehmen. Während möglich, erwartet dies in der Regel nicht auftreten.

- **Die Steuerung ist nicht direkt im Zusammenhang mit der Vertraulichkeit von CUI / CDI Schutz:** Dies wird auch nicht gelten, da alle diese Kontrollen ursprünglich ausgewählt wurden, die Vertraulichkeit aller CUI / CDI zu schützen. Deshalb ist dieses Buch zu erklären, gibt es besser, wie diese Kontrollen zu begegnen, die zum größten Teil sind alle erforderlich.

- **Die Steuerung wird erwartet, dass routinemäßig von nonfederal Organisationen (NFO) ohne Angabe erfüllt sein:** Mit anderen Worten wird die Steuerung erwartet von der NFO, dh das Unternehmen (Sie und Ihr IT-Team.) Erfüllt werden

Tailoring ist erlaubt und empfohlen, wo angemessen. Innerhalb des NIST Cyber-Rahmen, das Konzept der **Schneiderei-out** wünschenswert eine Kontrolle ist, soweit dies technisch oder betrieb kann es nicht sinnvoll angewandt werden. Dies wird technische Sicherheit erfordern, dass die Steuerung nicht anwendbar (N / A). Im Rahmen dieser Gelegenheit, wenn das IT-Architektur des Unternehmens enthält nicht innerhalb seines **Sicherheitsgrenze** die Technik, wo eine solche Kontrolle erforderlich wäre dann angewandt werden die Steuerung wird als N / A identifiziert.

Zum Beispiel, wo das Geschäft kein Wi-Fi-Netzwerk in seiner Sicherheitsgrenze hat, kann es die Regierung beraten, dass alle Kontrollen die Sicherheit von Wi-Fi-Netzwerken adressieren würden eine N / A Kontrolle. Das Unternehmen kann nicht noch hat Grund, diese Sicherheitskontrollen zu implementieren, da es derzeit nicht Wi-Fi-Netzwerke oder über Vorhandensein solcher Geräte wie Wi-Fi-Router, Antennen ermöglicht usw. Die Steuerung markiert werden würde als **konform** und als N / A zum Zeitpunkt der Selbsteinschätzung annotiert. Es wäre immer noch erforderlich sein, zu erkennen, dass Wi-Fi ist nicht in der Firma Cyber Verfahren Anleitung oder Politik richtig seine Abwesenheit berechtigt ist, zu dokumentieren, als ein Best-Practice-Ansatz für die eingereichten BOE vorgeschlagen.

Die folgenden Wi-Fi-Sicherheitskontrollen am ehesten an das bestehenden IT-Infrastruktur des Unternehmens zugeschnitten-out spezifische werden kann, wenn es keine Wi-Fi-Netzwerke oder Geräte sind.

3.1.16 Autorisieren drahtlosen Zugang vor erlaubt solche Verbindungen.

3.1.17 Schützen drahtlose Zugriffsauthentifizierung und Verschlüsselung.

Schneiderei-out kann dein Freund sein

Wie dieses Buch verwenden (Ein Update)

Im Juni 2018 veröffentlichte die NIST NIST 800-171A, **"EIN** *ssessing Sicherheitsanforderungen für kontrollierte Ohne Zuordnung Informationen* . " Es erhöht die Herausforderungen und die Komplexität des aktuellen Bundes, *und speziell* DOD Anstrengungen, um besser auf die Cyber-Umgebung zu sichern. Er fügte hinzu, weitere 298 Unter Kontrollen (SUB CTRL), auch innerhalb der Cyber-Gemeinschaft als Kontroll Correlation Identifier (CCI) beschrieben. Das *CCI* bietet eine Standard-Kennung und Beschreibung für jede die Einzahl, verwertbaren Aussagen, die eine Cyber-Kontrolle oder Cyber-Best-Practice umfassen. CCI schließt die Lücke zwischen High-Level-Politik Ausdrücke und Low-Level-technischen Implementierungen. CCI ermöglicht eine Sicherheitsanforderung, die in einem High-Level-politischen Rahmen ausgedrückt wird zerlegt werden und explizit mit der Low-Level-Sicherheitseinstellung (n) zugeordnet, die mit den Zielen dieser spezifischen Sicherheitskontrolle der Einhaltung zu bestimmen, zu beurteilen.

Die Fähigkeit, die Sicherheitsanforderungen von ihrem Ursprung zu verfolgen (zB Verordnungen, Cyber-Frameworks, etc.), um ihre Low-Level-Implementierung ermöglicht es Unternehmen, mehr Cyber-Compliance-Frameworks leicht zu demonstrieren. CCI stellt auch ein Mittel objektiv Rollup und damit verbundene Compliance-Assessment-Ergebnisse über unterschiedliche Technologien zu vergleichen.

Wir sind die Ausstellung diese zweite Ausgabe unsere Arbeit besser ansprechen und hoffen, besser in dieser Veränderung zu unterstützen, die eine begrenzte Auswirkungen auf Sie und Ihr Unternehmen oder Agentur haben. Diese Version wird die ursprüngliche Version von „Beyond DOD" nutzen und mehr Details liefern, „wie" diese zusätzliche Unter Kontrollen zu beantworten. Der Aufwand wird hier in erster Linie konzentriert sich auf mit „Prüfung" in erster Linie um die Steuerung zu erfüllen und gleichzeitig darauf hindeutet, gegebenenfalls die Verwendung von „testing" und „Interviews" sind eine bessere Annäherung an die Unter Kontrollen zu beantworten; die meisten empfohlenen Ansätze werden bei Aktualisierungen der Firmenpolitik oder Verfahren Dokumente speziell für Computer-Sicherheit innerhalb ihrer jeweiligen Sicherheitsgrenze basieren.

Wir haben die ursprünglichen NIST 800-171A Unterregelkarten modifizieren und haben eine zusätzliche Spalte zu erklären vorgeschlagen Ansätze hinzugefügt, um die Untersteuerung für einen minimal ‚konform' Status zu beantworten. Wir werden nicht mehr zu tun versuchen, als die für die Zwecke dieser Ausgabe.

Die generelle Beurteilung von NIST 800-171A beschreibt nur einen erweiterten Rahmen und einen Ausgangspunkt für weitere spezifisches Verfahren der Entwicklung der CUI Sicherheitsanforderungen in NIST 800-171 Revision 1 zu beurteilen. *Es fügt keine neuen Kontrollen, sondern bietet nur detailliertere Verbesserungen an der Basissteuerung. Es gibt immer noch 110 steuert.* Edition 1 dieses Buches kann immer noch effektiv eine vollständige Antwort für Vertrags Büros zu formulieren, verwendet werden.

Organisationen haben die Flexibilität, ihre Bewertungsverfahren zu spezialisieren, indem die spezifischen Bewertungsmethoden und die Menge der Beurteilung Artefakte Auswahl der Bewertungsziele zu erreichen. Es ist nicht zu erwarten, dass alle Bewertungsmethoden und alle Artefakte werden für jede Beurteilung verwendet werden. umfassen Selbsteinschätzung oder unabhängig von Drittanbietern Bewertungen sind die Bewertungsverfahren und Methoden können mit mehreren Methoden angewandt werden. Bewertungen können auch durch Sponsoring-Organisationen (zB Behörden) durchgeführt werden; eine solche

Ansätze können von den teilnehmenden Parteien in Verträgen oder in Vereinbarungen festgelegt werden. Es wurden alle Anstrengungen in dieser Ausgabe versucht, für die Untersteuer zusätzliche Informationen zu liefern, wie gebraucht.

Darüber hinaus können Einschätzungen Systeme Entwickler, Integratoren, Gutachter, Anlagenbesitzer oder ihre jeweiligen Sicherheitspersonal durchgeführt werden. Assessment-Teams kombinieren verfügbare Systeminformationen. System Assessments können verwendet werden, um den Nachweis von Organisationen erforderlich zu kompilieren und zu bewerten und zu helfen, die Wirksamkeit der Schutzmaßnahmen zu bestimmen umgesetzt CUI zu schützen.

Der folgende Schlüssel vorgesehen Kürze hinzuzufügen gegebenenfalls und in dem die vorhergehenden Beschreibungen der Ausgabe 1 bleiben komplett für die Zwecke des Untersteuerungs beantworten.

AKRONYM	BEDEUTUNG	BESCHREIBUNG
NCR	Keine Änderung erforderlich	Die Beschreibung und die Informationen in der Basissteuerung ist nach wie vor richtig, und es gibt keine weitere Notwendigkeit, die ursprüngliche administrative (Politik) oder technische Empfehlungen zu ändern.
P	Politik oder Verfahren	Erfordert eine Ergänzung zu dem Richtliniendokument des Unternehmens, die Untersteuerung zu beantworten; Beschreibungen oder Beispiele werden als „empfohlene Ansatz" Spalte vorgeschlagen.
T	Technische Lösung benötigt	Identifiziert eine technische Lösung wird ferner die Steuerung und / oder abzuschwächen (reduziert), um die Verwundbarkeit, aber nicht unbedingt vollständig um Ihr zu beantworten.
PO	Aktionsplan und Meilensteine	Der Vorschlag, hier ist für Unternehmer, in dem die Steuer technisch schwierig zu sein scheint, zu implementieren, sollte ein POAM formuliert werden; wenn in der Lage zu begegnen, ist es immer die *bevorzugt* Ansatz für jede Sicherheitskontrolle zu beantworten.
W	Verzicht oder Risikoakzeptanz	Es gibt einige Situationen, sehr langfristig, wo ein Verzicht oder Risikoakzeptanz, die von der Firma, ist ein Mechanismus Risiko für eine schwierige Kontrolle zu akzeptieren, für mehrere Jahre zu implementieren wegen des Mangels an Know-how, technologisch oder Budget um die Anforderung zu erfüllen.

Für die Zwecke dieses Buches wird die Interviewmethode nicht empfohlen. Während es verwendet werden kann, um die Qualität und Vollständigkeit der Dokumentation zu überprüfen, umfassen, beispielsweise Benutzer- und Administratorhandbücher sollte es nicht allein verwendet werden. Wir empfehlen in erster Linie, dass die Dokumentüberprüfungen mit anschließender technischen Prüfung sollten die beiden primären Bewertungsmethoden sein. Technische Tests dokumentierter Prozesse mit dem dazugehörigen Artefakte sind der beste Ansatz für eine große Mehrheit der Kontrollen mit NIST 800-171 zitiert.

Gute Prozesse bieten guten Test-Artifact Outputs-

Wenn es keine gibt, dann hat der Prozess keinen Wert

Zugriffssteuerung (AC)

Die meisten technischen, komplex und vital

Access Control (AC) ist wahrscheinlich die meisten technischen und wichtigste Sicherheitskontrolle Familie innerhalb der Cyber-Prozess. Es wird entwickelt, um Computer-Support-Personal, Systemadministrator (SA) oder Ähnliche IT-Mitarbeiter, auf dem technischen Sicherheitsschutz kritischer Daten zu konzentrieren. Dazu gehört all CUI / CDI und interne sensible Daten von der Firma IT-Infrastruktur beibehalten und von der Gesellschaft im Rahmen der Geschäfte mit der Regierung erhalten. Wenn Investitionen in Cyber-Infrastruktur-Upgrades zu machen, die *AC Steuerung den größten Return on Investment bieten.*

Auch ist es wichtig, zu bestätigen, ob entweder eine technische Lösung in dem aktuellen IT-System nicht bereits eingebettet. Viele Male, werden Kontrollen ignoriert, von Politik erfaßt, oder ein POAM entwickelt wird, auch wenn einige Basisfunktionen, um die Kontrolle zu adressieren sind bereits mit Wohnsitz in dem Basissystem oder insbesondere im Netzwerk-Betriebssystem (OS). Überprüfen Sie auch für Zubehör Anwendungen vom Betriebssystem Hersteller zur Verfügung gestellt, um zu bestimmen, ob eine nicht-Cost-Lösung bereits ansässig ist. Fragen Sie die IT-Mitarbeiter zu bestätigen, ob es bereits eine technische Lösung als Teil des Systems ist, zusätzliche Dollar für Fähigkeiten zu vermeiden, die Ausgaben bereits vorhanden.

Wo Kosten derzeit unerschwinglich zu implementieren, ein POAM ist eine akzeptable, aber vorübergehende Lösung. Wenn nicht in der Lage, die Kontrolle während des Unternehmens „Selbsteinschätzung" Anstrengung zu adressieren, dann bereit sein, einen Aktionsplan und Milestone (POAM) zu formulieren. (*Schreiben eines wirksamen POAM* ist eine aktuelle Ergänzung zu diesem Buch über Amazon®) veröffentlicht werden.

NIST 800-171 Agile Plan of Action & Milestones ®

SYSTEM NAME:

System Information:

System Name	
Company/Organization	
Sponsoring Service/Agency	

POAM Contact Information:

POC Name/Title	
POC Phone	
POC Email	

POAM History:

Date of this POAM	
Date of Last Update	
Date of Original POAM	

Security Costs (optional):

Security Costs [TOTAL]	
Personnel	
Equipment	

*ONE Compliant Controls to not list.

*ADDITIONAL COLUMNS for MILESTONE ACTIVITY & COMPLETION DATE AS NEEDED

[A] Status [G. Y. R]	[2] NIST 800-171 Control Family	[3] NIST 800-171 Identifier	[4] Scan Identifier	[5] Weakness/Deficiency Identifier	[6] Weakness or Deficiency	[7] POC	[8] Resources Required	[9] Overall Completion Date	[10A] Milestone Activity	[10B] Milestone Date 2	[10C] Milestone Activity 2	[10D] Milestone Completion Date 2	[10E] Milestone Activity 3	[10F] Milestone Completion Date 3	[11] Changes to Milestone	[12] Risk Level (High/Medium/Low/High)	[13] Estimated Sec Co	[14] Comments
G	AC	3.1.8		System Administrator	No limits on unsuccessful logon attempts	Susan James	None	4-Jun-19	Set policy setting to forced lockout of users failing 3 logon	7-Jun-19						Low		Policy setting update required by authorized privileged uses
Y	AT	3.2.3		CISO	No assigned insider threat security officer	Alice Cooper	Additional budget for one full-time security person	5-Jun-19	Job announcement out on	5-Apr-19	Begin interviews	5-May-19	Select/Begin new insider threat	5-Jun-19		Mod	$50,000	Hiring action approved by President 10 Jun
R		CVE-1234	ACAS		Elbow Bleed Patch missing	John Smith	Patch computer activated	20-Apr-19	Test patch in testbed environment ABCD	5-Apr-19	Deploy Patch to 200 servers globally	20-Apr-19			None	Mod	$67	Testing patch with mill back standard IT procedures
R	IA	3.5.3		System Administrator	Not using multifactor authentication for local and network access	Bob Doe	Equipment, servers, IA consultant, tokens for all employees	20-Oct-19	Conduct research on solutions	5-Jun-19	Recommend to Sr leadership	4-Jul-19	Biographical/e mail of all equipment	20-Oct-19	Potential if training cannot assist and create classroom instructor, etc.	High	$200,000	Mandatory POAM extension if all PDT components not in place by 20 Oct 2019

Active POAMs   Completed POAMs   (+)

Beispiel POAM Vorlage

<u>**Grundlegende Sicherheitsanforderungen:**</u>

3.1.1 Grenzwertinformationssystem Zugriff auf autorisierte Benutzer, Prozesse im Namen der autorisierten
Benutzer handeln, oder Einrichtungen (einschließlich anderer Informationssysteme).

MINDEST ANTWORT: Adresse dieses Steuerelement in der Geschäftspolitik / Schriftsatz. (Siehe Beispiel Verfahren
unten).

Es soll die Art des Benutzers identifizieren und über welche Zugriffs sie autorisiert sind. Typischerweise gibt es **allgemeine
Benutzer** der regelmäßigen täglichen Zugriff auf das Firmensystemdatum und
erhöhte / privilegierte Benutzer.

Erhöhte / privilegierte Benutzer sind in der Regel beschränkt auf, zum Beispiel Systemadministratoren (SA), Datenbankadministratoren
(DBA) und ander designierten Help Desk IT-Support-Personal Personal, das die Back-Office-Versorgung des Systems zu verwalten;
diese Benutzer in der Regel haben **Root-Zugriff.** Root-Zugriff bietet, was mehr ist in der Regel beschrieben als **Super-User** Zugriff. Diese
Personen sollten hoch und regelmäßig untersucht werden. Diese Personen müssen von Senior Corporate benannten Personen
regelmäßig beurteilt oder geprüft werden.

Vollständigere Antwort: Dies sollte Screenshots enthalten, die eine Stichprobe von Mitarbeitern und deren Typen und Arten von
Zugriffsrechten zeigen. Dies könnte auch ihre Lese-, Schreib, bearbeiten, löschen, usw., **Rechte** typischerweise durch einen zugeordneten
SA kontrolliert.

Wir haben ein Beispiel für ein vorgeschlagene Verfahren für diese Kontrolle zur Verfügung gestellt:

BEISPIEL VERFAHREN: *Das Unternehmen hat zwei Arten von autorisierten Benutzern definiert. Es gibt **allgemeine Benutzer,** diejenigen,
die erfordern normalen täglichen Zugang zu Unternehmen automatisierte Ressourcen und **privilegierte Benutzer,** Mitarbeiter mit
erhöhten Rechten erforderlich regelmäßige Back-Office-Pflege und Wartung von Unternehmensressourcen und
Informationstechnologie (IT) Systemen zu leiten. Der Zugriff auf das [Beispiel] des Unternehmens Finanz, Bestellung und
Personalsysteme werden mit einem Bedarf an diesen allgemeinen Benutzer beschränkt werden, auf der Grundlage ihrer Aufgaben
diese Systeme zugreifen zu können. Unmittelbaren Vorgesetzten ihre Notwendigkeit validieren und die IT Help Desk beraten
entsprechenden Zugriffsberechtigungsnachweis [Login-Kennung und Passwort] zur Ausgabe nach Abschluss der „Cyber Security
Awareness Training." Benutzerberechtigungsnachweis wird nicht mit anderen geteilt und ... werden."*

BEWERTUNG ZIEL *Bestimmen Sie, ob:*		
SUBCTRL	*BESCHREIBUNG*	**empfohlene Ansatz**
3.1.1 [a]	*Autorisierte Benutzer identifiziert.*	NCR
3.1.1 [b]	*Prozesse im Auftrag von autorisierten Benutzern wirken, werden identifiziert.*	*P-Prozesse müssen durch weitere definiert. Dies sollte nur Zugang zu den wichtigsten Anwendungen und deren Funktionalität, zB Finanzierung Finanzpersonal gehören, für nur Vertragspersonal Auftraggeber; ebenfalls,*

		Einige Aufsichtsbehörden Zugang zu diesen funktionalen „Prozesse" für die Überwachung Zwecke benötigen.
3.1.1 [c]	Devices (und andere Systeme) ermächtigt, das System anzuschließen identifiziert.	SSP-Sollten alle Geräte intern die Identifizierung Sicherheitsgrenze als Hauptquelldokument.
3.1.1 [D]	Systemzugriff auf autorisierte Benutzer beschränkt.	NCR
3.1.1 [e]	Der Zugang zum System ist auf Verfahren beschränkt im Auftrag von autorisierten Benutzern handeln.	P-Update-Politik-Dokument, das besagt, „Systemzugriff auf Verfahren beschränkt im Auftrag von autorisierten Benutzern handeln."
3.1.1 [f]	System Zugriff auf autorisierte Geräte (einschließlich anderen Systemen) begrenzt.	P / SSP-Staat in politischen Dokument; sollte mit SSP auszurichten.

BEWERTUNG VERFAHREN UND OBJEKTE

Untersuchen : [WÄHLEN AUS: Zugangskontrollpolitik; Verfahren Adressierung Account-Management; Systemsicherheit Plan; System-Design-Dokumentation; Systemkonfigurationseinstellungen und die zugehörige Dokumentation; Liste der aktiven Systemkonten und der Namen des Individuums mit jedem Konto zugeordnet ist; Benachrichtigungen oder Aufzeichnungen vor kurzem übertragen, getrennt oder gekündigten Mitarbeiter; Liste der Bedingungen für die Gruppen- und Rollenmitgliedschaft; Liste der zuletzt deaktiviert Systemkonten zusammen mit dem Namen des Individuums mit jedem Konto zugeordnet ist; Zugangsberechtigung Aufzeichnungen; Account-Management Compliance-Prüfungen; Systemüberwachungs Aufzeichnungen; System Prüfprotokolle und Aufzeichnungen; Liste der Geräte und Systeme zum Organisationssystemen verbinden autorisieren; andere relevante Dokumente oder Aufzeichnungen].

3.1.2 Grenzwertinformationssystem den Zugriff auf die Transaktionstypen und Funktionen, die Benutzer autorisiert sind, auszuführen gestattet.

MINDEST ANTWORT: Adresse dieses Steuerelement in der Geschäftspolitik / Schriftsatz. Es soll die Arten von Transaktionen zu erkennen und in welcher Höhe ist für autorisierten Benutzer erlaubt. Erhöhen oder privilegierte Benutzer haben Zugriff auf Back-Office-Wartung und Pflege des Netzwerks wie Kontoerstellung, Datenbankpflege, etc .; privilegierte Benutzer können auch allgemeinen Zugang, aber verschiedene Logins und Passwörter sollen ihre Privilegien zu Prüfzwecken entmischen.

Vollständigere Antwort: Dies könnte eine Bildschirmaufnahme enthalten, die eine Stichprobe von Mitarbeitern und deren Typen und Arten von Rechten zeigen. Dies würde ihre Lese-, Schreib, bearbeiten, löschen, usw., Rechte der Regel durch zugewiesen SA kontrolliert. Der SA sollte die Hardcopy Ausdrucke für die Aufnahme in das endgültige Vorlage Paket an den Vertrag Büro oder von ihnen benannten Empfänger liefern kann.

BEWERTUNG ZIEL Bestimmen Sie, ob:		
SUB-CTRL	BESCHREIBUNG	empfohlene Ansatz
3.1.2 [a]	Die Arten von Transaktionen und Funktionen, die Benutzer autorisiert sind, zulässig sind definiert auszuführen.	NCR
3.1.2 [b]	Systemzugriff für autorisierte Benutzer auf die definierten Arten von Transaktionen und Funktionen beschränkt.	NCR

Bewertungsmethoden und KANDIDATEN FÜR ARTIFACTS REVIEW

Untersuchen : [*WÄHLEN AUS:* Zugangskontrollpolitik; Verfahren Adressierung Zugang Durchsetzung; Systemsicherheit Plan; System Design-Dokumentation; Liste der zugelassenen Genehmigungen einschließlich Remote-Zugriffsberechtigungen; System Prüfprotokolle und Aufzeichnungen; Systemkonfigurationseinstellungen und die zugehörige Dokumentation; andere relevante Dokumente oder Aufzeichnungen].

Prüfung : [*WÄHLEN AUS:* Mechanismen Zugangskontrollpolitik der Umsetzung].

Abgeleitete (Supplemental) Sicherheitsanforderungen:

3.1.3 steuern den Fluss von CUI die genehmigten Berechtigungen fließen.

MINDEST ANTWORT: Die Unternehmen verwenden in der Regel **Ablaufsteuerung** Strategien und Technologien, um die Bewegung von CUI / CDI in der gesamten IT-Architektur zu verwalten; Flusskontrolle über die Arten von Informationen.

In Bezug auf dem Verfahren Updates, die Diskussion über die Unternehmensunterlagen sollte mehrere Bereiche, die Adresse: 1) Dass nur innerhalb des Unternehmens autorisierten Personals mit dem erforderlichen need-to-know vorgesehen Zugang; 2) angemessene Sicherheitsmaßnahmen vorhanden sind, um die Verschlüsselung zu enthalten, während Daten in Transit (DIT ist); 3) Was sind die Verfahren für den Umgang mit internen Mitarbeitern, die diese Unternehmen Regeln verletzen ?; und 4) wie funktioniert alarmiert das Unternehmen die Bundesregierung, wenn es externen Zugriff (Hacker) in ihre IT-Infrastruktur und deren CUI / CDI?

Vollständigere Antwort: Um diese Kontrolle Adressierung weiter durch die Implementierung Ausbildung nachgewiesen werden kann (siehe Bewusstsein und Training (AT) Kontrolle) als eine Form von **Milderung;**

Milderung sind andere unterstützende Bemühungen, nicht nur technische, welche die Auswirkungen reduzieren, wenn eine Bedrohung diese Steuerung nutzt. Das Unternehmen könnte auch das Risiko von Insider-Bedrohungen gehören (siehe Control 3.2.3 für die Diskussion von „Insider-Bedrohung.") Von Mitarbeitern erfordern Nichtoffenlegung (NDA) und Wettbewerbsabkomme (NCA) in Anspruch nehmen. Diese zusätzlichen Maßnahmen *reduzieren oder das Risiko für die IT-Infrastruktur verringern.* Sie sollten auch Mitarbeiter adressieren, die abweichen, finden sie ab, oder werden von der Gesellschaft beendet; die Gegenleistung für unzufriedene Mitarbeiter, die das Unternehmen mit potenziell sensible CUI / CDI abziehe.

Flusskontrolle auch besser werden könnte, im Hinblick auf eine technische Lösung für ein Bundesregierung Beisitzer gezeigt. Dies könnte weiter demonstriert durch Verschlüsselung für DIT und ruhende Daten (DAR). Diese Verschlüsselungsanforderungen innerhalb NIST 800-171 erforderlich machen unterschiedliche technische Lösungen und Federal Information Processing Standards (FIPS) 140-2 Einhaltung; siehe Steuer

3.13.11 für mehr Details.

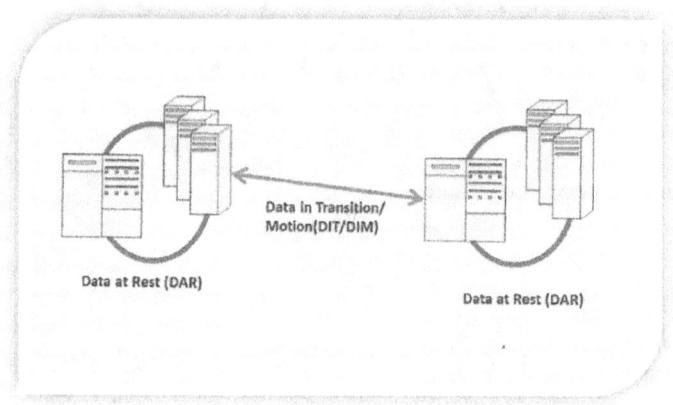

Ruhende Daten (DAR) im Vergleich zu Daten in Transit / Motion (DIT / DIM) konzeptionelles Diagramm

Die Antwort könnte auch wöchentliche Bewertungen von Zugriffsprotokollen enthalten. Typischerweise unterstützt IT-Personal oder der SA würde wiederkehrende Audits durchführt. Wenn Anomalien erkannt werden, was ist das Verfahren Senior Management Personal CUI / CDI und andere sensible Daten versuchen, Zugang zu alarmieren? Dies bietet eine größere Demonstration von Unternehmen Sicherheitsmaßnahmen zu Regierungsvertretern.

ASSESSMEN T ZIEL: *Bestimmen Sie, ob:*

SUB-CTRL	BESCHREIBUNG	empfohlene Ansatz
3.1.3 [a]	*Informationsflusskontrolle Richtlinien definiert.*	NCR
3.1.3 [b]	*Methoden und Durchsetzungsmechanismen zur Steuerung des Flusses von CUI definiert.*	NCR (P-besonders FIPS 140-2-Verschlüsselungsstandards).
3.1.3 [c]	*Designated Quellen und Ziele (zB Netzwerke, Einzelpersonen und Geräte) für CUI innerhalb des Systems und zwischen miteinander verbundenen Systeme werden identifiziert.*	P / SSP-In ein Update auf Politik / Verfahren Dokument und ein „Datenfluss" Diagramm zu SSP, der beschreibt, was die Strömung von dem Absender zum Ziel bringt. Bei jeder Quelle oder Ziel festzustellen, ob die Daten verschlüsselt sind oder nicht.
3.1.3 [D]	*Genehmigungen für das Steuern des Flusses von CUI definiert.*	NCR

3.1.3 [e]	*Zugelassene Berechtigungen zur Steuerung des Flusses von CUI durchgesetzt werden.*	P-Updates für die Politik sollte die Person oder Körper identifizieren, die Änderungen genehmigt machen kann „Datenfluss."

Bewertungsmethoden und KANDIDATEN FÜR ARTIFACTS REVIEW

Untersuchen : [*WÄHLEN AUS:* Zugangskontrollpolitik; Informationsflusskontrolle Politik; Verfahren Informations Adressierung fließen Durchsetzung; Systemsicherheit Plan; System-Design-Dokumentation; Systemkonfigurationseinstellungen und die zugehörige Dokumentation; Liste der Informationsfluss Genehmigungen; System Basiskonfiguration; System Prüfprotokolle und Aufzeichnungen; andere relevante Dokumente oder Aufzeichnungen].

Prüfung : [*WÄHLEN AUS:* Mechanismen Informationsfluss Durchsetzung Umsetzung der Politik].

3.1.4 Trennen Sie die Pflichten des Einzelnen das Risiko böswilliger Aktivität ohne Absprache zu reduzieren.

MINDEST ANTWORT: Dies sollte in der Unternehmenscyberschriftsatz beschrieben werden und sollten identifizieren Rollen und Verantwortlichkeiten, wie Aufsicht ausgeführt werden. Wenn dies schwierig ist, auf der Grundlage der Größe und begrenzten IT-Personal wird eine POAM sehr zu empfehlen.

Die POAM sollten andere Wege vorschlagen, verwendet ein mildern solche **Risiko,** und sieht möglicherweise bei menschlichen und automatisierten Mitteln zur besseren Adresse in der Zukunft.

Vollständigere Antwort: sollte Einzelpersonen zugewiesen werden *schriftlich* und ihre Aufgaben und Verantwortlichkeiten. Dies könnte auch die Meldeschwellen von nicht autorisierten Aktivitäten gehört und wer interne Bedrohungen aufmerksam gemacht; Dies würde eine bessere eine definierte Lösung. Es könnte auch Human Resource (HR) Herausforderungen, wenn solche Vorfälle ein Mittel gegen Verletzer der Unternehmenspolitik auftreten und bereitzustellen.

BEWERTUNG ZIEL *Bestimmen Sie, ob:*		
SUBCTRL	*BESCHREIBUNG*	**empfohlene Ansatz**
3.1.4 [a]	*Die Pflichten des Einzelnen erfordert Trennung definiert.*	NCR
3.1.4 [b]	*Die Zuständigkeiten für die Aufgaben, die Trennung erforderlich sind, um einzelne Individuen zugeordnet.*	NCR
3.1.4 [c]	*Zugriffsrechte, die Einzelpersonen ermöglichen, die Aufgaben wahrzunehmen, die Trennung erfordern gewährt Einzelpersonen zu trennen.*	NCR

3.1.5 basieren auf dem Prinzip der geringst möglichen Privilegien, unter anderem für bestimmte Sicherheitsfunktionen und privilegierte Konten.

MINDEST ANTWORT: Das Prinzip der geringsten möglichen Privilegien ist eine wichtige Cyber Lehre. Das Konzept der geringst möglichen Privilegien ist etwa so dass nur autorisierte Zugriff für Benutzer und Prozesse, die sie direkt Verantwortung. Es ist nur ein notwendiges Maß an Zugang beschränken Aufgaben für bestimmte Geschäftsfunktionen zu erreichen. Dies sollte in der Unternehmenspolitik Cyber Dokument beschrieben. Dies sollte auch Bestandteil der grundlegenden Nutzungsvereinbarungen zu schließen, was in der Regierung Terminologie einer beschrieben **Acceptable Use Policy (AUP).**

Vollständigere Antwort: Ähnlich wie die oben beschriebenen Kontrollen zeigen eine Auswahl von Mitarbeiter Ausdrucke oder Screenshots gewählt haben, können und die Rechte des Einzelnen zugelassen. Eine Auswahl, vor allem von privilegierten Benutzern, und die ihnen zugewiesenen Rollen innerhalb des IT-Infrastruktur des Unternehmens wäre ein Ziel potenziellen Drittstaat Beisitzer sein. Dies würde von Gutachtern verwendet werden, um die Entwicklung von NIST 800-171 Zertifizierungsprozess zu unterstützen.

BEWERTUNG ZIEL *Bestimmen Sie, ob:*	
SUB-CTRL *BESCHREIBUNG*	**empfohlene Ansatz**
3.1.5 [a] *Privilegierte Konten identifiziert.*	P-Soll eine Liste von privilegierten Benutzern als laufenden Artefakt hat.
3.1.5 [b] *Der Zugriff auf privilegierte Konten in Übereinstimmung mit dem Prinzip der geringst möglichen Privilegien zugelassen.*	NCR
3.1.5 [c] *Sicherheitsfunktionen werden identifiziert.*	NCR
3.1.5 [D] *Der Zugang zu Sicherheitsfunktionen in Übereinstimmung mit dem Prinzip der geringst möglichen Privilegien zugelassen.*	NCR

Bewertungsmethoden und KANDIDATEN FÜR ARTIFACTS REVIEW

Untersuchen : [*WÄHLEN AUS:* Zugangskontrollpolitik; Verfahren Adressierung Account-Management; System Sicherheitsplan; System-Design-Dokumentation; Systemkonfigurationseinstellungen und die zugehörige Dokumentation; Liste der aktiven Systemkonten und der Namen des Individuums mit jedem Konto zugeordnet ist; Liste der Bedingungen für die Gruppen- und Rollenmitgliedschaft; Benachrichtigungen oder Aufzeichnungen vor kurzem übertragen, getrennt oder gekündigten Mitarbeiter; Liste der zuletzt deaktivierten Systemkonten zusammen mit dem Namen des Individuums mit jedem Konto zugeordnet ist; Zugangsberechtigung Aufzeichnungen; Account-Management Compliance-Prüfungen; Systemüberwachung / Prüfsätze; Verfahren dest Privileg Adressierung; Liste der Sicherheitsfunktionen (zum Einsatz in Hardware, Software und Firmware) und sicherheitsrelevante Informationen zugreifen, für die ausdrücklich genehmigt werden soll; Liste der systemgenerierten privilegierten Konten; Liste der Systemverwaltungspersonal;

Prüfung : [*WÄHLEN AUS:* Organisatorische Prozesse für Systemkonten zu verwalten; Mechanismen für die Umsetzung Account-Management; Mechanismen Least Privilege Funktionen implementiert; Mechanismen bevorrechtigten Zugriff auf das System].

3.1.6 Die Nutzung nicht-privilegierte Konten oder Rollen, wenn Funktionen nicht sicherheitsrelevant zugreifen.

MINDEST ANTWORT: Am besten ist es, immer zuerst Kontrollen von einer Politik oder Verfahrenslösung zu beantworten. Im Wesentlichen ist dieser „allgemeiner Benutzer" der Zugriff auf die Unternehmensinfrastruktur zu verhindern und Konten Erstellen, Löschen Datenbanken oder erhebend ihre Privilegien Zugang zu beiden CUI / CDI und sensible Unternehmensdaten zu gewinnen. Hier geht es um die geringste Menge an Zugang bereitstellt und ein Privileg, auf der Grundlage der zugewiesenen Aufgaben. Die Unternehmen sehen die Steuerung unten, dass eine Trennung nicht nur von Aufgaben beauftragt, aber der Zugang als auch in Abhängigkeit von Position und einem klaren need-to-know.

Vollständigere Antwort: Je mehr-vollständige Antwort durch automatisierte Lösungen sein könnte, die Kontoerstellung Zugriff anderer Sicherheitsfunktionen wie das Zurücksetzen von Kennwörtern überwacht, usw. Diese Protokollierung und Überprüfung aller Systemzugriff enthalten könnte. Es könnte auch automatisierte Tools, die den Zugang beschränken, basierend auf die Rechte eines Benutzers. Diese technischen Einstellungen innerhalb des Werkzeugs werden durch Unternehmenspolitik festgelegt und durch überwacht zum Beispiel die lokale SA.

BEWERTUNG ZIEL *Bestimmen Sie, ob:*		
SUB-CTRL	*BESCHREIBUNG*	**empfohlene Ansatz**
3.1.6 [a]	*Nonsecurity Funktionen identifiziert.*	NCR
3.1.6 [b]	*Benutzer müssen nicht privilegierte Konten oder Rollen verwenden, wenn nicht sicherheitsrelevante Funktionen zugreifen.*	P-Diese Aussage soll einen Teil der Unternehmenspolitik sein: „ *Benutzer müssen nicht privilegierte Konten oder Rollen verwenden, wenn nicht sicherheitsrelevante Funktionen zugreifen."(Beste Art und Weise Vollständigkeit zu gewährleisten).*

POTENTIAL Bewertungsmethoden und KANDIDATEN FÜR ARTIFACTS REVIEW

Untersuchen : [*WÄHLEN AUS:* Zugangskontrollpolitik; Verfahren dest Privileg Adressierung; Systemsicherheit Plan; Liste von System generierte Funktionen Sicherheit Systemkonten oder Rollen zugewiesen; Systemkonfigurationseinstellungen und die zugehörige Dokumentation; System Prüfprotokolle und Aufzeichnungen; andere relevante Dokumente oder Aufzeichnungen].

Prüfung : [*WÄHLEN AUS:* Mechanismen der Umsetzung Least Privilege Funktionen].

3.1.7 Prevent nicht privilegierte Benutzer aus privilegierten Funktionen ausführen und überwachen die Ausführung solcher Funktionen.

MINDEST ANTWORT: Es gibt viele offensichtlichen Ähnlichkeiten der Kontrollen, und das wurde ursprünglich entwickelt, um in NIST 800-171 für einen Grund. Sicherheitskontrollen werden sollen verstärken, und diese Steuerung unterscheidet sich nur geringfügig in ihrem Umfang als andere zuvor beschrieben wurde.

Steuerung 3.1.6 ist ähnlich wie andere diese Steuerung als auch verstärkt. Die Prozedur Führung des Unternehmens kann explizit „umschreiben" die ursprüngliche Steuerbeschreibung: „Verhindern, dass nicht-privilegierte Benutzer die Ausführung von privilegierten Funktionen ...." Ein Beispiel Prozedur write-up auf der Grundlage der ursprünglichen Steuer Beschreibung ist vorgesehen:

BEISPIEL VERFAHREN: *Nicht-privilegierte Benutzer sind von der Ausführung keine privilegierten Funktionen oder Systemprüfungen ohne die Autorität des Chief Operating Officer des Unternehmens untersagt, Chief Information Security Officer oder deren bezeichneten Vertreter. Alle Anfragen werden schriftlich mit ihren First-Line-Supervisor Validierung der Notwendigkeit einer solchen Zugang für einen begrenzten und festgelegten Zeit eingereicht werden.*

Darüber hinaus schränkt dieses Verfahren höherer Ordnung (privilegierte) Funktionen wie Konten für andere erstellen, Datenbank-Dateien löschen usw. Es erfordert auch die Auditierung aller privilegierten Funktionen. Es wird vorgeschlagen, dass die zugewiesene SA mindestens wöchentliche Überprüfung und berichten Inkonsistenzen von nicht-privilegierten / allgemeine Benutzer, die versuchen (und hoffentlich nicht an) Teile der internen Infrastruktur zuzugreifen.

Vollständigere Antwort: Eine gründlichere Darstellung Kopien von Audit-Protokolle zur Verfügung zu stellen wäre, die einschließen, wer, wann und wie die Ergebnisse einer Prüfung Bewertung waren; Diese Artefakte soll zeigen, dass das Unternehmen seine internen Cyber Verfahren folgt.

HINWEIS ÜBER „Frequenz": Viele der Kontrollen nicht definieren, wie oft ein Unternehmen eine Überprüfung durchführen sollte, Neubewertung usw. Der Unternehmer die Möglichkeit gewährt wird, zu „definieren Erfolg" an die Regierung Contract Beauftragten oder Cyber-Gutachter. Wichtig ist, dass das Unternehmen die Häufigkeit der Bewertungen in der Regel bestimmt, basierend auf der vermeintlichen oder tatsächlichen Empfindlichkeit der Daten. Dieses Buch wird typischerweise die strengere Norm Regierung Frequenz, aber nichts verhindert, dass ein Unternehmen von der Durchführung weniger häufig Bewertungen, wenn es nachgewiesen werden kann.

BEWERTUNG ZIEL *Bestimmen Sie, ob:*	
SUB-CTRL *BESCHREIBUNG*	**empfohlene Ansatz**
3.1.7 [a]	*Privilegierte Funktionen definiert.*	NCR
3.1.7 [b]	*Nicht-privilegierte Benutzer definiert.*	NCR
3.1.7 [c]	*Nicht-privilegierte Benutzer die Ausführung von privilegierten Funktionen verhindert.*	NCR
3.1.7 [D]	*Die Ausführung von privilegierten Funktionen ist in Prüfprotokolle erfasst.*	P- Beispiel Grundsatzerklärung Update kann lesen, wie: *„privilegierten Funktionen werden immer innerhalb Prüfprotokolle wöchentlich erfasst und überprüft."*

„Definieren Sie Ihren eigenen Erfolg"

3.1.8 Begrenzung erfolglose Anmeldeversuche.

MINDEST ANTWORT: Regierung Standardpolitik ist nach drei Anmeldungen das System versagt wird automatisch die einzelnen aussperren. Schlagen diese sollte nicht mehr als fünf Anmeldungen versagt vor allem, wenn die Mitarbeiter nicht computerbewandert. Dies erfordert sowohl die technische Lösung durch die Unternehmens-IT und im Corporate Verfahren Handbuch beschrieben.

Vollständigere Antwort: Zum Beispiel kann die zusätzliche Fähigkeit, eine Bildschirmaufnahme zu schaffen, die einen Artefakt zeigt, was bietet passiert, wenn ein Mitarbeiter die maximale Anzahl der Anmeldungen erreicht diese Kontrolle würde genügen; Dies könnte auf die Vorlage Paket hinzugefügt werden. Es ist auch wichtig, Verfahren zu dokumentieren, um den Prozess umfassen den Netzzugang wieder zu erlangen.

BEWERTUNG ZIEL *Bestimmen Sie, ob:*	
SUB-CTRL *BESCHREIBUNG*	**empfohlene Ansatz**
3.1.8 [a] *Die Mittel zur Begrenzung erfolglose Anmeldeversuche definiert wird.*	T-Dies sucht, was erfolglose Anmeldungen überwacht. Es könnte so grundlegende Fragen wie: „Das XYZ Betriebssystem fehlgeschlagenen Anmeldeversuchen erzwingt nach 3 fehlschlägt."
3.1.8 [b] *Die definierten Mittel zur Begrenzung erfolglose Anmeldeversuche implementiert.*	T- (siehe oben)

3.1.9 Bereitstellung von Privatsphäre und Sicherheit Hinweisen im Einklang mit dem geltenden Regeln CUI.

MINDEST ANTWORT: Im Folgenden finden Sie eine aktuelle Version von a **Warnung Banner** für Unternehmen Zwecke entwickelt. Es sollte entweder physisch auf oder in der Nähe von jedem Terminal gebucht oder auf der on-

Bildschirm-Anmeldung (bevorzugt); dies sollte auch immer Zustimmung zur Überwachung enthält. Empfehlen Sie mit einem gesetzlichen Vertreter Beratung zur endgültigen Genehmigung und Verbreitung an Mitarbeitern.

[Unternehmen] Warnung Banner

Die Nutzung dieser oder einer anderen [Firmenname] Computersystem stellt Zustimmung zur Überwachung jederzeit.

Dies ist ein [Firmenname] Computersystem. Alle [Firmenname] Computersysteme und zugehörige Ausrüstung für die Kommunikation, Übertragung, Verarbeitung und Speicherung von Beamten oder sonstigen autorisierten Informationen nur vorgesehen. Alle [Firmenname] Computersysteme unterliegen jederzeit der Funktionsüberwachung von Geräten und Systemen einschließlich Sicherheitseinrichtungen und Systeme, um sicherzustellen, unberechtigte Nutzung und Verletzungen der Gesetze und Sicherheitsbestimmungen zu verhindern, kriminelle Aktivitäten, und für ähnliche Zwecke abzuschrecken . Jeder Benutzer eines [Firmenname] Computersystem sollten sich bewusst sein, dass alle Informationen im System platziert unterliegt der Überwachung und unterliegt keiner Erwartung der Privatsphäre.

Wenn die Überwachung dieser oder einer anderen [Firmenname] Computersystem möglich Beweise für die Verletzung der Strafgesetze offenbart, diese Beweise und jede andere damit zusammenhängende Informationen, einschließlich der Identifikationsinformationen über den Benutzer, kann zu den Strafverfolgungsbehörden zur Verfügung gestellt werden. Wenn die Überwachung von diesem oder einem anderen [Firmenname] Computersystemen Verletzungen der Sicherheitsbestimmungen oder unbefugter Nutzung aufdeckt, Mitarbeiter, die Sicherheitsbestimmungen verstoßen oder machen unbefugte Benutzung von [Firmenname] Computersysteme unterliegen Disziplinarmaßnahmen anzueignen.

Die Nutzung dieser oder einer anderen [Firmenname] Computersystem stellt Zustimmung zur Überwachung zu allen Zeiten.

Vollständigere Antwort: Eine weitere Überlegung sollte diese Politik sein auch mit Human Resources (HR) koordiniert werden. Dies könnte ferner, dass alle Mitarbeiter eine Kopie dieser Mitteilung unterschreiben, und es wird in der offiziellen Datei gespeichert. Wählen und geschwärzten Kopien könnten verwendet werden, um eine aktive Einhaltung dieser Anforderung als Stichprobe demonstrieren an die Regierung zur Verfügung gestellt. Es könnte auch potentiell beschreiben, wie das Unternehmen Maßnahmen gegen Personen ergreifen kann, die nicht oder verletzen diese Warnung.

BEWERTUNG ZIEL *Bestimmen Sie, ob:*

SUB-CTRL	BESCHREIBUNG	empfohlene Ansatz
3.1.9 [a]	Datenschutz und Sicherheit Hinweise von CUI angegebenen Regeln erforderlich sind, identifiziert, konsistent und mit der spezifischen CUI Kategorie zugeordnet.	NCR
3.1.9 [b]	Datenschutz und Sicherheit bemerkt werden angezeigt.	NCR (Dies kann entweder physisch angezeigt werden oder bei der Anmeldung in [bevorzugten]).

POTENTIAL Bewertungsmethoden und KANDIDATEN FÜR ARTIFACTS REVIEW

Untersuchen : [WÄHLEN AUS: Datenschutz- und Sicherheitsrichtlinien, Verfahren System Verwendung Benachrichtigung Adressierung; dokumentiert Genehmigung zur Nutzung des Systems Benachrichtigungsmeldungen oder Banner; System Prüfprotokolle und Aufzeichnungen; System-Design-Dokumentation; Benutzerbestätigungen Benachrichtigungsmeldung oder Banner; Systemsicherheit Plan; Systemnutzung Benachrichtigungsmeldungen; Systemkonfigurationseinstellungen und die zugehörige Dokumentation; andere relevante Dokumente oder Aufzeichnungen].

Prüfung : [WÄHLEN AUS: Mechanismen der Umsetzung Systemnutzung Benachrichtigung].

3.1.10. Verwenden Sie Sitzungssperre mit Muster-Versteck zeigt Zugriff / Anzeige von Daten nach einer gewissen Zeit der Inaktivität zu verhindern.

MINDEST ANTWORT: Während dies als nur eine technische Lösung erscheinen mag, auch sollte es in der Unternehmenspolitik oder Verfahren Dokument identifiziert werden. Sitzungssperre beschreibt die Zeit der Inaktivität, wenn ein Computer-Terminal automatisch den Benutzer sperren. Schlagen Sie nicht mehr als 10 Minuten für einen Computer Aussperrung. viele Faktoren, basierend auf wie die Art der Arbeit (zB Finanzpersonal) oder die physische Sicherheitsstufe des Unternehmens mehr Auswahl akzeptabel ist (zB ein Sperrgebiet mit einer begrenzten Anzahl von autorisierten Mitarbeitern) ist akzeptabel. Jedoch bereit, die Balance zwischen dem Bedarf des Unternehmens zu verteidigen Regierung Missionsanforderungen und den Gefahren einer übermäßigen Sitzungssperre Timeouts zu erfüllen.

In zweiter Linie, **Muster Verstecken** gewünscht wird, das Konzept von zu verhindern „Schulter Surfen". Andere wie Begriffe, die synonym sind, umfassen **Maskierung** und **Verschleierung.**

Muster versteckt ist so konzipiert, ein individuelles aus der Beobachtung eines Mitarbeiters eingeben ihr Passwort oder persönliche Identifikationsnummer (PIN) zu verhindern. Diese Kontrolle könnte Sternchen (*), beispielsweise umfasst, dass die wahren Informationen maskieren. Dies verhindert, dass Insider oder sogar Besucher aus dem „Diebstahl" eines anderen Anmeldeinformationen des Benutzers.

Kennwort ohne Muster Hiding: PA $$ w0rd
_____

Kennwort mit Muster Hiding: ********
_____

Muster Verstecken

Vollständigere Antwort: Die bessere Lösung könnte viele kürzeren Zeiträume für ein Timeout und längere Kennwortlänge und -komplexität umfasst; der Standard ist, mindestens 15 alpha-numerische und Sonderzeichen.

- Alpha: ABCDE ....
- Numerisch: 12345 ...
- Sonderzeichen: @ # $% ....

(Siehe Control 3.13.10 für eine weitere Diskussion von **Multi-Faktor-Authentisierung (MFA)** und **Zwei-Faktor-Authentisierung (2FA)**).

Als laufende Erinnerung, ist es entscheidend, um Artefakte zu platzieren die technische Lösung beschreibt, demonstriert zum Beispiel Screen-Capture verwenden. Es sollte von einem Prüfungs Vertreter oder Gutachtern zu dieser Kontrolle der Umsetzung klar und leicht nachvollziehbar sein.

BEWERTUNG ZIEL *Bestimmen Sie, ob:*		
SUB-CTRL *BESCHREIBUNG*		empfohlene Ansatz
3.1.10 [a]	*Die Periode der Inaktivität, nach der das System ein Sitzungssperre initiiert definiert.*	NCR
3.1.10 [b]	*Der Zugang zum System und Anzeigen von Daten wird durch Einleiten eine Sitzungssperre nach der definierten Zeit der Inaktivität verhindert.*	NCR
3.1.10 [c]	*Zuvor sichtbare Informationen werden über eine Muster-Hiding Anzeige nach der definierten Zeitspanne der Inaktivität verborgen.*	NCR

POTENTIAL Bewertungsmethoden und KANDIDATEN FÜR ARTIFACTS REVIEW

Untersuchen : [*WÄHLEN AUS:* Zugangskontrollpolitik; Verfahren Sitzungssperre Adressierung; Verfahren Adressierung Identifizierung und Authentifizierung; System-Design-Dokumentation; Systemkonfigurationseinstellungen und die zugehörige Dokumentation; Systemsicherheit Plan; andere relevante Dokumente oder Aufzeichnungen].

Prüfung : [*WÄHLEN AUS:* Mechanismen der Umsetzung Zugangskontrollpolitik für Sitzungssperre].

3.1.11. Terminate (automatisch) eine Benutzersitzung nach einem definierten Zustand.

MINDEST ANTWORT: Die einfachste Lösung ist eine Einstellung, die SA oder andere ausgewiesene IT-Personal setzt innerhalb des Netzwerks Betriebs- und Management-Anwendungen. Typischerweise können die meisten Netzwerkbetriebssysteme eingestellt werden, um eine Klemme / vollständige Aussperrung zu erzwingen. Diese Steuerung Implementierung meldet den Benutzer vollständig und endet jeder Kommunikation Sitzungen umfassen zum Beispiel den Zugriff auf Unternehmensdatenbanken, Finanzsysteme oder das Internet. Es erfordert Mitarbeiter Sitzungsverbindungen mit dem Netzwerk neu zu beginnen, nachdem diese mehr-complete Sitzung Abmelde auftritt.

Vollständigere Antwort: Die vollständige Antwort Screenshots von Richtlinieneinstellungen für die Sitzungsabbrüche und Timeouts umfassen könnte. Die SA oder benannten Vertreter des Unternehmens sollte als ein Artefakt liefern können.

BEWERTUNG ZIEL *Bestimmen Sie, ob:*		
SUB-CTRL *BESCHREIBUNG*		empfohlene Ansatz
3.1.11 [a]	Bedingungen einer Benutzersitzung erforderlich beenden definiert.	NCR
3.1.11 [b]	Eine Benutzersitzung wird automatisch beendet, nachdem eine der definierten Bedingungen erfolgen.	NCR
POTENTIAL Bewertungsmethoden und KANDIDATEN FÜR ARTIFACTS REVIEW		
Untersuchen : [*WÄHLEN AUS:* Zugangskontrollpolitik; Verfahren Adressierung Sitzungsbeendigung; System-Design Dokumentation; Systemsicherheit Plan; Systemkonfigurationseinstellungen und die zugehörige Dokumentation; Liste der Bedingungen oder Triggerereignisse Sitzung trennen erfordert; System Prüfprotokolle und Aufzeichnungen; andere relevante Dokumente oder Aufzeichnungen].		
Prüfung : [*WÄHLEN AUS:* Mechanismen Benutzersitzung Beendigung der Umsetzung].		

3.1.12 Überwachung und Remote Access-Sitzungen steuern.

MINDEST ANTWORT: Diese Steuerung ist über Remote-Zugriff, wo ein Computer mit einem anderen Computer über das Internet steuern. Dies kann Desktop-Support-Personal „Remote in" ein Mitarbeiter des Computer gehört die neueste Version von Firefox ® oder ein Work-at-home Mitarbeitern Eingabe von Finanzdaten in das Corporate-Finance-System zu aktualisieren. Identifizieren Sie diese Art von Zugang als Teil der Verfahrensführung und beschreiben, der berechtigt ist, wie ihr Zugang begrenzt ist (wie zum Beispiel eines Finanz Mitarbeiter kann sie eine Unternehmensprüfung nicht ausgeben), und die Auswirkungen der Politik zu verletzen.

COMPLETE ANTWORT MEHR: Der bessere technologische Ansatz Einschränkungen beinhalten könnte IT nur Personal mit Remote-Funktionen zu helfen. Firmenpolitik sollte eine regelmäßige Überprüfung der prüfbaren Ereignisse und Protokolle erfordern. Ein Screen-Capture wären hilfreich, um die Richtlinieneinstellungen spezifisch für die Remote-Desktop-Anwendung zu zeigen.

ABSCHÄTZU NT ZIEL *Bestimmen Sie, ob:*		
SUBCTRL	BESCHREIBUNG	empfohlene Ansatz
3.1.12 [a]	Fernzugriff-Sitzungen sind nicht gestattet.	P-Nur für autorisiertes Personal mit einem klaren Bedarf
3.1.12 [b]	Die Arten von zulässigen Fernzugriff identifiziert.	NCR
3.1.12 [c]	Fernzugriffssitzungen gesteuert werden.	NCR
3.1.12 [d]	Fernzugriffssitzungen überwacht.	P-empfehlen, dass diese Sitzungen für alle Benutzer angemeldet sein.

3.1.13 Beschäftigen Verschlüsselungsmechanismen die Vertraulichkeit der Remote Access-Sitzungen zu schützen.

MINDEST ANTWORT: *Dies ist ein Datum in Transit (DIT) Thema.* das Verfahren sicherzustellen, erfordert die Lösung des Unternehmens nur Verschlüsselungslösungen genehmigt verwendet. Das **Fortgeschrittener Verschlüsselungsstandard (AES)** ist der aktuelle Standard für die Verschlüsselung innerhalb der Bundesregierung betrachtet. Verwenden Sie auch die 256 Kilobyte (kb) Schlüssellänge Versionen.

Es gibt viele kommerzielle Lösungen in diesem Bereich. Wichtige Software-Unternehmen bieten Lösungen, die DIT und sind in der Regel zu vernünftigen Preisen für kleine Unternehmen Optionen wie Symantec ®, McAfee ® und Microsoft ® sichern.

---Wieder Dokument, Dokument, Dokument

Vollständigere Antwort: (siehe Control 3.1.3 für eine detailliertere Darstellung). Es ist in der Regel eine Fähigkeit, die direkt von den Fernzugriff Anwendung Tool-Anbieter geboten. Je kritische Punkt innerhalb der Regierung ist, ob das Applikationswerkzeug Unternehmen gewährleistet die Anwendung von einem US-amerikanischer Software-Entwickler kommen.

Es gibt viele ausländischen Entwickler, zum Beispiel, gehört Russland, ehemalige Warschauer-Pakt-Staaten und China, die von Bedeutung für die US-Regierung ist. Die Befürchtung ist über kommerzielle Produkte aus diesen Nationen und ihre potenziellen Bedrohung für die nationale Sicherheit der USA. Das Geschäft sollte das Produkt bestätigen kommt aus einem aktuellen Verbündeten der USA; diese würden das Vereinigte Königreich, Australien, etc. beinhalten *Vor dem Kauf, stellen Sie sicher, Ihre Hausaufgaben gemacht haben und einen Nachweis der RAS-Software, die von der Bundesregierung akzeptiert wird.*

BEWERTUNG ZIELSETZUNG Bestimmen Sie, ob:		
SUB-CTRL	*BESCHREIBUNG*	**empfohlene Ansatz**
3.1.13 [a]	*Kryptoverfahren die Vertraulichkeit der Remote Access-Sitzungen schützen identifiziert werden.*	NCR
3.1.13 [b]	*Kryptoverfahren die Vertraulichkeit der Remote Access-Sitzungen durchgeführt werden zu schützen.*	NCR

3.1.14 Routenfernzugriff über verwaltete Zugriffskontrollpunkte.

MINDEST ANTWORT: **Managed Zugriffskontrolle** Punkte sind über die Kontrolle des Verkehrs durch „trusted" Verbindungen. Zum

Beispiel könnte dies Verizon ® oder AT & T ® als Internet Service Provider des Unternehmens (ISP). Es würde alle vertraglich

vereinbarten Leistungen oder Service Level Agreements (SLA) von diesen Anbietern sehr zu empfehlen aufzunehmen. Sie können

zusätzliche Bedrohung und Spam-Filter-Dienste umfassen, die die „bösen Jungs" von dem Zugang zu Unternehmensdaten reduzieren

könnten; diese sind ideal Artefakte für den Nachweis der zufriedenstellend diese Kontrolle zu erfüllen.

Vollständigere Antwort: Eine weitere Ergänzung auch könnten mit Hilfe der eine sogenannte **Virtual Private Network (VPN)**. Diese

sind auch gemeinsame Dienste die großen Anbieter für zusätzliche Kosten haben.

Die Beschreibung und die Bereitstellung solcher Abkommen könnte auch eine identifizieren **Verteidigung in der Tiefe** Ansatz; Die erste Ebene ist

durch den VPN-Dienst und die zweite würde durch die Fernzugriff-Software bereitgestellt werden, um eine zusätzliche Schutzebene bereitgestellt

wird. Verteidigung in der Tiefe kann eine solche Schutzbemühungen umfassen, um den unbefugten Zugriff auf Unternehmen IT-Ressourcen zu

verhindern:

- Physischer Schutz (zB Alarme, Wächter)
- Perimeter (zB Firewalls, Intrusion Detection System (IDS), „Trusted Internetverbindungen")

- Anwendung / Executables (zB **Whitelisting** autorisierter Software, **Schwarze Listen** Blockieren bestimmter Programme)

- Daten (zB Datenverlust Schutzprogramme, Zugangskontrollen, Wirtschaftsprüfung)

BEWERTUNG ZIEL *Bestimmen Sie, ob:*		
SUB-CTRL	**BESCHREIBUNG**	**empfohlene Ansatz**
3.1.14 [a]	*Managed Zugriffskontrollpunkte identifiziert und umgesetzt werden.*	NCR
3.1.14 [b]	*Remote-Zugriff wird über verwalteten Netzzugangskontrollpunkte geleitet werden.*	NCR

3.1.15 autorisieren Remote-Ausführung von privilegierten Befehlen und Remote-Zugriff auf sicherheitsrelevante Informationen.

MINDEST ANTWORT: NIST 800-53 ist das Basisdokument für alle Steuerungen von NIST 800-171. Es beschreibt, was sollten Unternehmen verwalten und ermächtigen, einen privilegierten Zugang zu **sicherheitsrelevanten** Informationen (zB Finanzinformationen, IP, usw.) und mit Remote-Zugriff nur für „dringende betriebliche Anforderungen."

Dies würde insbesondere in den Einschränkungen, die dokumentiert werden und unter welchen Umständen sicherheitsrelevante Informationen durch Mitarbeiter des Unternehmens zugegriffen werden. Die Basis NIST Steuerung erfordert das Geschäft zu Dokumenten auf die Gründe für diesen Zugriff im System-Sicherheitsplan (SSP); die Interpretation ist, dass die Unternehmenspolitik Cyber ein Anhang oder Anhang zu der sein sollte, **SSP.** (Sehen *System Sicherheitsplan (SSP) Vorlage und Arbeitsmappe: Eine Ergänzung zum „DOD NIST 800-171 Compliance-Reiseführer"* auf Amazon®)

Vollständigere Antwort: Die ideale Artefakt vorgeschlagen sind die Protokolle der Fernzugriff innerhalb und außerhalb des Unternehmens. Dies könnte auch in den Firewall-Audit-Protokollen sowie der Fernzugriffssoftware Anwendungsprotokollen für einen Vergleich zu finden; diese könnten auch zur Identifizierung von Protokoll Modifikationen verwendet werden, die ein Indikator sein können **Insider-Bedrohung.** (Siehe Control 3.2.3 für weitere Diskussion dieses Themengebietes).

BEWERTUNG ZIEL *Bestimmen Sie, ob:*		
SUB-CTRL	*BESCHREIBUNG*	**empfohlene Ansatz**
3.1.15 [a]	*Privilegierte Befehle für die Fernausführung autorisiert sind, identifiziert.*	P-Updates für Politik sollte diese „Befehle" identifizieren, die Daten wie Preisänderungen, zum Beispiel ohne eine erforderliche zweite Partei Überprüfung beeinträchtigen könnte, dh „Trennung der Aufgaben."
3.1.15 [b]	*Sicherheitsrelevanten Informationen zugegriffen autorisiert werden fern identifiziert wird.*	NCR
3.1.15 [c]	*Die Ausführung der identifizierten privilegierten Befehle über den Fernzugriff autorisiert ist.*	NCR
3.1.15 [d]	*Der Zugang zu den identifizierten sicherheitsrelevanten Informationen über Remote-Zugriff autorisiert ist.*	NCR
Bewertungsmethoden und KANDIDATEN FÜR ARTIFACTS REVIEW Untersuchen : [*WÄHLEN AUS:* Zugangskontrollpolitik; Verfahren Fernzugriff auf das System Adressierung; System Konfigurationseinstellungen und die zugehörige Dokumentation; Systemsicherheit Plan; System Prüfprotokolle und Aufzeichnungen; andere relevante Dokumente oder Aufzeichnungen]. Prüfung : [*WÄHLEN AUS:* Mechanismen der Umsetzung Remote Access Management].		

3.1.16 Autorisieren drahtloser Zugriff vor solchen Verbindungen zu ermöglichen.

MINDEST ANTWORT: Dazu gehören drahtlose Zugangsvereinbarungen und häufiger beschrieben früher eine Acceptable Use Policy (AUP). Zum Beispiel würde eine AUP umfasst die Typen und Arten von Websites, die Definition von Zugriffsbeschränkungen von Mitarbeitern. Diese sind in der Regel Glücksspiel, Pornografie-Websites usw. AUP des sollte, bevor erfordern Mitarbeiter von einem Rechtsanwalt überprüft werden, zu unterschreiben.

Vollständigere Antwort: Je mehr-komplette technische Lösung könnte nicht genehmigte Websites identifizieren und „Gast" Zugang zu verhindern. (Während Gastzugang nicht zu empfehlen ist, ist es besser, ein Sekundär-Wi-Fi-Netzwerk aufzubauen Besucher aufzunehmen und zu beschränken und Fremdpersonal aus, die die direkten Zugriff auf das Firmennetzwerk.)

Es ist auch wichtig, dass die Wi-Fi-Netzwerk-Topologie und Verschlüsselungsstandard als ein Artefakt der Regierung zur Verfügung gestellt werden, sobald das letzte Paket für die Vorlage bereit ist. Dies sollte Teil des SSP und das Corporate Cyber Verfahren Dokuments sein.

BEWERTUNG ZIEL *Bestimmen Sie, ob:*		
SUB-CTRL	*BESCHREIBUNG*	**empfohlene Ansatz**
3.1.16 [a]	*Wireless Access Points werden identifiziert.*	NCR (genauer gesagt, einen Teil des SSP)
3.1.16 [b]	*Drahtloser Netzzugang ist vor autorisiert, solche Verbindungen zu ermöglichen.*	NCR

POTENTIAL Bewertungsmethoden und KANDIDATEN FÜR ARTIFACTS REVIEW

Untersuchen : [*WÄHLEN AUS:* Zugangskontrollpolitik; Konfigurationsmanagementplan; Verfahren drahtlose Zugriffsadressierung Implementierung und Verwendung (einschließlich der Beschränkungen); Systemsicherheit Plan; System-Design-Dokumentation; Systemkonfigurationseinstellungen und die zugehörige Dokumentation; drahtlose Zugangsberechtigungen; System Prüfprotokolle und Aufzeichnungen; andere relevante Dokumente oder Aufzeichnungen].

Prüfung : [*WÄHLEN AUS:* Wireless-Access-Management-Fähigkeiten für das System].

3.1.17 Schützen drahtlose Zugriffsauthentifizierung und Verschlüsselung.

MINDEST ANTWORT: Stellen Sie sicher, dies ist im Corporate Verfahren oder Politik enthalten, die nur innerhalb des Unternehmens autorisierte Personen Zugang zu haben, und dass die entsprechende Verschlüsselungsstufe vorhanden ist. Derzeit wird der 802.11-Standard verwendet, und Wi-Fi Protected Access 2 (WPA2) Verschlüsselung sollte der Mindeststandard sein.

Vollständigere Antwort: Die Verwendung von Wi-Fi „Sniffing-Technologie", während zur Verfügung kann kleinere Unternehmen unerschwinglich teuer sein. Diese Technologie kann unbefugtes Eindringen in den drahtlosen Teil des Netzwerks identifizieren und prüfen und stellt anschließend den Zugang zum „physischen" Firmennetz. Sniffer kann verwendet werden, das Sicherheitspersonal zu benachrichtigen, entweder per E-Mail oder Short Message Service (SMS) -Text Warnungen solcher Eingriff; wenn Unternehmensdaten ist hoch empfindlich, dann kann diese Investition erforderlich sein. Außerdem hält alle Unterlagen über den „Sniffer" und seine Fähigkeiten; bieten sie an Regierungsvertreter als Teil der offiziellen Vorlage.

BEWERTUNG ZIEL Bestimmen Sie, ob:

SUB-CTRL	BESCHREIBUNG	empfohlene Ansatz
3.1.17 [a]	Drahtloser Zugriff auf das System geschützt ist unter Verwendung von Authentifizierung.	NCR
3.1.17 [b]	Ein WLAN-Zugang zum System ist durch Verschlüsselung geschützt.	NCR

Bewertungsmethoden und KANDIDATEN FÜR ARTIFACTS REVIEW

Untersuchen : [WÄHLEN AUS: Zugangskontrollpolitik; System-Design-Dokumentation; Verfahren Adressieren drahtlosen Implementierung und Verwendung (einschließlich der Beschränkungen); Systemsicherheit Plan; Systemkonfigurationseinstellungen und die zugehörige Dokumentation; System Prüfprotokolle und Aufzeichnungen; andere relevante Dokumente oder Aufzeichnungen].

Prüfung : [WÄHLEN AUS: Mechanismen der Umsetzung drahtlose Zugriffsschutzmechanismen auf das System].

3.1.18. Steuer Verbindung von mobilen Geräten.

MINDEST ANTWORT: Die meisten Unternehmen mobile Geräte sind ihre Handys. Dazu gehören auch Laptops und Computer „Pads" mit webfähigen Fähigkeiten. Dies würde zunächst als eine Frage der Politik erfordert, dass die Mitarbeiter nur sichere Verbindungen für ihre Geräte verwenden, wenn nicht der Service-Provider-diese Unternehmen mit so sicher überprüft werden soll. Dies würde auch speziell Bar Mitarbeiter von ungesicherten Wi-Fi nutzen **Hot-Spots** wie Fast-Food-Restaurants, Cafés etc. Wi-Fi-Netzwerke typischerweise sicher sind aber sicher, dass die Mitarbeiter zu wählen wissen **WPA2** als ihre Standard-at-home sichere Verbindung Protokoll.

Vollständigere Antwort: Eine bessere Möglichkeit, diese Kontrolle zu zeigen, indem sie die Fähigkeit mit den Handy-Anbietern diskutieren Corporate Telefone jederzeit von der Nutzung unsichere Wi-Fi-Netzwerk zu verhindern. Der Anbieter soll in der Lage sein, den Zugang zu sperren, wenn das Handy nicht „sehen" oder eine sichere Verbindung erkennen. Fügen Sie einen Beweis aus Dienstleistungsverträgen einer solchen Bestimmung im Rahmen des vorgelegten BOE.

BEWERTUNG ZIEL Bestimmen Sie, ob:

SUB-CTRL BESCHREIBUNG	empfohlene Ansatz
3.1.18 [a] Mobile Geräte, die verarbeiten, speichern oder CUI übertragen werden identifiziert.	P-Sicherstellen, dass ein Artefakt aktualisiert mit Träger mindestens einmal im Monat (empfohlen)
3.1.18 [b] Mobilgeräteverbindungen sind zulässig.	NCR
3.1.18 [c] Mobilgeräteverbindungen werden überwacht und protokolliert.	P / T-Politik und die Benachrichtigung der Nutzer sollten durch dokumentiert und unterzeichnet

		jeder Benutzer (zB die AUP) und der Träger bietet Protokolle wie gewünscht oder erforderlich ist.

Bewertungsmethoden und KANDIDATEN FÜR ARTIFACTS REVIEW

Untersuchen : [*WÄHLEN AUS:* Zugangskontrollpolitik; Genehmigungen für mobile Geräteverbindungen zu Organisations Systeme; Verfahren Adressierungszugriffssteuerung für Mobilgerätenutzung (einschließlich Beschränkungen); System-Design-Dokumentation; Konfigurationsmanagementplan; Systemsicherheit Plan; System Prüfprotokolle und Aufzeichnungen; Systemkonfigurationseinstellungen und die zugehörige Dokumentation; andere relevante Dokumente oder Aufzeichnungen].

Prüfung : [*WÄHLEN AUS:* Zugriffssteuerungsfähigkeit Mobilgeräteverbindungen zu Organisationssystemen zur Ermächtigung].

3.1.19. Encrypt CUI auf mobilen Geräten.

MINDEST ANTWORT: Die gute Nachricht ist, dass alle großen Fluggesellschaften bieten DAR-Verschlüsselung. Mobiltelefone können in der Regel sichern DAR am Telefon hinter einem Passwort, eine PIN oder sogar biometrische Fähigkeit wie Fingerabdruck oder Gesichtserkennung; diese sind akzeptabel durch staatliche Normen. Prüfen Sie Service-Vereinbarungen oder Ergänzungen der bereitgestellten Plan des Unternehmens.

Vollständigere Antwort: Es gibt mehrere Unternehmen, die für Nutzer in einem Unternehmen proprietäre und gehärtete Geräte. Dazu gehören modernste Verschlüsselungsstandards und weiter verhärtet Telefon Körper auf körperliche Angriffe von verlorenen oder gestohlenen mobilen Geräten zu verhindern.

Erwarten, dass diese Lösungen sehr teuer.

BEWERTUNG ZIEL *Bestimmen Sie, ob:*

SUB-CTRL	*BESCHREIBUNG*	empfohlene Ansatz
3.1.19 [a]	*Mobilgeräte und mobile Computerplattformen, verarbeiten, speichern oder zu übertragen CUI identifiziert.*	NCR
3.1.19 [b]	*Die Verschlüsselung wird verwendet CUI zum Schutz auf identifizierte mobile Geräte und mobile Computing-Plattformen.*	NCR

Bewertungsmethoden und KANDIDATEN FÜR ARTIFACTS REVIEW

Untersuchen : [*WÄHLEN AUS:* Zugangskontrollpolitik; Verfahren Adressierungszugriffssteuerung für mobile Geräte; System-Design Dokumentation; Systemkonfigurationseinstellungen und die zugehörige Dokumentation; Verschlüsselungsmechanismus und zugehörige Konfigurationsdokumentation; Systemsicherheit Plan; System Prüfprotokolle und Aufzeichnungen; andere relevante Dokumente oder Aufzeichnungen].

Prüfung : [*WÄHLEN AUS:* Verschlüsselungsmechanismen zum Schutz der Vertraulichkeit von Informationen auf mobilen Geräten].

3.1.20 Überprüfen und Steuer- / Limit-Verbindungen und die Verwendung von externen Systemen.

MINDEST ANTWORT: Diese Steuerung erfordert, dass alle externen oder Fremd Verbindungen zum Netzwerk des Unternehmens überprüft werden. Dies würde typischerweise die Form ein anderes Unternehmen zu akzeptieren (oder sogar Bundesbehörden) Berechtigung für den Betrieb (ATO). Dies könnte so einfach sein wie ein Memorandum zum Beispiel eines anderen Unternehmens Selbsteinschätzung unter NIST Anerkennung 800-

171. Es könnte auch durch einen Prozess als bekannt angenommen werden **Gegenseitigkeit,** der Annahme eines ATO basierend auf NIST 800-53-typischer für Bundesbehörden. Dies alles sind legitime Mittel, die ausgelegt sind, um sicherzustellen, bevor ein Unternehmen ein anderes Unternehmen ermöglicht durch seine Firewall (Systemsicherheitsgrenze) ohne ein gewisses Maß an Sicherheit zu geben, dass die Sicherheit wurde in vollem Umfang berücksichtigt. Bevor ein externes System oder Netzwerk uneingeschränkten Zugriff auf die Daten der Unternehmen erlaubt ist, ist es wichtig, die Regeln und Einschränkungen für diesen Zugang im Rahmen dieser Kontrolle zu identifizieren.

Wie immer sorgen Verfahren zu identifizieren und zu begrenzen, solche Verbindungen nur kritische Daten von Drittanbietern benötigt Feeds geschäftliche Operationen durchzuführen.

Vollständigere Antwort: alle 30 Tage eine Anfrage für die laufende Scans des externen Systems und / oder Netzwerk umfassen Dies könnte; dies wäre ziemlich extrem in Betracht gezogen werden, aber abhängig von Daten Empfindlichkeit. Wenn versucht, deuten darauf hin, dass alle sechs Monate, dass das Unternehmen Kopien des Anti-Virus erhält, Anti-Malware und Schwachstellen-Patch-Scan-Berichte zu aktuellen Bedrohungen an das externe System zu identifizieren. Dies dient dazu, eingehende Bedrohungen potenziell zu adressieren und das Unternehmen die allgemeine Sicherheitslage zu verbessern.

BEWERTUNG ZIEL *Bestimmen Sie, ob:*

SUB-CTRL	BESCHREIBUNG	empfohlene Ansatz
3.1.20 [a]	*Anbindungen an externe Systeme identifiziert.*	SSP-Soll in Architektur-Diagramm identifiziert werden
3.1.20 [b]	*Die Verwendung von externen Systemen identifiziert.*	SSP (siehe oben)
3.1.20 [c]	*Anbindungen an externe Systeme werden überprüft.*	NCR
3.1.20 [d]	*Die Verwendung von externen Systemen wird überprüft.*	NCR
3.1.20 [e]	*Verbindungen zu externen Systemen gesteuert / begrenzt.*	NCR
3.1.20 [f]	*Die Verwendung von externen Systemen wird so gesteuert / begrenzt.*	NCR

Bewertungsmethoden und KANDIDATEN FÜR ARTIFACTS REVIEW

Untersuchen : [*WÄHLEN AUS:* Zugangskontrollpolitik; Verfahren, um die Verwendung von externen Systemen Adressierung; Bedingungen und Bedingungen für externe Systeme; Systemsicherheit Plan; Liste der Anwendungen zugänglich von externen Systemen; Systemkonfigurationseinstellungen und die zugehörige Dokumentation; Systemverbindung oder Verarbeitung Vereinbarungen; Account-Management-Dokumente; andere relevante Dokumente oder Aufzeichnungen].

Prüfung : [*WÄHLEN AUS:* Mechanismen Bedingungen auf den Einsatz von externen Systemen Implementierung].

3.1.21 Grenzwert Verwendung von Organisations tragbaren Speichergeräten in externen Systemen.

MINDEST ANTWORT: Das ist nicht nur über die Verwendung von USB-Sticks (siehe Kapitel auf Medienschutz (MP)), sondern auch über externe Laufwerke an eine Workstation oder Laptop angeschlossen, lokal.

Während Thumbdrives fähige Einführung von Malware und Viren zu einem ungeschützten Netzwerk sind, stellen externe Laufwerke eine echte Bedrohung für Datenlöschung und Diebstahl. Die Unternehmenspolitik sollte einen Genehmigungsprozess zu „befestigen" umfasst nur Unternehmen Antriebe zur Verfügung gestellt und entmutigen sehr persönlich von den Mitarbeitern angeschlossene Geräte. Technische Unterstützung sollte die aktive Suche nach Viren enthält und jedes Mal, das tragbare Gerät Malware an das Netzwerk angeschlossen ist.

Vollständigere Antwort: unter Bezug auf die Verwendung von USB-Sticks, Personal konnte jeden IT Wie detaillierter diskutiert deaktivieren die von der Verwendung **Registrierung.** Wo die Notwendigkeit für externe Laufwerke erforderlich ist, kann diese Steuerung weiter durch Auditierung aller solcher Anhänge verbessert werden und vorformatiert Berichte für Unternehmensführung bieten. Revision, wie sie unter der AU Steuerung beschrieben, soll diese Aktivität gehört zu erfassen.

BEWERTUNG ZIEL *Bestimmen Sie, ob:*		
SUB-CTRL *BESCHREIBUNG*		**empfohlene Ansatz**
3.1.21 [a]	*Die Verwendung von tragbaren Speichermedien CUI auf externe Systeme enthält, wird identifiziert und dokumentiert.*	NCR
3.1.21 [b]	*Grenzen für die Verwendung von tragbaren Speichermedien CUI auf externe Systeme enthalten, werden definiert.*	NCR
3.1.21 [c]	*Die Verwendung von tragbaren Speichermedien CUI auf externe Systeme enthält, ist begrenzt, wie definiert.*	NCR
Bewertungsmethoden und KANDIDATEN FÜR ARTIFACTS REVIEW		
Untersuchen : [*WÄHLEN AUS:* Zugangskontrollpolitik; Verfahren, um die Verwendung von externen Systemen Adressierung; Systemsicherheit planen; Systemkonfigurationseinstellungen und die zugehörige Dokumentation; Systemverbindung oder Verarbeitung Vereinbarungen; Account-Management-Dokumente; andere relevante Dokumente oder Aufzeichnungen].		
Prüfung : [*WÄHLEN AUS:* Mechanismen Einschränkungen bei der Verwendung von tragbaren Speichergeräten Implementierung].		

3.1.22 Kontrolle CUI veröffentlicht oder öffentlich zugängliche Systeme verarbeitet auf.

MINDEST ANTWORT: Diese befasst sich mit der Kontrolle über öffentlich zugängliche Informationen am häufigsten auf der Unternehmens **öffentlich zugängliche** Webseite. Es muss Verfahrensführung und Richtung sein, die (in der Regel öffentlicher Angelegenheiten Büro, etc.) freigeben kann und veröffentlichen Informationen (in der Regel Webmaster, etc.) auf die Website. Dies sollte eine Überprüfung dieser Daten durch das Personal ist speziell geschult, um CUI / CDI-Daten zu erkennen. Dies kann Informationen oder Daten enthält, das den ein Unternehmen laufende Geschäftsbeziehung mit der Regierung diskutiert, es die Aktivitäten leitet, und die Produkte und Dienstleistungen, die es sowohl für den öffentlichen und privaten Sektor zur Verfügung stellt.

Dies sollte auch die regelmäßige Überprüfung der öffentlich zugänglichen Daten adressieren, und das Verfahren den Prozess zu beschreiben, nicht autorisierte Daten zu löschen, wenn sie entdeckt.

Vollständigere Antwort: Diese automatisierte Scans von Schlüsselwörtern und Phrasen verwenden könnte, die Prüfungspersonal während ihrer regulären Prüfungstätigkeit aufmerksam machen kann. Siehe die Revision Control (AU) Kapitel. Zwar ist dies ein statisches Mittel ist ungeübtes IT-Personal zu alarmieren, könnte es ergänzen, dass ein unbeabsichtigtes Lösen nicht auftritt. Zusätzliche Aufsicht sollte immer auf die Empfindlichkeit der nicht nur behandelt Informationen basieren umfassen CUI / CDI, aber Intellectual Property (IP) oder andere sensible Daten, usw., die das Unternehmen schaden kann, wenn sie in die Öffentlichkeit freigegeben.

BEWERTUNG ZIEL *Bestimmen Sie, ob:*		
SUB-CTRL	*BESCHREIBUNG*	**empfohlene Ansatz**
3.1.22 [a]	*Personen berechtigt, zu veröffentlichen oder Prozessinformationen auf öffentlich zugänglichen Systemen identifiziert.*	NCR
3.1.22 [b]	*Verfahren CUI um sicherzustellen, dass nicht geschrieben oder bearbeitet auf öffentlich zugänglichen Systemen identifiziert.*	NCR
3.1.22 [c]	*Ein Review-Prozess ist an Ort und Stelle vor den öffentlich zugänglichen Systemen von Inhalten zu veröffentlichen.*	NCR
3.1.22 [d]	*Inhalt auf öffentlich zugänglichen Systemen wird überprüft, um sicherzustellen, dass es nicht CUI enthält.*	NCR
3.1.22 [e]	*Die Mechanismen sind vorhanden, zu entfernen und unsachgemäße Entsendung von CUI zu adressieren.*	NCR

Bewertungsmethoden und KANDIDATEN FÜR ARTIFACTS REVIEW

Untersuchen : [*WÄHLEN AUS:* Zugangskontrollpolitik; Verfahren öffentlich zugängliche Inhalte Adressierung; Systemsicherheit planen; Liste der Benutzer autorisiert öffentlich zugänglichen Inhalte auf Organisationssysteme zu schreiben; Schulungsunterlagen und / oder Aufzeichnungen; Aufzeichnungen von öffentlich zugänglichen Informationen Bewertungen; Aufzeichnungen Reaktion auf nicht-öffentliche Informationen auf öffentliche Websites; System Prüfprotokolle und Aufzeichnungen; Bewußtseinsbildung Aufzeichnungen; andere relevante Dokumente oder Aufzeichnungen].

Prüfung : [*WÄHLEN AUS:* Mechanismen der Umsetzung Management von öffentlich zugänglichen Inhalte].

Der Entscheidungsprozess, wie viel Verschlüsselung und zusätzlicher Schutz (wie Hashing oder Schwellen blockchain Verschlüsselungstechnologien)

sollte auf das Risiko für das System basieren.

Betrachten Sie das Risiko und den

Schaden für das Unternehmen, wenn die Daten,

CUI oder nicht gefährdet

HEIT & TRAINING (AT)

Ein Trainingsprogramm ist ein Muss

EIN Wareness & Training ist über ein aktives Internetsicherheit Trainingsprogramm für Mitarbeiter und ein wiederkehrenden Bildungsprogramm, das die Vertrautheit und die Einhaltung des Schutzes sensibler und CUI / CDI Unternehmen konsequent Daten gewährleistet. Die Websites (unten) identifizieren FREE staatlich geförderte Websites ein Unternehmen ohne Aufwendung keine eigenen Ressourcen nutzen können. Die drei wichtigsten Ausbildungsanforderungen, die von den meisten Anbietern zu erwarten sind Bundesregierung Vertrag Aktivitäten unterstützen, gehören:

1. **Cyber Awareness Training.**
   https://securityawareness.usalearning.gov/cybersecurity/index.htm

2. **Insider Threat-Training.**
   https://securityawareness.usalearning.gov/itawareness/index.htm
   (Mehr Diskussion über die „Insider Threat" Thema Siehe Steuer 3.2.3).

3. **Privatsphäre.**
   https://iatraining.disa.mil/eta/pilv2/launchPage.htm (Dies würde für jedes Unternehmen speziell anwenden, die Prozesse behandelt oder unterhält persönlich identifizierbare Informationen (PII) und Personal Health Information (PHI). Die Erwartung des Autors ist, dass, obwohl ein Unternehmen PII oder PHI nicht verarbeitet, die Bundesregierung, dies zu machen ein universelles Bildungsbedarfes.)

Defense Security Service (DSS) Cyber Awareness-Site

Grundlegende Sicherheitsanforderungen:

3.2.1 Stellen Sie sicher, dass Manager, Systemadministratoren und Anwender von Organisationsinformationssystemen werden darauf aufmerksam gemacht, der Sicherheitsrisiken im Zusammenhang mit ihrer Tätigkeit und des geltenden Richtlinien, Standards und für die Sicherheit der organisatorischen Informationssysteme im Zusammenhang Verfahrens.

MINDEST ANTWORT: Die Menschen sind das schwächste Glied in der Cybersicherheit „Krieg". Die größte Bedrohung ist von dem Mitarbeiter, der unwissentlich einen Link auswählt, die ein Eindringen in das Unternehmenssystem ermöglicht, oder schlimmer noch, diejenigen, die in böswilliger Absicht entfernen, ändern oder löschen sensible CUI / CDI.

Die Antwort sollte in der Gesellschaft in Bezug auf Aus- und jährlichen Auffrischungsschulungsanforderungen für alle zu dokumentieren; nicht durchschnittliche Mitarbeiter, sondern müssen Führungskräfte und Unterstützung Subunternehmer umfassen. Geben Sie eine Auswahl von ausgewählten Mitarbeitern, die Ausbildung aufgenommen haben, und es ist innerhalb des letzten Jahres Strom zu gewährleisten.

COMPLETE ANTWORT MEHR: Eine mögliche Demonstration der mehr-Komplettlösung ist in der Politik bestimmten Richtung IT-Support in Verbindung. Es könnte eine Systembenachrichtigung sein, dass sie nach der Mitteilung abgeschlossen ist, manuell oder durch automatisierte Mittel, auszusetzen Zugang zur Ausbildung ermöglicht. Starke Dokumentation ist wichtig, speziell für Sensibilisierungstraining.

BEWERTUNG ZIEL *Bestimmen Sie, ob:*		
SUBCTRL	*BESCHREIBUNG*	**empfohlene Ansatz**
3.2.1 [a]	*Sicherheitsrisiken mit organisatorischen Tätigkeiten verbundene CUI beteiligt identifiziert.*	P-Dies würde die Form eines anfänglichen nehmen und Follow-on Risk Assessment (RA) für diese Steuerung. Empfehlen Sie eine RA durch den CIO, CISO durchgeführt wird, oder wie IT-Vertreter, die diese Bewertung mit leitenden Führungs jährlich führen und überprüfen.
3.2.1 [b] *Richtlinien, Standards und Verfahren im Zusammenhang mit die Sicherheit des Systems identifiziert.*		P- „ *Richtlinien, Standards und für die Sicherheit des Systems bezogenen Verfahren identifiziert und dokumentiert jährlich in* <u>*Verbindung mit einem Unternehmen RA [siehe oben].*</u>"
3.2.1 [c] *Manager, Systemadministratoren und Anwender des Systems sind sich der Sicherheitsrisiken im Zusammenhang mit ihrer Tätigkeit gemacht.*		P-In den aktuellen und zukünftigen Updates zu Cyber-Sensibilisierungstraining spezifisch für eine RA.
3.2.1 [D] *Manager, Systemadministratoren und Anwender des Systems sind sich über die geltenden Richtlinien, Standards und Verfahren im Zusammenhang mit der Sicherheit des Systems gemacht.*		P-In den aktuellen und zukünftigen Updates zu Cyber-Sensibilisierungstraining spezifisch für eine RA.

3.2.2 Stellen Sie sicher, dass organisatorische Personal angemessen ihnen zugewiesenen Informationen sicherheitsrelevanten Aufgaben und Pflichten geschult auszuführen.

MINDEST ANTWORT: Dies ist erforderlich, nicht nur Aufklärungsarbeit, sondern auch spezialisierte Ausbildung für privilegierte Benutzer. Dies ist in der Regel Betriebssystem (OS), um die Unternehmensarchitektur Ausbildung spezifisch. Es ist möglich, mehrere Betriebssysteme zu haben. Privilegierte Benutzer nur zu zeigen, erforderlich ist, beispielsweise eine Form der Ausbildung Zertifikats, um diese Anforderung zu erfüllen. Alle IT-Mitarbeiter, die erhöhte Rechte haben müssen solche Ausbildung haben, bevor sie berechtigt sind, ihre Aufgaben auszuführen.

Außerdem, wenn das Unternehmen nutzt Microsoft ® oder Linux ® Betriebssysteme, privilegierte Benutzer ein gewisses Maß an Zertifizierung haben eine Vertrautheit mit diesen Programmen zu zeigen. Dies könnte große nationale Zulassungen für diese Anwendungen oder Grundkenntnisse Kurse von freien Ausbildungsstätten gehören zum Beispiel Khan Academy® (https://www.khanacademy.org/) oder Udacity® (https://www.udacity.com/).

Die Regierung hat nicht das Niveau und die Art der Ausbildung für diese Anforderung definiert. Es erfordert privilegierte Benutzer ein Verständnis und Ausbildung Zertifikat haben (ohne vorgegebene Zeitlänge) für das Hauptbetriebssystem (OS) auf der Unternehmens-IT-Infrastruktur beschäftigt.

Vollständigere Antwort: Wenn IT-Personal formale Zertifizierung (wie von einem Microsoft ® Partner Schulungsprogramm) hat, sind diese ideal Artefakte, den Teil des BOE sein sollte.

BEWERTUNG ZIEL *Bestimmen Sie, ob:*

SUB-CTRL *BESCHREIBUNG*	empfohlene Ansatz
3.2.2 [a]	*Informationen sicherheitsrelevanten Aufgaben, Rollen und Verantwortlichkeiten definiert.*	NCR
3.2.2 [b]	*Informationen sicherheitsrelevanten Aufgaben, Rollen und Verantwortlichkeiten sind an bestimmte Personen zugeordnet.*	NCR
3.2.2 [c]	*Personal angemessen ihnen zugewiesenen Informationen securityrelated Aufgaben, Rollen trainiert durchzuführen, und Verantwortlichkeiten.*	NCR

Abgeleitet Sicherheitsanforderungen:

3.2.3 Geben Sie Bewußsteinsbildung zu erkennen und mögliche Indikatoren für Insider-Bedrohung berichten.

MINDEST ANTWORT: Der Defense Security Service des DOD (DSS) in Quantico, VA, ist das ausführende Mittel für Insider-Bedrohung Aktivitäten. Das DSS bietet viele Ausbildungsmöglichkeiten und Toolkits auf Insider Threat. Diese sind von ihrer Agentur-Website kostenlos bei

http://www.dss.mil/it/index.html . Dies ist eine ausgezeichnete Ressource ein Insider Bedrohung Trainingsprogramm bereits für das Unternehmen die Nutzung entwickelt zu erstellen.

Document Unternehmen Mindestausbildungsanforderungen für allgemeine und privilegierte Benutzer wie gerade ausgewählten Online-Unterricht oder computergestütztes Ausbildungsmöglichkeiten von DSS. Jeder im Unternehmen sollte teilnehmen und zufriedenstellende Weise die Ausbildung abzuschließen.

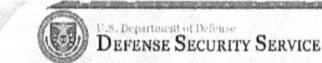

U.S. Department of Defense
DEFENSE SECURITY SERVICE

Site map | a-Z index | Facebook | Twitter
search

Home   About Us   Directorates   Services   Information Systems   Contact Us

Home » Industry Insider Threat Information and Resources

Industry Insider Threat Information and Resources

Policy and Guidance
- NISPOM Change 2
- NISPOM Summary of Changes
- ISL 2016-02 REVISED (26/29/17)
- COAA Process Manual
- Vulnerability Assessment Rating Matrix 2016 Update

Resources
- Industry Insider Threat Program Plan Template
- NISP Self-Inspection Handbook for NISP Contractors
- Industry Insider Threat Job Aid
- Appointments of ITPSO (c-ICL)
- Other Insider Threat Related Job Aides

Training
- INT122.16, Establishing an Insider Threat Program for Your Organization
- INT101.16, Insider Threat Awareness Course
- CI112.16, Counterintelligence Awareness and Security Briefing
- Other Insider Threat, Training and Resources
- CS260.16, Continuous Monitoring

Toolkits
- Insider Threat
- Facility Security Officer
- Other

Contact
For questions or concerns, please email: dss.quantico.dss-hq.mbx.policy-hq@mail.mil.

Notices

Vollständigere Antwort: Mehr-kompletter Nachweis der Unternehmen der Einhaltung dieser Sicherheitskontrolle Anforderung könnte Gastredner oder Insider Bedrohung braun-bag Ereignisse um die Mittagszeit umfasst. Die betriebliche Ausbildung Personal sollte Anwesenheitslisten erfassen Anmelde-Dienstpläne aufzunehmen. Diese könnten für die jährlichen Ausbildungsanforderungen speziell für Insider-Bedrohung Vertrautheit verwendet werden.

Auch empfiehlt eine **Train-the-Trainer-Programm** wo ausgewählte Personen werden entweder durch DSS oder einer anderen zuständigen Unternehmen ausgebildet, die Unternehmensressourcen wird. Diese zugewiesenen Personen konnten bieten sowohl Ausbildung und ersten Responder-Unterstützung je nach Bedarf und zu anderen Standorten eingesetzt werden.

BEWERTUNG ZIEL *Bestimmen Sie, ob:*	
SUB-CTRL *BESCHREIBUNG*	**empfohlene Ansatz**
3.2.3 [a]	*Potenzielle Indikatoren mit Insider-Bedrohungen verbunden sind, identifiziert.*	P-Identifizieren dies in Verbindung mit einer Risikobewertung (RA) wie in Kontrolle beschrieben 3.2.2.
3.2.3 [b]	*Bewußtseinsbildung auf Erkennung und Meldung von potenziellen Indikatoren für Insider*	NCR

Bedrohung an Führungskräfte und Mitarbeiter zur Verfügung gestellt.	

Bewertungsmethoden und KANDIDATEN FÜR ARTIFACTS REVIEW

Untersuchen : [*WÄHLEN AUS:* Sicherheitsbewusstsein und Bildungspolitik; Verfahren Adressieren Bewußsteinsbildung Implementierung; Bewußsteinsbildung Lehrplan; Bewußsteinsbildung Materialien; Insider-Bedrohung Politik und Verfahren; Systemsicherheit Plan; andere relevante Dokumente oder Aufzeichnungen].

Prüfung : [*WÄHLEN AUS:* Mechanismen Insider Bedrohung Ausbildung Verwaltung].

KONTROLLE UND VERANTWORTUNG (AU)

Systemprotokolle und ihre regelmäßige Bewertung

Die AU-Steuerung ist in erster Linie über die Fähigkeit des Systems, Eigentümer / Unternehmen unberechtigten Zugriff auf das System über die Systemprotokollierungsfunktionen des Betriebssystems zu überwachen und zu anderen Netzwerkgeräten wie Firewalls. Eine SA wird in der Regel die Aufgabe, überprüfen Protokolldateien zugeordnet; diese können sowohl autorisierten und nicht autorisierten Zugriff auf das Netzwerk umfassen, Anwendungen, Datenbanken, Finanzsysteme usw. Die meisten Unternehmen auf manuelle Überprüfung verlassen wird; jedoch können einig „intelligenter" Server und Firewalls Warnungen an IT-Personal von unberechtigter Nutzung oder Intrusion automatisiert bereitstellen. Der Schlüssel ist die Prüffunktionen des Corporate-Systems zu verstehen und ihre Fähigkeiten und Grenzen bereit sein zu verteidigen, wenn Regierungsvertreter oder Dritter Beisitzer Nachweis der Kontrolle der Einhaltung verlangen.

```
..sion Detection System

.**]  [1:1407:9] SNMP trap udp [**]
[Classification: Attempted Information Leak] [Priority: 2]
03/06-8:14:09.082119 192.168.1.167:1052 -> 172.30.128.27:162
UDP TTL:118 TOS:0x0 ID:29101 IpLen:20 DgmLen:87

Personal Firewall

3/6/2006 8:14:07 AM,"Rule ""Block Windows File Sharing"" blocked (192.168.1.54,
netbios-ssn(139)).","Rule ""Block Windows File Sharing"" blocked (192.168.1.54,
netbios-ssn(139)).  Inbound TCP connection.  Local address,service is
(KENT(172.30.128.27),netbios-ssn(139)).  Remote address,service is
(192.168.1.54,39922).  Process name is ""System"."
3/3/2006 9:04:04 AM,Firewall configuration updated: 398 rules.,Firewall configuration
updated: 398 rules.

Antivirus Software, Log 1

3/4/2006 9:33:50 AM,Definition File Download,KENT,userk,Definition downloader
3/4/2006 9:33:09 AM,AntiVirus Startup,KENT,userk,System
3/3/2006 3:56:46 PM,AntiVirus Shutdown,KENT,userk,System

Antivirus Software, Log 2

240203071234,16,3,7,KENT,userk,,,,,,,16777216,"Virus definitions are
current.",0,,0,,,,0,,,,,,,,,SAVPROD,[ xxxxxxxx-xxxx-xxxx-xxxx-xxxxxxxxxxxx ],End
User,(IP)-192.168.1.121,,GROUP,0:0:0:0:0:0,9.0.0.338,,,,,,,,,,,,,,

Antispyware Software

DSO Exploit: Data source object exploit (Registry change, nothing done)  HKEY_USERS\S-
1-5-19\Software\Microsoft\Windows\CurrentVersion\Internet Settings\Zones\0\1004:=W='
```

Audit Logtyp Beispiele. Die Protokolle oben sind gute Beispiele für die Systemprotokolle, die regelmäßig überprüft werden soll. Diese sind in der Verantwortung der Unternehmen das Netzwerk aktiv zu überwachen. Ein anderer Begriff von hohem Interesse ist **Kontinuierliche Überwachung (ConMon);** siehe den Artikel in Anhang C der Erörterung der Bedeutung von ConMon Fähigkeiten. ConMon kann sowohl manuelle als auch automatisierte Mittel erfolgen und Prüfung ist ein wichtiges Steuerungsfamilie der Ziele dieses Cyber Prinzip unterstützen.

ConMon Aktivitäten werden am besten als die Fähigkeit des Unternehmens zu beschreiben „kontinuierlich" den Zustand seines Netzes innerhalb seiner definierten Sicherheitsgrenze zu überwachen. Es soll eine Möglichkeit, um zu bestimmen, zum Beispiel, wer, wann und welche innerhalb der Sicherheitsgrenze des Unternehmens und alle Meldepflichten im Fall eines Einbruchs. Es wird auf log Entdeckung basieren von nicht autorisierte Aktivitäten. (QUELLE: *Leitfaden für Computer Security Log Management*, NIST SP 800-92, September 2006 http://nvlpubs.nist.gov/nistpubs/Legacy/SP/nistspecialpublication800-92.pdf).

Für eine bessere Beschreibung über den Zweck und die Komponenten von Continuous Monitoring (ConMon) finden Sie in Anhang D: *Kontinuierliche Überwachung: Eine detailliertere Diskussion.*

Grundlegende Sicherheitsanforderungen:

3.3.1 Erstellen, schützen und Informationssystem Audit-Aufzeichnungen in dem Maße beibehalten notwendig, um die Überwachung zu ermöglichen, Analyse, Untersuchung und Berichterstattung über illegale, nicht autorisierte oder unangemessene Informationen Systemaktivität.

MINDEST ANTWORT: Der wichtigste Teil dieser Steuerung ist über Prüfsatz Einlagerungen. Die Steuerung definiert die Aufbewahrungsdauer als vage Fähigkeit solche Aufzeichnungen zu den größten zu behalten „soweit wie möglich". Die Anleitung sollte immer auf die Sensibilität der Daten basieren. Eine weitere Überlegung sollte umfasst die Möglichkeit, forensische Daten der Ermittler zur Verfügung zu stellen, das Eindringen über einen Zeitraum zu bestimmen.

Die historische OPM Verletzung aufgetreten über mehrere Jahre, bis OPM sogar mehrere Vorfälle erkannt. Dazu gehörte auch die Exfiltration von Millionen von Personal und Sicherheitsdateien Hintergrund Untersuchung. OPM Ausfälle während viele, einschließlich schlechter Prüfprozesse und Überprüfung, sind ein wichtiger Faktor für den Erfolg der nationalstaatlichen Hacker. OPM Arme Prüfung und Rückhalteprozesse gemacht Rekonstruktion kritische Ereignisse mehr als schwierig für die Regierung der Forensik und die damit verbundene strafrechtliche Ermittlungen.

Die Empfehlung an kleine und mittlere Unternehmen leitende US-Regierung Vertrag Aktivitäten würde mindestens ein Jahr und bevorzugt zwei Jahre Audit-Log Retention sein. Die Unternehmen sollten regelmäßig mit Regierungsvertrag Vertreter seiner spezifizierten Anforderungen besprechen. Sie sollten auch die National Archives Rekord-Agentur (NARA) besuchen (www.nara.gov for) CUI / CDI Datenaufbewahrungs als Teil eines aktiven Prüfprogramm.

Die Unternehmen sollten Operationen (und langfristig Kosten) Ausgleich mit

Sicherheit (die Fähigkeit, einen Einbruch zu rekonstruieren,

zur Unterstützung der Strafverfolgungsbehörden)

Vollständigere Antwort: Eine größere Fähigkeit, Verletzungen (Ereignisse und Störungen) zu erkennen, könnte einen zusätzlichen internen Prozess und zugeordneten ersten Responder umfasst, die auf diese wirken würden

Vorkommen. Diese Antwort Team kann den zusätzlichen Fachausbildung haben, um die Verwendung von ausgewählten Netzwerkanalyse-Support-Tools zu umfassen, um Packet-Inspection-Training mit Tools wie Wireshark umfassen ® (https://www.wireshark.org/).

BEWERTUNG ZIEL *Bestimmen Sie, ob:*		
SUB-CTRL	*BESCHREIBUNG*	**empfohlene Ansatz**
3.3.1 [a]	*Prüfprotokolle erforderlich (dh Ereignistypen angemeldet sein), um die Überwachung, Analyse, Untersuchung und Berichterstattung von rechtswidrig zu ermöglichen oder* <u>nicht autorisierte Systemaktivität angegeben.</u>	NCR
3.3.1 [b]	*Für den Inhalt der Audit-Aufzeichnungen benötigt Überwachung, Analyse, Untersuchung zu unterstützen, und die Berichterstattung von rechtswidrigen oder nicht autorisierte Systemaktivität definiert.*	NCR
3.3.1 [c]	*Audit-Aufzeichnungen erstellt werden (erzeugt).*	NCR
3.3.1 [D]	*Audit-Aufzeichnungen, einmal erstellt, enthalten den definierten Inhalt.*	P - (. „Defined Inhalt" ist zu vage Dies bei einem Minimum sollte die Anmelde-ID sein [die Person], Datum-Zeitstempel, IP-Adresse, MAC-Adresse und alle Befehle ausgeführt).
3.3.1 [e]	*Aufbewahrungsanforderungen für Audit-Protokolle definiert.*	NCR - Siehe National Archives Rekord-Agentur (NARA) (www.nara.gov) Für CUI / CDI Datenspeicherung.
3.3.1 [f]	*Audit-Aufzeichnungen erhalten bleiben wie definiert.*	NCR

Bewertungsmethoden und KANDIDATEN FÜR ARTIFACTS REVIEW

Untersuchen : [*WÄHLEN AUS:* Audit und Rechenschaftspflicht Politik; Verfahren Adressieren prüfbaren Ereignisse; Systemsicherheit planen; System-Design-Dokumentation; Systemkonfigurationseinstellungen und die zugehörige Dokumentation; Verfahren zur Kontrolle von Prüfsätzen Adressieren; Verfahren Prüfsatz Erzeugungs Adressieren; System Prüfprotokolle und Aufzeichnungen; System prüfbaren Ereignisse; System Berichte über Zwischenfälle; andere relevante Dokumente oder Aufzeichnungen].

Prüfung : [*WÄHLEN AUS:* Mechanismen System Audit-Protokollierung der Umsetzung].

3.3.2 Stellen Sie sicher, dass die Aktionen der einzelnen Informationssystem können Benutzer eindeutig auf die Benutzer zurückverfolgt werden, so können sie für ihre Handlungen zur Rechenschaft gezogen werden.

MINDEST ANTWORT: Das ist über diese Erfassung der einzelnen Nutzer, wie sie auf das System zugreifen. Zugriffsprotokolle sollten umfassen, beispielsweise Benutzeridentifikationsinformationen, Zeitstempel aller Zugang, Datenbanken oder Anwendungen zugegriffen wird, und einige fehlgeschlagene Anmeldeversuche. Diese Steuerung wird für potentielle forensische Rekonstruktion entworfen entweder für interne Richtlinienverletzungen oder äußere Bedrohung Intrusionen. Irgendwelche politischen Erwägungen sollten mindestens einmal wöchentlich Bewertung enthalten, aber jeder prüfe Periodizität sollte auf der Empfindlichkeit und Kritikalität von Daten auf den Geschäftsbereich der Gesamtmission basieren.

Vollständigere Antwort: Eine vollständigere Mittel, um diese Steuerung zu adressieren automatische Warnmeldungen IT- und Management-Personal Schlüssel verwendet. Dies könnte auch die Fähigkeiten von vorhandenen „smart" Firewalls oder fortgeschrittenere Lösungen kann ein enthalten **Sicherheitsinformationen & Event Management** (SIEM) Lösung. Dies sind komplizierter und teurer Lösungen, aber die aktuellen Entwicklungen Einsatz moderner Künstliche Intelligenz und maschinelles Lernen Technologien proaktiver Bedrohungen identifizieren entwickelt sich schnell; Diese Lösungen sollten weniger teuer und einfacher innerhalb der nächsten zehn Jahre zu implementieren.

BEWERTUNG ZIEL *Bestimmen Sie, ob:*		
SUB-CTRL	*BESCHREIBUNG*	**empfohlene Ansatz**
3.3.2 [a]	*Der Inhalt der Audit-Aufzeichnungen erforderlich, um die Fähigkeit zur Unterstützung der Benutzer eindeutig zu verfolgen, um ihre Aktionen definiert.*	NCR
3.3.2 [b]	*Audit-Aufzeichnungen, einmal erstellt, enthalten den definierten Inhalt.*	NCR

Bewertungsmethoden und KANDIDATEN FÜR ARTIFACTS REVIEW

Untersuchen : [*WÄHLEN AUS:* Audit und Rechenschaftspflicht Politik; Verfahren Adressierung Audit-Aufzeichnungen und Ereignistypen; Systemsicherheit Plan; System-Design-Dokumentation; Systemkonfigurationseinstellungen und die zugehörige Dokumentation; Verfahren Prüfsatz Erzeugungs Adressieren; Verfahren mit Prüfungs Überprüfung, Analyse und Berichterstellung; Berichte über Prüfungsergebnisse; System Prüfprotokolle und Aufzeichnungen; Systemereignisse; System Berichte über Zwischenfälle; andere relevante Dokumente oder Aufzeichnungen].

Prüfung : [*WÄHLEN AUS:* Mechanismen System Audit-Protokollierung der Umsetzung].

Abgeleitet Sicherheitsanforderungen:

3.3.3 Überprüfung und Aktualisierung geprüften Veranstaltungen.

MINDEST ANTWORT: Dies ist eine ähnliche Anforderung an andere AU oben steuert regelmäßig Überwachungsprotokolle zu überprüfen. Wir empfehlen mindestens einmal pro Woche Bewertungen.

Vollständigere Antwort: vollständiger Um diese Steuerung zu adressieren, könnten IT-Personal kategorisieren sammelten die Protokolltypen werden. Diese könnten zum Beispiel Betriebssystem (OS) (Netzwerk), Anwendung, Firewall, Datenbankprotokolle, usw.

BEWERTUNG ZIEL *Bestimmen Sie, ob:*		
SUB-CTRL	*BESCHREIBUNG*	**empfohlene Ansatz**
3.3.3 [a]	*Verfahren zur Bestimmung, wann protokollierte Ereignisse überprüfen definiert.*	NCR

3.3.3 [b]	Ereignistypen protokolliert werden entsprechend der definierten Überprüfungsprozess überprüft.	P- „Ereignistypen" könnte fehlgeschlagenen Anmeldungen, Löschen von Dateien, Modifikationen oder Änderungen (vor allem in kritischen Datenbanken wie HR oder Finanzen).
3.3.3 [c]	Ereignistypen werden auf der Grundlage der Bewertung aktualisiert protokolliert werden.	P- (siehe oben)

Bewertungsmethoden und KANDIDATEN FÜR ARTIFACTS REVIEW

<u>Untersuchen</u> : [*WÄHLEN AUS*: Audit und Rechenschaftspflicht Politik; Verfahren Adressierung Audit-Aufzeichnungen und Ereignis Typ; Systemsicherheit Plan; Liste der Organisation definierte Ereignistypen protokolliert werden; prüft und Aufzeichnungen von protokollierten Ereignistypen aktualisiert; System Prüfprotokolle und Aufzeichnungen; System Berichte über Zwischenfälle; andere relevante Dokumente oder Aufzeichnungen].

<u>Prüfung</u> : [*WÄHLEN AUS*: Mechanismen unterstützt Überprüfung und Aktualisierung der protokollierten Ereignistypen].

3.3.4 Alarm im Fall eines Prüfungsprozess Versagen.

MINDEST ANTWORT: Dies ist eine aktive Fähigkeit, innerhalb des Unternehmens Audit Technologie entwickelt, das Personal eines Audit-Fehler aufmerksam machen kann.

Dies könnte auch die lokalen Alarme, blinkende Lichter, SMS und E-Mail-Benachrichtigungen zu wichtigen Mitarbeitern des Unternehmens. Richtlinieneinstellungen festgelegt wird gegründet als Teil der normalen Kontrollen zur Unterstützung der Gesamtrevision und Kontrolle Dies wird SA und IT-Personal erfordern. Eine Beschreibung der technischen Umsetzung und Sofortmaßnahmen durch das Personal getroffen werden soll identifiziert werden. Dies sollte die Aktivierung des Incident Response (IR)-Plan enthalten.

COMPLETE ANTWORT MEHR: Zusätzliche technische Lösungen zusätzliche Systeme umfassen könnten überwacht werden. Dies könnte den Status aller Audit-fähige Geräte und Funktionen umfassen. Dies kann auch einen separaten Computer oder einen Backup-Server Revision für die Speicherung der Protokolle nicht auf dem Primärsystem; dies würde Eindringlinge löschen oder verändern Protokolle verhindern, dass ihre Präsenz im Netz zu verstecken.

Diese Lösungen werden fügen letztlich zusätzliche Komplexität und Kosten. Stellen Sie sicher, jede Lösung erträglich ist sowohl finanziell als auch technisch von Unternehmen Entscheidungsträger. Während mehr Sicherheit zu haben NIST ein allgemeiner Wunsch der 800-171-Implementierung ist, sollte es sich durch neue Technologien mit einem praktischen und messbaren Mehrwert-Ansatz ausgeglichen werden. Es sollte auch eine weitere Überlegung sein, dass die Einbeziehung neuer Technologien sollten die Auswirkungen der erhöhten Komplexität und das Bestimmen der Fähigkeit der IT-Support-Mitarbeiter ansprechen, um es aufrechtzuerhalten.

BEWERTUNG ZIEL *Bestimmen Sie, ob:*

SUB-CTRL *BESCHREIBUNG*		empfohlene Ansatz
3.3.4 [a]	*Personal oder Rollen werden im Falle eines Audit-Protokollierung Prozessfehler aufmerksam gemacht werden identifiziert.*	NCR
3.3.4 [b]	Arten von Audit-Protokollierung Prozessfehlern, für den Alarm erzeugt wird definiert.	NCR
3.3.4 [c]	*Identifizierte Personal oder Rollen werden im Falle eines Audit-Protokollierung Prozessfehler aufmerksam gemacht.*	NCR

Bewertungsmethoden und KANDIDATEN FÜR ARTIFACTS REVIEW

Untersuchen : [*WÄHLEN AUS:* Audit und Rechenschaftspflicht Politik; Verfahren zur Prüfung Reaktion Adressieren

Anmeldung nicht abgewickelt werden kann; System-Design-Dokumentation; Systemsicherheit Plan; Systemkonfigurationseinstellungen und die zugehörige Dokumentation; Liste der Mitarbeiter im Falle eines Audit-Protokollierung Verarbeitungsausfall gemeldet werden; System Berichte über Zwischenfälle; System Prüfprotokolle und Aufzeichnungen; andere relevante Dokumente oder Aufzeichnungen].

Prüfung : [*WÄHLEN AUS:* Mechanismen der Umsetzung Systemantwort Protokollierung Verarbeitungsfehler prüfen].

3.3.5 Correlate Audit Überprüfung, Analyse und Reporting-Prozesse für die Untersuchung und Reaktion auf Anzeichen von unangemessenen, verdächtigen oder ungewöhnlichen Aktivitäten.

MINDEST ANTWORT: Dies sollte die technische Maßnahmen durch autorisiertes Prüfungspersonal genommen identifizieren zu verfolgen, wenn im Netzwerk verdächtige Aktivitäten zu analysieren.

Es sollte auch an dem IR-Plan gebunden werden, und mindestens einmal jährlich überprüft werden. (Siehe Control IR für die weitere Diskussion über die **DOD Präzedenz Identification** Beispiel für Entscheidungen auf der Grundlage des Schweregrad).

Vollständigere Antwort: Siehe Steuerung 3.3.2 für eine ausführlichere Diskussion einer SIEM-Lösung verwendet. Neben der manuellen Analyse konnte das Unternehmen die Möglichkeiten neuer Bedrohungsidentifikationstechnologien nutzen, wie SIEM und „intelligente" Intrusion Detection and Prevention-Geräte.

BEWERTUNG ZIEL *Bestimmen Sie, ob:*

SUBCTRL	*BESCHREIBUNG*	empfohlene Ansatz
3.3.5 [a]	*Prüfsatz Überprüfung, Analyse und Reporting-Prozesse für die Untersuchung und Reaktion auf Hinweise auf illegale, nicht autorisierte, verdächtige oder ungewöhnliche Aktivitäten definiert.*	NCR
3.3.5 [b]	*Definierte Prüfsatz Überprüfung, Analyse und Reporting-Prozesse korreliert sind.*	NCR

3.3.6 Bereitstellung von Audit-Reduktion und Berichterstellung On-Demand-Analyse und Reporting zu unterstützen.

MINDEST ANTWORT: Audit Reduktion sieht „on-demand" Audit Überprüfung, Analyse und Berichtspflichten.

Dies sollte zumindest manuelle Methoden verwenden, um Audits zu sammeln aus über mehrere Geräte hinweg Prüfprotokollierung mit potentiellen forensischen Bedürfnissen zu unterstützen. Alle Verfahren Bemühungen zu unterstützen Prüfung Reduktion höchstwahrscheinlich kommerzielle Support-Anwendungen und Skripte (kleine Programme in der Regel explizit auf das einzigartigen IT-Umgebung geschrieben Geschäfts) verwenden kann, dass IT-Mitarbeiter sollen in der Lage, um die Identifizierung, Entwicklung und Beschaffung zu unterstützen.

Vollständigere Antwort: IT-Personal stärker automatisierte und integrierte Audit-Reduktion Lösungen identifizieren kann. Mögliche Kandidaten könnten „intelligente" Firewalls oder Sicherheitsinformationen und Event Management (SIEM) -Lösungen sein.

BEWERTUNG ZIEL *Bestimmen Sie, ob:*

SUB-CTRL	BESCHREIBUNG	empfohlene Ansatz
3.3.6 [a]	Eine Prüfsatz Reduktionsfähigkeit, die On-Demand-Analyse unterstützt wird, zur Verfügung gestellt.	NCR (automatisieren erforderlich, wenn dann ein POAM oder Waiver erforderlich sein)
3.3.6 [b]	Ein Bericht Generation Fähigkeit, die On-Demand-Reporting unterstützt wird zur Verfügung gestellt.	NCR (Dies könnte als Grund als Datenlauf wird, um Ad-hoc-Reporting-Anforderungen).

3.3.7 Bereitstellung eines Informationssystems, die Fähigkeit vergleicht und synchronisiert interne Systemtakte mit einer autorisierenden Quelle Zeitstempel für Prüfsätze zu erzeugen.

MINDEST ANTWORT: Die einfachste Antwort ist auf IT-Personal haben verwenden Sie das Network Time Protocol (NTP) auf **NTP-Port 123** US Naval Observatory Zeitstempel als Standard für das Netzwerk zur Verfügung zu stellen; dies ist die maßgebliche Quelle betrachtet. Die Systemuhren aller Prozessoren

(Computer, Firewalls, etc.) innerhalb des Unternehmens sollte auf die gleiche Zeit eingestellt werden, wenn zuerst von IT-Support-Mitarbeiter initialisiert; dies sollte eine explizite politische Forderung sein.

Es wird vorgeschlagen, dass SA Personal Überprüfung und vergleichen Sie den externen (NTP-Server Zeitstempel) mit internen Systemuhr. Dies kann dazu verwendet werden, Protokolländerungen zu identifizieren, wenn die Synchronisation nicht gleich von den externen und internen Uhr Einstellungen ist. Melden Änderungen können ein Indikator für unberechtigten Zugriff und Manipulation von Log-Dateien von Hackern sein.

Vollständigere Antwort: Es gibt mehrere automatisierte Programme, die verwendet werden können, und gute Grund Programmierer im Unternehmen könnte Skripte (kleine Stücke von ausführbarem Code) schreiben leichter diese Vergleiche zu ermöglichen.

ASSESSMEN T ZIEL *Bestimmen Sie, ob:*

SUB-CTRL	BESCHREIBUNG	empfohlene Ansatz
3.3.7 [a]	Interne Systemuhr verwendet werden, um Zeitmarken für Audit-Aufzeichnungen zu erzeugen.	P-Die Steuerung ist hier für die sich auf „interne" Uhren gefordert wird; SEI VORSICHTIG Hacker können Systemuhren manipulieren.
3.3.7 [b]	Eine maßgebliche Quelle mit der internen Systemtakte zu vergleichen und zu synchronisieren, ist festgelegt.	NCR
3.3.7 [c]	Interne Systemtakte verwendet, um Zeitstempel für Prüfsätze zu erzeugen, sind gegenüber und mit der angegebenen autorisierenden Zeitquelle synchronisiert.	NCR

POTENTIAL Bewertungsmethoden und KANDIDATEN FÜR ARTIFACTS REVIEW

Untersuchen : [*WÄHLEN AUS:* Audit und Rechenschaftspflicht Politik; Verfahren Zeitstempel-Erzeugungs Adressieren; System Design-Dokumentation; Systemsicherheit Plan; Systemkonfigurationseinstellungen und die zugehörige Dokumentation; System Prüfprotokolle und Aufzeichnungen; andere relevante Dokumente oder Aufzeichnungen].

Prüfung : [*WÄHLEN AUS:* Mechanism Zeitstempelerzeugung implementiert; Mechanism der Umsetzung der internen Informationssystem Taktsynchronisation].

3.3.8 Protect Audit-Informationen und Audit-Tools vor unbefugtem Zugriff, Änderung und Löschung.

MINDEST ANTWORT: Diese Steuerung erfordert einen besseren Schutz der Audit-Dateien und Auditing-Tools vor nicht autorisierten Benutzern. Diese Tools können von Angreifern ausgenutzt werden Log-Dateien zu ändern oder löschen sie ganz ihrem Eintritt in das System zu verstecken. Passwort schützen und zu begrenzen Verwendung nur autorisierte Personen. Dokumentieren Sie diesen Vorgang entsprechend.

Vollständigere Antwort: Diese Informationen sind in einem anderen Server nicht Teil des normalen Audit-Log-Capture-Bereichs gespeichert werden. Darüber hinaus führen regelmäßige Backups Eindringlinge zu verhindern, dass Protokolle manipulieren; dies wird ein Mittel erlaubt Änderungen zu vergleichen und mögliche Vorfälle im Netzwerk für die Tätigkeit der Geschäftsleitung oder die Strafverfolgung zu identifizieren.

SUB-CTRL	BESCHREIBUNG	empfohlene Ansatz
3.3.8 [a]	Audit-Informationen vor unbefugtem Zugriff geschützt.	NCR
3.3.8 [b]	Audit-Informationen werden vor unberechtigter Modifikation geschützt.	NCR
3.3.8 [c]	Audit-Informationen vor unbefugtem Löschen geschützt.	NCR
3.3.8 [D]	Audit Logging-Tools sind vor unbefugtem Zugriff geschützt.	NCR
3.3.8 [e]	Audit Logging-Tools sind vor unbefugten Änderungen geschützt.	NCR
3.3.8 [f]	Audit Logging-Tools sind vor unbefugtem Löschen geschützt.	NCR

Bewertungsmethoden und KANDIDATEN FÜR ARTIFACTS REVIEW

Untersuchen : [*WÄHLEN AUS:* Audit und Rechenschaftspflicht Politik; Zugangskontrollpolitik und Verfahren; Verfahren Adressierung
Schutz der Audit-Informationen; Systemsicherheit Plan; System-Design-Dokumentation; Systemkonfigurationseinstellungen und die zugehörige Dokumentation.
Systemüberwachungsprotokolle und Aufzeichnungen; Prüfprotokollierung Werkzeuge; andere relevante Dokumente oder Aufzeichnungen].

Prüfung : [*WÄHLEN AUS:* Mechanismen Audit-Informationen Schutz der Umsetzung].

3.3.9 Limitverwaltung von Audit-Funktionalität zu einer Untergruppe von privilegierten Benutzern.

MINDEST ANTWORT: Siehe Steuer 3.3.8 zur Reduzierung der Anzahl von Personal mit Zugriffsprotokollen und Funktionen zu prüfen. eine Liste von Personen mit entsprechenden Benutzervereinbarungen pflegen kann die Fähigkeit leistet Personal sowie bietet Wert in künftigen Forensik Aktivitäten erforderlich zu begrenzen.

Vollständigere Antwort: Es gibt mehrere Produkte sind wie CyberArk ®, die verwendet werden könnten, privilegierten Benutzer Zugriff zu verwalten und zu überwachen, um Informationen zu überprüfen. Dieses Produkt wird eine relativ teure Lösung für kleine und einige mittlere Unternehmen sein.

BEWERTUNG ZIEL *Bestimmen Sie, ob:*		
SUB-CTRL BESCHREIBUNG		empfohlene Ansatz
3.3.9 [a]	Eine Untergruppe von privilegierten Benutzern Zugriff gewährt Audit Logging-Funktionalität zur Verwaltung definiert.	NCR
3.3.9 [b]	Verwaltung von Audit Logging-Funktionalität wird auf die definierte Untergruppe von privilegierten Benutzern beschränkt.	NCR

POTENTIAL Bewertungsmethoden und KANDIDATEN FÜR ARTIFACTS REVIEW

Untersuchen : [*WÄHLEN AUS:* Audit und Rechenschaftspflicht Politik; Zugangskontrollpolitik und Verfahren; Verfahren Adressieren Schutz der Audit-Informationen; Systemsicherheit Plan; System-Design-Dokumentation; Systemkonfigurationseinstellungen und die zugehörige Dokumentation; Zugangsberechtigungen; System generierte Liste der privilegierten Benutzer mit Zugriff auf das Management der Audit Logging-Funktionalität; Zugriffskontrollliste; System Prüfprotokolle und Aufzeichnungen; andere relevante Dokumente oder Aufzeichnungen].

Prüfung : [*WÄHLEN AUS:* Mechanismen Zugang Verwaltung Logging-Funktionalität prüfen].

Konfigurationsmanagement (CM)

Die wahre Grundlage von Cyber

Die wirkliche Bedeutung des Configuration Managements ist es in der Tat, die „gegenüberliegende Seite der gleichen Medaille" genannt Cyber. CM wird verwendet, um Änderungen zu verfolgen und bestätigen, um die Grundlinie des Systems; Dies könnte in Hardware, Firmware und Software geändert werden, die IT-Experten autorisierte Änderungen an der IT-Umgebung aufmerksam machen würde. CM wird verwendet, programmatische Kontrollen Änderungen zu bestätigen und sicherzustellen, verhindern, dass nicht ausreichend geprüft oder genehmigt wurde.

CM erfordert Basislinien für die Verfolgung, Steuerung und Führung eines Unternehmens der interne IT-Infrastruktur speziell für NIST 800-171 etabliert. Unternehmen mit einem effektiven CM-Prozess benötigen Informationen Auswirkungen auf die Sicherheit für die Entwicklung und den Betrieb von Informationssystemen zu berücksichtigen. Dadurch wird die aktive Verwaltung von Änderungen an Unternehmen Hardware, Software und Dokumentation enthalten.

Effektive CM von Informationssystemen erfordert die Integration der Verwaltung von sicheren Konfigurationen in den CM-Prozess. Wenn gute CM existieren als ein wohldefinierte „change" Prozess, den Schutz der IT-Umgebung ist gesichert. Dies sollte als der zweitwichtigste Sicherheitskontrolle in Betracht gezogen werden. Es wird vorgeschlagen, dass sowohl Management und IT-Personal über angemessene Kenntnisse und Ausbildung, diesen Prozess zu halten, da es so ein integralen Bestandteil gute programmatische und Cyber-Sicherheit Praxis ist.

Grundlegende Sicherheitsanforderungen:

3.4.1 Stellen und Basiskonfigurationen und Bestände von Organisationsinformationssystemen halten (einschließlich Hardware, Software, Firmware und Dokumentation) in den jeweiligen Systementwicklungszyklen.

MINDEST ANTWORT: Diese Steuerung kann am besten durch Hardware, Software erfüllt werden, und Firmware-Listings (sollte mit Hardware kombiniert werden); das sind die klassischen Artefakte für jedes System erforderlich. Aktualisierung dieser Dokumente als Änderungen an der IT-Architektur ist sowohl eine kritische IT und Funktionen Logistik. Stellen Sie sicher, diese Mitarbeiter über Systemänderungen gut koordiniert sind. *Dies sollte im System-Sicherheitsplan (SSP) enthalten sein.*

Auch NIST 800-171 erfordert Dokumentenkontrolle aller Berichte, Dokumente, Handbücher, usw. Die Währung aller damit verbundenen Dokumente sollten in einem zentralen Repository verwaltet werden.

Wo Dokumente empfindlich sein können, wie bestehende Schwächen oder Schwachstellen der IT-Infrastruktur zu beschreiben, sollten diese Dokumente ein höheres Maß an Kontrolle haben. Die Gründe für eine bessere Kontrolle solcher Dokumente sind, wenn diese Dokumente in dem öffentlichen „" gefunden wurden, Hacker oder Advanced Persistent Threats (dh kontradiktorische Nationalstaaten) auf diese Informationen nutzen könnten Exploits zu führen. Schwachstellen über die Firma Systeme sollten gekennzeichnet und kontrolliert werden dest an der CUI / CDI Ebene.

Vollständigere Antwort: Empfohlene bessere Ansätze gut zu trainieren **Versionskontrolle**

Aktivitäten würden ein Netzlaufwerk oder eine erweiterte Lösung könnte unter Verwendung von Microsoft ® Sharepoint ®. Ein aktives Versionskontrollwerkzeug sollte nur autorisiertes Personal erlauben, Änderungen an wichtigen Dokumenten und Systemänderungen und die damit verbundenen **Versionierung** -Major Veränderungen innerhalb der IT-Architektur, zum Beispiel von Version 2,0 bis 3,0. Dies sollte auch Audit-Aufzeichnungen, wer und wann eine Datei zugegriffen und geändert halten.

BEWERTUNG ZIEL *Bestimmen Sie, ob:*

SUB-CTRL *BESCHREIBUNG*		empfohlene Ansatz
3.4.1 [a]	*Eine Basiskonfiguration hergestellt.*	NCR (SSP) - Der SSP ist der definierte Artefakt diese Informationen zu erfassen
3.4.1 [b]	*Die Basiskonfiguration beinhaltet Hardware, Software, Firmware und Dokumentation.*	NCR (SSP)
3.4.1 [c]	*Die Basiskonfiguration beibehalten wird (überprüft und aktualisiert) während des gesamten Entwicklungslebenszyklus-System.*	P-Bedarf zu definieren und zu aktualisieren, wie Änderungen in der Konfiguration auftreten. Wer oder was Körper-Updates und hält die „Baseline" spezifisch für die SSP
3.4.1 [D]	*Ein System Inventar wird hergestellt.*	NCR (SSP)
3.4.1 [e]	*Das System Inventar umfasst Hardware, Software, Firmware und Dokumentation.*	NCR (SSP)
3.4.1 [f]	*Das Inventar wird beibehalten (überprüft und aktualisiert) während der gesamten Entwicklungslebenszyklus-Systems.*	P-See Untersteuerung 3.4.1 [c]

Bewertungsmethoden und KANDIDATEN FÜR ARTIFACTS REVIEW

Untersuchen : [*WÄHLEN AUS:* Configuration Management-Politik; Verfahren, die die Basiskonfiguration der Adressierung
System; Verfahren Adressiersystem Inventar; Systemsicherheit Plan; Konfigurationsmanagementplan; Systembestandsaufzeichnungen; Inventar
Überprüfung und Aktualisierung Aufzeichnungen; Enterprise-Architektur-Dokumentation; System-Design-Dokumentation; Systemarchitektur und
-konfiguration Dokumentation; Systemkonfigurationseinstellungen und die zugehörige Dokumentation; ändern Steuersätze; Installations Aufzeichnungen
Systemkomponente; Entfernen Aufzeichnungen Systemkomponente; andere relevante Dokumente oder Aufzeichnungen].

Prüfung : [*WÄHLEN AUS:* Organisatorische Prozesse für die Verwaltung von Basiskonfigurationen; Mechanismen unterstützt
Konfigurationssteuerung der Basiskonfiguration; Organisationsprozesse für die Entwicklung und eine Bestandsaufnahme der Systemkomponenten zu
dokumentieren; Organisationsprozesse für die Inventarisierung von Systemkomponenten zu aktualisieren; Mechanismen zu unterstützen oder um das System
Bestands implementiert; Mechanismen der Umsetzung Aktualisierung des Systems Inventar].

3.4.2 Stellen und Sicherheitskonfigurationseinstellungen für Produkte der Informationstechnologie in erzwingen Organisationsinformationssystemen eingesetzt.

MINDEST / vollständigere Antwort: Es sollte eine Identifikation von Sicherheitskonfigurationseinstellungen im Geschäft der Verfahrensunterlagen sein. Dies würde technische Richtlinieneinstellungen zum Beispiel Anzahl fehlgeschlagener Logins, minimaler Passwortlänge, Pflichtabmeldeeinstellungen umfasst usw. Diese Einstellungen sollten von einer Firma Betriebssystem, Software-Anwendung oder ein Programm identifiziert werden.

BEWERTUNG ZIEL Bestimmen Sie, ob:	
SUB-CTRL BESCHREIBUNG	empfohlene Ansatz
3.4.2 [a] Sicherheitskonfigurationseinstellungen für Produkte der Informationstechnologie in dem System eingesetzt werden etabliert und in der Basiskonfiguration enthalten.	P- „ Sicherheitskonfigurationseinstellungen für Produkte der Informationstechnologie in dem System eingesetzt werden etabliert und in der Basiskonfiguration enthalten."
3.4.2 [b] Sicherheitskonfigurationseinstellungen für Produkte der Informationstechnologie in dem System eingesetzt werden, durchgesetzt werden.	P- „ Sicherheitskonfigurationseinstellungen für Produkte der Informationstechnologie in dem System eingesetzt werden, durchgesetzt werden."
Bewertungsmethoden und KANDIDATEN FÜR ARTIFACTS REVIEW	
<div>Untersuchen : [WÄHLEN AUS: Configuration Management-Politik; Basiskonfiguration; Verfahren Adressierung Konfigurationseinstellungen für das System; Konfigurationsmanagementplan; Systemsicherheit Plan; System-Design-Dokumentation; Systemkonfigurationseinstellungen und die zugehörige Dokumentation; Sicherheitskonfiguration Checklisten; Beweise genehmigt Abweichungen von etablierten Konfigurationseinstellungen zu unterstützen; ändern Steuersätze; System Prüfprotokolle und Aufzeichnungen; andere relevante Dokumente oder Aufzeichnungen]. Prüfung : [WÄHLEN AUS: Organisationsprozesse für Konfigurationseinstellungen zu verwalten; Mechanismen, die zu implementieren, Überwachung und / oder Steuerung von Systemkonfigurationseinstellungen; Mechanismen, die und / oder das Dokument Abweichungen von Konfigurationseinstellungen eingerichtet identifizieren; Prozesse für die Verwaltung von Basiskonfigurationen; Mechanismen unterstützen Konfigurationssteuerung von Basiskonfigurationen].</div>	

Abgeleitet Sicherheitsanforderungen:

3.4.3 Spur, zu überprüfen, genehmigen / ablehnen und Audit-Änderungen an Informationssysteme.

MINDEST ANTWORT: Diese Steuerung adressiert einen definierten Unternehmenswechsel verarbeiten. Dies sollte in der Lage sein, hinzufügen oder IT-Komponenten im Netzwerk entfernen und benötigte Währung in Bezug auf den Zustand des Netzwerks bereitzustellen. Dies sollte keine rein IT-Personal Funktion sein. Wenn das Unternehmen zusätzliche Infrastruktur Personal leisten kann, sollte es einen Konfigurationsmanager zuweisen; Diese Person würde den CM-Prozess verwalten.

Vollständigere Antwort: Der Commercial Off-The-Shelf Technologies nutzen konnte (COTS), die verwendet werden, um eine anspruchsvollere CM-Datenbank aufzubauen. Dies könnte auch eine fähige Audit Fähigkeit leistet autorisierte Änderungen zu verhindern.

BEWERTUNG ZIEL *Bestimmen Sie, ob:*		
SUB-CTRL	**BESCHREIBUNG**	**empfohlene Ansatz**
3.4.3 [a]	*Änderungen am System Verfolgt werden.*	NCR
3.4.3 [b]	*Änderungen an dem System überprüft werden.*	NCR
3.4.3 [c]	*Änderungen am System sind genehmigt oder abgelehnt.*	NCR
3.4.3 [D]	*Änderungen am System angemeldet sind.*	NCR

Bewertungsmethoden und KANDIDATEN FÜR ARTIFACTS REVIEW

Untersuchen : [*WÄHLEN AUS:* Configuration Management-Politik; Verfahren Adressiersystem Konfigurationsänderung Steuerung; Konfigurationsmanagementplan; Systemarchitektur und -konfiguration Dokumentation; Systemsicherheit Plan; ändern Steuersätze; System Prüfprotokolle und Aufzeichnungen; Änderungskontrolle Prüfung und Überprüfung Berichte; Agenda / Minuten von Konfigurationsänderung Steueraufsichtssitzungen; andere relevante Dokumente oder Aufzeichnungen].

Prüfung : [*WÄHLEN AUS:* Organisationsprozesse für Konfigurationsänderung Steuerung; Mechanismen, die Umsetzung Konfigurationsänderungssteuerung].

3.4.4 Analyse der Auswirkungen auf die Sicherheit von Änderungen vor der Implementierung.

MINDEST ANTWORT: Unter NISTs Risikomanagementprozess, erfordert es, dass Änderungen an der Basislinie ein gewisses Maß an technischen Analyse erforderlich machen. Diese Analyse wird beschrieben als **Sicherheits Impact Analysis (SIA)**, und es ist auf der Suche nach irgendwelchen positiven oder negativen Veränderungen, die in Betracht gezogen werden

Sicherheit relevant.

Diese Analyse sollte die Architektur bei jeder Änderung aussehen, sei es ändert sich in Hardware, Software, Firmware oder Architektur. Dies sollte im Corporate CM Prozess beschrieben werden und als Grund als write-up von einem Mitglied des IT-Teams, zum Beispiel sein könnte, dass die Änderung wird oder keine Auswirkungen auf die Sicherheit haben, und es kann oder auch nicht die Sicherheit sein relevant.

Wenn die Änderung eine „negativen" Auswirkungen führt, wie Backup-Funktionen zu beseitigen oder zur Zeit unsupportable Einführung von Software (möglicherweise aufgrund von Finanzierungsbeschränkungen), *es liegt in der Verantwortung des Unternehmens den NIST 800-171 Prozess in voll und beraten die Regierung der Begründung für die Änderung neu zu initiieren.*

Siehe CM Steuer 3.4.4 für einen detaillierten Entscheidungsbaum.

die Hinzufügung eines neuen Softwareproduktes Ein-Komplettlösung zu dieser Steuerung umfasst zum Beispiel, die Schwachstellen-Scans mit Corporate Anti-Virus- und Malware-Anwendungen oder Software-Produkten unterstützt: vollständigere Antwort. Bringen Sie diese Berichte als Teil des Datensatzes.

Im Fall von Hardware-Updates, könnte das Unternehmen seinen SCRM Prozess zeigt durch den Nachweis Anbringen, dass der Hersteller ein autorisierter Anbieter von der Regierung genehmigt ist. Der Zugang zu Bundesregierung genehmigt Produkte Liste (APL) können die Vertragsbeauftragten Vertreter (COR) oder Vertrags Officer (CO) erfordern den Zugriff auf bestimmte Datenbanken zu genehmigen. Die positive Bewertung dieser Datenbanken wird die richtige Höhe der Due Diligence für all aktuelle oder zukünftige Betriebsgenehmigung (ATO) demonstrieren.

3.4.5 Definieren, Dokument, genehmigen, und erzwingen physischen und logischen Zugangsbeschränkungen im Zusammenhang mit Änderungen des Informationssystems.

MINDEST / vollständigere Antwort: „Zugriffsbeschränkungen" werden mit den zuvor diskutierten AC Kontrollen ausgerichtet sind. Im Rahmen eines Unternehmens CM Politik muss alle Änderungen an den IT-Grunde innerhalb eines formalen Prozesses von diesem Prozess und dokumentiert genehmigt erfaßt werden.

Dokumentation wird in der Regel in einer CM-Datenbank verwaltet, und genauer gesagt, wäre es das Update aller Hardware- oder Software-Listen benötigen. Ein Nachweis der Einhaltung würde die Produktion von aktualisierte Angebote, die von der CM-Datenbank verwaltet werden. Dies sollte die Aktualisierung aller Netzwerk-Diagramme beschreiben in graphischer Form eine Beschreibung des Firmennetzwerks; diese sind alle expliziten Anforderungen nach NIST 800-171. Diese Artefakte sollten auch in die aufgenommen werden **SSP**.

SUB-CTRL	BESCHREIBUNG	empfohlene Ansatz
BEWERTUNG ZIEL *Bestimmen Sie, ob:*		
3.4.5 [a]	Physische Zugangsbeschränkungen im Zusammenhang mit Änderungen an dem System festgelegt.	NCR
3.4.5 [b]	Physische Zugangsbeschränkungen im Zusammenhang mit Änderungen an dem System dokumentiert.	NCR
3.4.5 [c]	Physische Zugangsbeschränkungen im Zusammenhang mit Änderungen am System zugelassen sind.	NCR
3.4.5 [D]	Physische Zugangsbeschränkungen im Zusammenhang mit Änderungen an dem System durchgesetzt werden.	NCR
3.4.5 [e]	Logische Zugriffsbeschränkungen im Zusammenhang mit Änderungen an dem System festgelegt.	NCR- („Logical Access" unter Access Control beschrieben ist voll).
3.4.5 [f]	Logische Zugriffsbeschränkungen im Zusammenhang mit Änderungen an dem System dokumentiert.	NCR
3.4.5 [g]	Logische Zugriffsbeschränkungen im Zusammenhang mit Änderungen am System zugelassen sind.	NCR
3.4.5 [h]	Logische Zugriffsbeschränkungen im Zusammenhang mit Änderungen an dem System durchgesetzt werden.	NCR

3.4.6 Beschäftigen das Prinzip der geringsten Funktionalität durch das Informationssystem konfigurieren, dass nur wesentliche Funktionen zur Verfügung zu stellen.

MINDEST ANTWORT: Teile der Regierung haben die Verwendung definiert, zum Beispiel von File Transfer Protocol (FTP), Bluetooth oder Peer-to-Peer-Vernetzung als unsichere Protokolle. Diese Protokolle sind nicht autorisierten in vielen Bundesregierung Umgebungen und Unternehmen, die NIST 800-171 Zulassung sind am besten in diese Richtung zu folgen, wie gut. Alle schriftlichen Verfahren sollten versuchen, mindestens einmal jährlich neu zu bewerten, ob eine Bestimmung der Sicherheit aller Funktionen, Ports, Protokolle oder Dienste sind nach wie vor richtig.

Vollständigere Antwort: Die Verwendung von automatischen Netzwerkpaket-Tool wird empfohlen, solche Neubewertungen zu leiten. Stellen Sie sicher, dass IT-Mitarbeiter haben das Recht, Erfahrung und Geschick eine gute Analyse dieser Steuer Anforderung zur Verfügung zu stellen.

BEWERTUNG ZIEL *Bestimmen Sie, ob:*

SUB-CTRL *BESCHREIBUNG*		empfohlene Ansatz
3.4.6 [a]	Wesentliche System-Funktionen basieren auf dem Prinzip der kleinsten Funktionalität definiert.	NCR- (siehe frühere Diskussion über eine anfängliche und jährliche Risikobewertung Dirigieren (RA))
3.4.6 [b]	Das System ist so konfiguriert, dass nur die definierten wesentlichen Fähigkeiten zur Verfügung zu stellen.	NCR

3.4.7 beschränken, deaktivieren und verhindern, die Verwendung von nicht erforderlichen Programmen, Funktionen, Ports, Protokollen und Diensten.

MINDEST ANTWORT: nicht erforderliche Programme, Funktionen, Ports und Protokolle sind erstklassige Angriffswege für Hacker Möchtegern-. Alle Programme, die nicht für das Verhalten von Unternehmen verwendet werden

Operationen sollten entfernt werden. Wo dies nicht möglich ist, sollten diese Programme die schwarze Liste gesetzt werden, in der Unternehmens-IT-Umgebung ausgeführt werden. (Siehe 3.4.8. Unten).

In Bezug auf Ports und Protokolle erfordert dies IT direkte Einbindung in den Entscheidungsprozess Personal. Bestimmte Ports sind in der Regel für jeden 21. Jahrhundert Unternehmens täglichen Betrieb benötigt. Beispielsweise die Anschlüsse 80, 8080, und 443 werden verwendet, HTTP (Web-Datenverkehr) zu senden; Diese Ports werden in der Regel aktiv sein erforderlich.

Port-Nummer	Anwendung unterstützt
20	File Transport Protocol (FTP) Daten
23	Telnet
25	Simple Mail Transfer Protocol (SMTP)
80, 8080, 443	Hypertext Transport Protocol (HTTP) → WWW
110	Post Office Protocol, Version 3 (POP3)

Gemeinsame Ports und ihre zugehörigen Protokolle

Für die Ports und Protokolle, die nicht benötigt werden, sollten sie von den benannten IT-Personal geschlossen werden. Dies verhindert, dass Hacker die Nutzung offener Einträge in die Unternehmensinfrastruktur. Stellen Sie sicher, eine Kopie aller offenen und geschlossenen Häfen an Regierungsvertreter für die Überprüfung im Rahmen der NIST 800-171 Anforderungen leicht verfügbar ist.

Vollständigere Antwort: Die Business-Tools verwenden können, die für ungenutzte und offene Ports zu überprüfen. Dies könnte eine regelmäßige Neubewertung beinhalten, ob Ports müssen aktiv bleiben. Wie bereits erwähnt, Produkte wie Wireshark ® könnten als Low-Cost-Lösung für jede Neubewertung der Unternehmensinfrastruktur zu leiten verwendet werden.

BEWERTUNG ZIEL *Bestimmen Sie, ob:*		
SUB-CTRL BESCHREIBUNG		**empfohlene Ansatz**
3.4.7 [a]	Grundlegende Programme definiert.	NCR (immer mit Vertrag Amt konsultiert keine Angabe nicht autorisierte Programme, um zu bestimmen, zum Beispiel „Hacker-Tools", etc.
3.4.7 [b]	Die Verwendung von nicht erforderlichen Programmen definiert.	NCR
3.4.7 [c]	Die Verwendung von nicht erforderlichen Programmen beschränkt ist, deaktiviert, oder wie definiert verhindert.	NCR
3.4.7 [D]	Wesentliche Funktionen definiert.	NCR (Artefakt würde alle „Whitelist" Anwendungen und Funktionen)
3.4.7 [e]	Die Verwendung von nicht-essentiellen Funktionen definiert.	NCR

3.4.7 [f]	*Die Verwendung von nicht-essentiellen Funktionen beschränkt ist, deaktiviert, oder wie definiert verhindert.*	NCR
3.4.7 [g]	*Wesentliche Ports definiert.*	NCR (Coordinate mit Vertrag Büro mindestens einmal jährlich über alle Aktualisierungen an nicht autorisierte Ports).
3.4.7 [h]	*Die Verwendung von nicht-essentiellen Ports definiert.*	NCR
3.4.7 [i]	*Die Verwendung von nicht-essentiellen Ports beschränkt ist, deaktiviert, oder wie definiert verhindert.*	NCR
3.4.7 [j]	*Wesentliche Protokolle definiert.*	NCR (Selber wie 3.4.7 [g])
3.4.7 [k]	*Die Verwendung von nicht-essentiellen Protokollen definiert.*	NCR
3.4.7 [l]	*Die Verwendung von nicht-essentiellen Protokolle beschränkt ist, deaktiviert oder so definiert verhindert.*	NCR
3.4.7 [m]	*Wesentliche Dienste definiert.*	NCR (Selber wie 3.4.7 [g])
3.4.7 [n]	*Die Verwendung von nicht benötigten Diensten definiert.*	NCR
3.4.7 [o]	*Die Verwendung von nicht benötigten Diensten eingeschränkt ist, deaktiviert, oder wie definiert verhindert.*	NCR

Bewertungsmethoden und KANDIDATEN FÜR ARTIFACTS REVIEW

Untersuchen : [*WÄHLEN AUS:* Configuration Management-Politik; Verfahren dest Funktionalität in dem System Adressierung; Konfigurationsmanagementplan; Systemsicherheit Plan; System-Design-Dokumentation; Sicherheitskonfiguration Checklisten; Systemkonfigurationseinstellungen und die zugehörige Dokumentation; Spezifikationen für die Software-Programmausführung zu verhindern; dokumentierten Bewertungen von Programmen, Funktionen, Ports, Protokolle und / oder Dienstleistungen; ändern Steuersätze; System Prüfprotokolle und Aufzeichnungen; andere relevante Dokumente oder Aufzeichnungen].

Prüfung : [*WÄHLEN AUS:* Organisationsprozesse für die Überprüfung und das Deaktivieren nicht erforderlichen Programme, Funktionen, Häfen, Protokolle oder Dienstleistungen; Mechanismen der Umsetzung Überprüfung und Handhabung von nicht erforderlichen Programmen, Funktionen, Ports, Protokolle oder Dienstleistungen; Organisationsprozesse Programmausführung auf dem System zu verhindern; Organisationsprozesse für Software-Nutzung und Einschränkungen; Mechanismen zu unterstützen oder Software-Nutzung und Einschränkungen umzusetzen; Mechanismen der Programmausführung auf dem System zu verhindern].

3.4.8 Nehmen verweigern-by-Exception (schwarze Liste) Politik die Verwendung nicht autorisierter Software zu verhindern oder alle leugnen, erlauben-by-Exception (Whitelisting) Politik, die Ausführung autorisierter Software zu ermöglichen.

MINDEST / vollständigere Antwort: Das Unternehmen sollte beschäftigen **Schwarze Listen** oder **Whitelisting,** (Siehe 3.14.2 Steuerung für weitere Informationen), die Ausführung von nicht autorisierter Software-Programme oder Anwendungen innerhalb des Informationssystems zu verbieten. Eine Kopie der aktuellen Liste sollte einen Teil der formalen Body of Evidence (BOE) sein.

BEWERTUNG ZIEL *Bestimmen Sie, ob:*

SUB-CTRL BESCHREIBUNG		empfohlene Ansatz
3.4.8 [a]	Eine Politik, die angibt, ob oder Whitelist eine schwarze Liste umgesetzt werden soll, wird festgelegt.	NCR
3.4.8 [b]	Die Software erlaubt unter weißen Listen oder verweigert den Einsatz unter die schwarze Liste auszuführen angegeben.	NCR
3.4.8 [c]	Whitelisting der Ausführung autorisierter Software oder schwarze Liste zu setzen, damit die Verwendung von nicht autorisierter Software zu verhindern, ist wie angegeben umgesetzt.	NCR

Bewertungsmethoden und KANDIDATEN FÜR ARTIFACTS REVIEW

Untersuchen : [*WÄHLEN AUS:* Configuration Management-Politik; Verfahren dest Funktionalität in dem System Adressierung; Systemsicherheit Plan; Konfigurationsmanagementplan; System-Design-Dokumentation; Systemkonfigurationseinstellungen und die zugehörige Dokumentation; Liste der Software-Programme nicht auf dem System auszuführen autorisiert; Liste der Software-Programme auf dem System auszuführen autorisiert; Sicherheitskonfiguration Checklisten; Überprüfung und Aktualisierung Aufzeichnungen im Zusammenhang mit der Liste der zugelassenen oder nicht autorisierten Software-Programme; ändern Steuersätze; System Prüfprotokolle und Aufzeichnungen; andere relevante Dokumente oder Aufzeichnungen].

Prüfung : [*WÄHLEN AUS:* Organisations Verfahren zur Identifizierung, Überprüfung und Aktualisierung der Programme autorisiert oder nicht autorisiert auf dem System auszuführen; Verfahren für die schwarze Liste oder weiße Listen implementiert; Mechanismen zu unterstützen oder eine schwarze Liste oder weiße Liste der Umsetzung].

3.4.9 Steuerung und Monitor vom Benutzer installierten Software.

MINDEST ANTWORT: Die Politik sollte immer sein, dass nur Administratoren autorisiert, wie bezeichnet SA und Senior Helpdesk-Personal erlaubt werden, hinzufügen oder Software von Anwendercomputer löschen.

Es sollte auch ein definierter Prozess seine spezielle Software zu verlangen für einzelne Nutzer hinzugefügt werden. Dazu kann auch das Finanzpersonal, Architekten, Statistikern, etc., die Stand-alone-Software spezialisiert erfordern, die möglicherweise nicht mit dem Internet verbindet.

Vollständigere Antwort: Das im Rahmen des normalen Prüfungsprozess des Unternehmens die Überprüfung, ob Personalsoftware und unter Umgehung Sicherheitsmaßnahmen (Passwörter wie immer von IT Personen autorisiert) ist das Hinzufügen umfassen könnte. Dies kann auch in der AUP und unterstützt durch entsprechende HR-Aktivitäten angesprochen werden, die gegen einzelne Personen von solchen Verletzungen verfolgt werden können.

ABSCHÄTZU NT ZIEL *Bestimmen Sie, ob:*		
SUB-CTRL BESCHREIBUNG		empfohlene Ansatz
3.4.9 [a]	Eine Politik zur Steuerung der Installation von Software, die von den Benutzern hergestellt wird.	NCR

3.4.9 [b]	Die Installation der Software werden von den Benutzern auf der etablierten Politik gesteuert.	NCR
3.4.9 [c]	Die Installation der Software wird von den Benutzern überwacht.	NCR

Bewertungsmethoden und KANDIDATEN FÜR ARTIFACTS REVIEW

Untersuchen : [*WÄHLEN AUS:* Configuration Management-Politik; Verfahren Benutzer installierten Softwareadressierung;

Konfigurationsmanagementplan; Systemsicherheit Plan; System-Design-Dokumentation; Systemkonfigurationseinstellungen und die zugehörige Dokumentation; Liste der Regeln vom Benutzer installierten Software regeln; Systemüberwachungs Aufzeichnungen; System Prüfprotokolle und Aufzeichnungen; kontinuierliche Überwachung Strategie; andere relevante Dokumente oder Aufzeichnungen].

Prüfung : [*WÄHLEN AUS:* Organisationsprozesse regeln Benutzer installierte Software auf dem System; Mechanismen der Durchsetzung

Regeln oder Methoden für die Installation von Software, die von den Benutzern regeln; Überwachungsmechanismen der Einhaltung von Richtlinien].

Identifikation und Authentifikation (IA)

Warum die Zwei-Faktor-Authentifizierung ist so wichtig?

Die 2015 Office of Personnel Management (OPM) Verletzung richtig implementiert und durchgesetzt werden, wenn diese Kontrolle Familie hätte verhindert werden können. Die eine „positive" Wirkung, dass die OPM Verletzung für Bundesbehörden verursachte, war die Forderung aus dem Kongress, dass diese Anforderungen wurden obligatorisch. Kongress den Schwerpunkt auf die Verwendung von Zwei-Faktor-Authentifizierung (2FA) und Multi-Factor Authentication (MFA) ist vorgesehen, konstruktive Ergebnisse für die Bundesregierung und Impulse für strengere Cyber Maßnahmen, die über die IT-Grenzen der Regierung.

Während einige Unternehmen gewährt werden, zum Beispiel Common Access Cards (CAC) oder Personal Identity Verification (PIV) Karten 2FA zu erreichen zwischen dem Unternehmen und der Regierung, die meisten nicht so Zugriff autorisiert werden. Die Umsetzung wird verschiedene Ebene der Investitionen und die Verwendung von 2FA Geräten oder auch genannt erfordern „Token." Auch dies erfordert zusätzlich finanziell Kosten und technische Integration Herausforderungen für die durchschnittlichen Unternehmen.

Für viele kleine Unternehmen, wird dies auch einige beträchtliche Investitionen seitens des Unternehmens und ein klares Bekenntnis verlangen, mit der Regierung zu arbeiten. Lösungen könnten zum Beispiel RSA®-Token, das sind kleine Geräte, die eine Sicherheitsvariable (ein Schlüssel), dass ein Nutzer zusätzlich zu einem Passwort oder persönlicher Identifikationsnummer (PIN) ständig drehen. Diese Lösung bietet eine mögliche Lösung für Unternehmen, die 2FA Anforderung zu erfüllen.

Laut dem Haus-Ausschuss für Aufsicht und Regierungsreform Bericht am 7. September[th], 2016 Führung des OPM nicht bestanden „zu grundlegender Cyber-Hygiene, wie die Aufrechterhaltung Strom Behörden implementieren zu bedienen und unter Einsatz starke mehrstufige Authentifizierung Trotz jahrelanger Warnung des Generalinspekteurs ... Werkzeuge zur Verfügung standen, dass die Verletzungen hätte verhindert werden können ... "(QUELLE: https://oversight.house.gov/wp-content/uploads/2016/09/The-OPM-DataBreach-How-the-Government-Jeopardized-Our-National-Security-for-More-than-a-Generation. pdf)

Die besten Ansätze werden gute Marktstudien der zur Verfügung stehenden Ressourcen erfordern und darauf achten, dass die Zwei-Faktor nicht eine Karte oder Token-Lösung sein muss. Andere Optionen würden Biometrie (Fingerabdrücke, Gesichtserkennung, etc.) oder Short Message Service (SMS) 2FA-Lösung, wie sie vom Amazon® verwendet, um seine Kunden zu überprüfen. Sie verwenden einen Zwei-Schritt-Überprüfungsprozess, der einen „Bestätigungscode" bietet persönliches Handy oder zu Hause auf das Kundentelefon geschickt, um ihre Identität zu überprüfen.

Seien Sie bereit, ernst „Hausaufgaben" auf diesen Kontrollen zu tun, und zu erforschen alle möglichen Lösungen. Sobald diese Steuerung gelöst wird, wird das Unternehmen in einer besseren Position, nicht nur mit die Regierung aber ernsthafte Antworten, die den Schutz ihrer sensiblen Daten gewährleisten.

Grundlegende Sicherheitsanforderungen:

3.5.1 Informationssystem Benutzer identifizieren, im Namen der Benutzer Prozesse handeln, oder Geräte.

MINDEST / vollständigere Antwort: Diese Kontrolle sollte aktuelle Geschäftsabläufe identifizieren / Referenz wie in der skizzierten **AU** Kontrolle darüber. Es sollte ehen, dass Prüfung verwendet wird, Systembenutzer zu identifizieren, die Prozesse (Anwendungen) und die Geräte (Computer) zugegriffen.

BEWERTUNG ZIEL *Bestimmen Sie, ob:*

SUB-CTRL	*BESCHREIBUNG*	empfohlene Ansatz
3.5.1 [a]	*Systembenutzer werden identifiziert.*	NCR
3.5.1 [b]	*Prozesse im Namen der Nutzer wirken, werden identifiziert.*	NCR (durch Logsammlung Audit)
3.5.1 [c]	*Geräte Zugriff auf das System identifiziert.*	NCR

Bewertungsmethoden und KANDIDATEN FÜR ARTIFACTS REVIEW

Untersuchen : [*WÄHLEN AUS:* Identifizierung und Authentifizierung Politik; Verfahren Benutzeridentifikation Adressierung und Authentifizierung; Systemsicherheitsplan, Systemdesign Dokumentation; Systemkonfigurationseinstellungen und die zugehörige Dokumentation; System Prüfprotokolle und Aufzeichnungen; Liste der Systemkonten; andere relevante Dokumente oder Aufzeichnungen].

Prüfung : [*WÄHLEN AUS:* Organisationsprozesse zur eindeutigen Identifizierung und Authentifizierung von Benutzern; Mechanismen Stütz- oder Identifizierungs- und Authentifizierungsfähigkeit Implementierung].

3.5.2 Authentifizieren (oder überprüfen) die Identitäten dieser Benutzer, Prozesse oder Geräte, als Voraussetzung Zugang zu organisatorischen Informationssystemen zu ermöglichen.

MINDEST ANTWORT: Während Grund Anmelde- und Kennwortinformationen verwendet werden könnten, Kontrolle 3.5.3 unten benötigt die Multi-Faktor oder Zwei-Faktor-Authentifizierung (2FA). Die Regierung verlangt 2FA und NIST 800-171 erfordert es auch.

* * Denken Sie daran, wenn das Unternehmen nicht sofort bereit, eine 2FA Lösung auszuführen, *ein* *POAM erforderlich.*

Vollständigere Antwort: Die bessere Antwort ist die Verwendung irgendeiner Form von 2FA. Es könnte sein, **Hard Token** Lösung wie beispielsweise ein CAC oder PIV-Karte. Die andere Option würde eine solche virtuelle Lösungen, die E-Mail- oder SMS-Nachrichten wie Google verwenden würde ® oder Amazon ® 2FA zur Verfügung zu stellen; Dies **Soft-Token** Lösung ist in der Regel einfacher und weniger teuer zu implementieren. Es kann leichter NIST eingesetzt 800-171 Anforderung zu erfüllen.

BEWERTUNG ZIEL *Bestimmen Sie, ob:*		
SUB-CTRL	*BESCHREIBUNG*	**empfohlene Ansatz**
3.5.2 [a]	*Die Identität der einzelnen Benutzer authentifiziert ist oder als Voraussetzung für den Systemzugriff verifiziert.*	NCR
3.5.2 [b]	*Die Identität eines jeden Prozesses im Namen eines Benutzers wirkt, als Voraussetzung für den Systemzugriff authentifiziert oder verifiziert.*	NCR
3.5.2 [c]	*Die Identität jedes Gerät Zugriff auf oder an das System angeschlossen ist, als Voraussetzung für den Systemzugriff authentifiziert oder überprüft.*	P / T / PO / W- Dies wird Politik und mögliche technische Kontrolle Aktualisierungen erfordern, wo zum Beispiel Server auf andere Server sicher authentifiziert werden. Dies kann eine POAM oder Verzicht auf bestimmte zeitlich begrenzte Umstände dies erfordern.

Bewertungsmethoden und KANDIDATEN FÜR ARTIFACTS REVIEW

<u>Untersuchen</u> : [*WÄHLEN AUS:* Identifizierung und Authentifizierung Politik; Systemsicherheit Plan; Verfahren Adressierung Authenticator-Management; Verfahren Adressieren Benutzerauthentifikations; System-Design-Dokumentation; Liste der System Authenticator-Typen; Systemkonfigurationseinstellungen und die zugehörige Dokumentation; ändern Steuerdatensätze, die mit System authenticators verwalten; System Prüfprotokolle und Aufzeichnungen; andere relevante Dokumente oder Aufzeichnungen].

<u>Prüfung</u> : [*WÄHLEN AUS:* Mechanismen zu unterstützen oder Authenticator-Management-Fähigkeit der Umsetzung].

Abgeleitet Sicherheitsanforderungen:

3.5.3 Verwenden Sie Multi-Faktor-Authentifizierung für lokalen und Netzwerk-Zugriff auf privilegierte Konten und für den Netzzugang zu nicht-privilegierten Konten.

MINDEST ANTWORT: Siehe Steuerung 3.5.2 oben. Sicherstellen, dass die Voraussetzung für die MFA oder 2FA sind Teil der Cyberpolitik / Verfahren des Unternehmens.

Vollständigere Antwort: (siehe Control 3.5.2 für vorgeschlagene Ansätze).

BEWERTUNG ZIEL *Bestimmen Sie, ob:*		
SUB-CTRL *BESCHREIBUNG*		**empfohlene Ansatz**
3.5.3 [a]	*Privilegierte Konten identifiziert.*	NCR
3.5.3 [b]	*Multi-Faktor-Authentifizierung für den lokalen Zugriff auf privilegierte Konten umgesetzt.*	NCR (mindestens zwei-Faktor-Authentifizierung, Windows-10® ermöglicht biometrische Gesichtserkennung-Potential einer kleinen Architekturlösung für viele)

3.5.3 [c]	Multi-Faktor-Authentifizierung für Netzwerk-Zugriff auf privilegierte Konten implementiert.	NCR
3.5.3 [D]	Multi-Faktor-Authentifizierung für Netzwerkzugriff auf nicht-privilegierte Konten umgesetzt.	NCR

Bewertungsmethoden und KANDIDATEN FÜR ARTIFACTS REVIEW

<u>Untersuchen</u> : [*WÄHLEN AUS:* Identifizierung und Authentifizierung Politik; Verfahren Benutzeridentifikation Adressierung und Authentifizierung; Systemsicherheit Plan; System-Design-Dokumentation; Systemkonfigurationseinstellungen und die zugehörige Dokumentation; System Prüfprotokolle und Aufzeichnungen; Liste der Systemkonten; andere relevante Dokumente oder Aufzeichnungen].

<u>Prüfung</u> : [*WÄHLEN AUS:* Mechanisms Stütz- oder mehrstufige Authentifizierung Fähigkeit Implementierung].

3.5.4 Beschäftigen Replay-resistente Authentifizierungsmechanismen für den Netzzugang zu privilegierten und nicht privilegierten Konten.

MINDEST ANTWORT: Diese Steuerung erfordert Replay resistente Technologien Replay-Attacken zu verhindern. **Replay-Attacken** auch werden k nown als **Wiedergabe-Angriff.** Dies ist ein Angriff, bei dem der Hacker legitimen Datenverkehr von einem autorisierten Benutzer erfasst und vermutlich einem positiv identifizierten Netzwerkbenutzer, und verwendet sie nicht autorisierten Zugriff auf ein Netzwerk zu gewinnen. Dies ist auch eine Form von a betrachtet **Der Mann in der Mitte** Typ Angriff.

Die einfachste Lösung, um diese Kontrolle zu lösen ist zu Unternehmen IT-Personal hat zu deaktivieren **Secure Socket Layer (SSL)** - die die Regierung nicht mehr genehmigt. Die Unternehmen sollten die Verwendung

Transport Layer Security (TLS) 2.0 oder höher; es als Regierungsstandard erforderlich.

Wenn das Unternehmen die Verwendung von SSL muss weiterhin aufrecht zu erhalten Konnektivität mit zum Beispiel externe oder Drittanbieter-Datenprovider ist ein POAM erforderlich. Die Anstrengungen sollten sich mit diesen Datenanbietern zu diskutieren gemacht werden, wenn sie nicht mehr SSL verwenden werden. Diese Diskussion sollte so bald wie möglich beginnen, um die Regierung durch eine POAM zu raten, dass das Unternehmen zeigt, ist seine ordnungsgemäße Durchführung der Due Diligence seinen CUI / CDI zu schützen.

Vollständigere Antwort: Eine potentiell teure Lösung die Zugabe eines umfassen könnte

SIEM Lösung. Es gibt viele großen IT-Netzwerk-Anbieter, die künstliche Intelligenz Fähigkeiten hinzugefügt hat, diese Art von Angriff zu erkennen, besser; identifizieren sorgfältig jede Lösung.

3.5.5 Prevent Wiederverwendung von Identifikatoren für einen definierten Zeitraum.

MINIMUM Antwort: Die IA Steuerung anweist, dass „Individuum, Gruppe, eine Rolle oder Vorrichtungskennungen" von wiederverwendet zu werden. Dies sollte im Rahmen eines schriftlichen Verfahrens und definiert in Systemrichtlinien aufgenommen werden, um zu verhindern Kennungen von wiederverwendet werden. Dies könnte E-Mail-Adressnamen (individuell), Administratorkonten (Gruppe), oder Gerätekennungen wie „finan_db" umfasst ein hochwertiges Ziel wie eine „Finanzdatenbank" (Gerät) benannt ist.

Der Grund für diese Kontrolle ist Eindringlinge zu verhindern, die Informationen über solche Kennungen gewonnen haben weniger eine Fähigkeit hat, diese Informationen zu verwenden, um eine des Unternehmens nutzen. Dies wird helfen, besser Hackers Intelligenz Sammlung und Analyse von unternehmensinternen Netzwerk zu vereiteln. Diese Steuerung ist so konzipiert, Eindringlinge Fähigkeiten zu verhindern Zugriff auf Unternehmenssysteme und deren resident CUI / CDI-Repositorys zu gewinnen.

Vollständigere Antwort: Im Fall einer Rückkehr Mitarbeiter Wiederverwendung von einzelnen Identifikatoren sollte abgeraten werden, zum Beispiel. Dies ist ein grundlegender Vorschlag: „John.Smith@cui-company.com' könnte vielfältig Beispiele sein, „John.H.Smith2@cui-company.com.

BEWERTUNG ZIEL Bestimmen Sie, ob:		
SUB-CTRL	**BESCHREIBUNG**	**empfohlene Ansatz**
3.5.5 [a]	Ein Zeitraum, in der Kennung kann nicht wiederverwendet werden soll, definiert.	NCR
3.5.5 [b]	Wiederverwendung von Identifikatoren innerhalb des definierten Zeitraums verhindert.	NCR

Bewertungsmethoden und KANDIDATEN FÜR ARTIFACTS REVIEW

Untersuchen : [*WÄHLEN AUS:* Identifizierung und Authentifizierung Politik; Verfahren Identifikator Management; Verfahren Adressierung Account-Management; Systemsicherheit Plan; System-Design-Dokumentation; Systemkonfigurationseinstellungen und die zugehörige Dokumentation; Liste der Systemkonten; Liste von Kennungen von Zugangskontrollvorrichtungen erzeugt werden; andere relevante Dokumente oder Aufzeichnungen].

Prüfung : [*WÄHLEN AUS:* Mechanismen zu unterstützen oder Identifikator -verwaltung].

3.5.6 Deaktivieren Identifikatoren nach einer bestimmten Zeit der Inaktivität.

MINDEST / vollständigere Antwort: Dies erfordert, dass nach einer bestimmten Timeout-Einstellung, das System seine Verbindung beendet. Die Empfehlung ist maximal 30 Minuten, aber wie bereits erwähnt, sollte die Auszeit immer auf den Daten Empfindlichkeit basieren.

BEWERTUNG ZIEL Bestimmen Sie, ob:		
SUB-CTRL	**BESCHREIBUNG**	**empfohlene Ansatz**
3.5.6 [a]	Eine Periode der Inaktivität, nach der ein Identifikator wird deaktiviert, definiert.	NCR
3.5.6 [b]	Bezeichner sind nach der definierten Zeit der Inaktivität deaktiviert.	NCR

POTENTIAL Bewertungsmethoden und KANDIDATEN FÜR ARTIFACTS REVIEW

Untersuchen : [*WÄHLEN AUS:* Identifizierung und Authentifizierung Politik; Verfahren Identifikator Management; Verfahren Adressierung Account-Management; Systemsicherheit Plan; System-Design-Dokumentation; Systemkonfigurationseinstellungen und die zugehörige Dokumentation; Liste der Systemkonten; Liste von Kennungen von Zugangskontrollvorrichtungen erzeugt werden; andere relevante Dokumente oder Aufzeichnungen].

Prüfung : [*WÄHLEN AUS:* Mechanismen zu unterstützen oder Identifikator -verwaltung].

3.5.7 Erzwingen einer Mindestkennwortkomplexität und Änderung von Zeichen, wenn neue Passwörter erstellt werden.

MINDEST ANTWORT: Wenn Passwörter für die Authentifizierung verwendet wird, ist die Erwartung, dass ein POAM hat, bis zu dem Zeitpunkt, entwickelt eine 2FA oder MFA Lösung vorhanden ist. Die Standard Komplexität soll mindestens 15 Zeichen lang sein, die mindestens zwei oder mehr alpha, Zahlen und Sonderzeichen enthalten, die Wahrscheinlichkeit eines Kompromisses zu reduzieren.

Vollständigere Antwort: Erhöhte Länge und Variabilität kann durch automatisierte Richtlinieneinstellungen des Netzwerks durchgesetzt werden. Ein weiterer Vorschlag ist Paßphrasen zu verwenden. Diese können schwieriger zu „knacken" von normalen Hacking-Tools und sind in der Regel einfacher für die Benutzer zu merken.

BEWERTUNG ZIEL *Bestimmen Sie, ob:*

SUB-CTRL BESCHREIBUNG		empfohlene Ansatz
3.5.7 [a]	*Kennwort Komplexitätsanforderungen definiert.*	NCR
3.5.7 [b]	*Passwortänderung des Charakters Anforderungen definiert.*	NCR
3.5.7 [c]	*Minimale Kennwortkomplexitätsanforderungen definiert werden erzwungen, wenn neue Passwörter erstellt werden.*	NCR (Consult mit Vertrag Amt spezifisch für DOD 15-stellige alphanumerische Anforderung)
3.5.7 [D]	*Minimale Kennwortänderung Zeichen Anforderungen definiert werden erzwungen, wenn neue Passwörter erstellt werden.*	NCR

Bewertungsmethoden und KANDIDATEN FÜR ARTIFACTS REVIEW

Untersuchen : [*WÄHLEN AUS:* Identifizierung und Authentifizierung Politik; Kennwortrichtlinie; Verfahren Adressierung Authenticator-Management; Systemsicherheit Plan; Systemkonfigurationseinstellungen und die zugehörige Dokumentation; System-Design-Dokumentation; Kennwort Konfigurationen und die zugehörige Dokumentation; andere relevante Dokumente oder Aufzeichnungen].

Prüfung : [*WÄHLEN AUS:* Mechanismen zu unterstützen oder kennwortbasierte Implementierung Authenticator-Management-Fähigkeiten].

Die besten Lösungen sind nach wie vor entweder 2FA oder MFA

Die Faktoren:

- 1-Faktor: Etwas, das Sie wissen (zB Passwort / PIN)
- 2-FAKTOR: Etwas, das Sie haben (zB Verschlüsselungsidentifikationseinrichtung, Token)

- Multi-Faktor: Etwas Sie sind (zB biometrischer: Fingerabdruck, Iris, etc.)

3.5.8 Verbieten Passwort Wiederverwendung für eine bestimmte Anzahl von Generationen.

MINDEST ANTWORT: Dies ist in der Regel festgelegt durch die Politik und die bezeichnete SA, die die Anzahl, wie oft ein Passwort beschränken werden kann wiederverwendet; *Passwörter in den meisten Teilen der Regierung sind verpflichtet, alle 90 Tage gewechselt werden.* Diese Funktion sollte von autorisierten IT-Mitarbeiter automatisiert werden. Empfohlene Wiederverwendung eines früheren Passwort sollte mindestens 10 oder höher sein

Vollständigere Antwort: Technische Einstellungen festgelegt werden können *Nein* Wiederverwendung. Dadurch wird sichergestellt, dass Hacker, die eine der Benutzer anderer Unternehmen genutzt haben oder auch (und vor allem) persönliche Konten, kann weniger wahrscheinlich wirksam gegen korporative Computernetze und Vermögenswerte sein.

BEWERTUNG ZIEL *Bestimmen Sie, ob:*		
SUB-CTRL	**BESCHREIBUNG**	**empfohlene Ansatz**
3.5.8 [a]	*Die Anzahl der Generationen in dem ein Kennwort kann nicht angegeben wiederverwendet werden.*	NCR
3.5.8 [b]	*Wiederverwendung von Passwörtern wird während der angegebenen Anzahl von Generationen verboten.*	NCR

Bewertungsmethoden und KANDIDATEN FÜR ARTIFACTS REVIEW

Untersuchen : [*WÄHLEN AUS:* Identifizierung und Authentifizierung Politik; Kennwortrichtlinie; Verfahren Adressierung Authenticator-Management; Systemsicherheit Plan; System-Design-Dokumentation; Systemkonfigurationseinstellungen und die zugehörige Dokumentation; Kennwort Konfigurationen und die zugehörige Dokumentation; andere relevante Dokumente oder Aufzeichnungen].

Prüfung : [*WÄHLEN AUS:* Mechanismen zu unterstützen oder kennwortbasierte Implementierung Authenticator-Management-Fähigkeiten].

3.5.9 zulassen temporäres Passwort Verwendung für Systemanmeldungen mit einem sofortigen Wechsel zu einem permanenten Passwort.

MINDEST / vollständigere Antwort: Diese Einstellung typischerweise in normalen Netzwerk-Betriebssystemen integriert ist. Diese Anforderung für Benutzer sollte in geeigneter Weise in der empfohlenen Verfahren Führung einbezogen werden.

3.5.10 Speichern und Übertragen Darstellung von Passwörtern nur verschlüsselt.

MINDEST ANTWORT: Dies ist sowohl eine DIT und DAR Ausgabe finden Sie unter Control 3.1.3 für ein konzeptionelles Diagramm.

IT-Personal sollte regelmäßig, dass die Passwortdaten speichert werden immer verschlüsselt Überprüfung sein.

Diese Steuerung erfordert, dass alle Passwörter werden verschlüsselt und von NIST sanktioniert Prozess unter FIPS 140-2 zugelassen. Siehe Steuerungs 3.13.11 für die NIST Website, um zu bestätigen, ob eine Verschlüsselungslösung zugelassen ist.

Vollständigere Antwort: Empfohlene größeren Schutz könnten verschlüsselte Passwörter erfordern, werden auf der gleichen Hauptanwendung oder Datenbank-Server nicht verknüpft, die große Teile des Geschäfts der Daten-Repository gespeichert sind. Ein separater Server (physisch oder virtuell) könnten Hacker Exploits den Zugriff auf Unternehmensdaten speichert verhindern.

BEWERTUNG O IEL *Bestimmen Sie, ob:*

SUB-CTRL	BESCHREIBUNG	empfohlene Ansatz
3.5.10 [a]	*Passwörter werden verschlüsselt in der Lagerung geschützt.*	NCR
3.5.10 [b]	*Passwörter werden verschlüsselt auf der Durchreise geschützt.*	NCR

Bewertungsmethoden und KANDIDATEN FÜR ARTIFACTS REVIEW

Untersuchen : [*WÄHLEN AUS:* Identifizierung und Authentifizierung Politik; Kennwortrichtlinie; Verfahren Adressierung Authenticator-Management; Systemsicherheit Plan; Systemkonfigurationseinstellungen und die zugehörige Dokumentation; System-Design-Dokumentation; Kennwort Konfigurationen und die zugehörige Dokumentation; andere relevante Dokumente oder Aufzeichnungen].

Prüfung : [*WÄHLEN AUS:* Mechanismen zu unterstützen oder kennwortbasierte Implementierung Authenticator-Management-Fähigkeiten].

3.5.11. Verdunkeln Bewertungen von Authentifizierungsinformationen.

MINDEST / vollständigere Antwort: Das ist wie **Muster versteckt** wie in Kontrolle beschrieben

3.1.10. Das System sollte die Ferne durch versehentlich Beobachtung in-Person („Schulter Surfen") oder virtuell (indem Sie Kennworteinträge von privilegierten Benutzern) nicht autorisierte Personen aus kompromittieren System-Level-Authentifizierung verhindern. Es stützt sich auf die „Feedback von Authentifizierungsinformationen" Verschleiern, beispielsweise Sternchen (*) oder Hash-Symbole (#), wenn ein Benutzer sein Passwort angezeigt wird. Diese Einstellung sollte diese Einstellung ändern automatisch und verhindern, dass normale Benutzer erzwungen werden.

Incident Response (IR)

Was tun Sie, wenn Sie angegriffen werden?

Incident Response (IR) erfordert in erster Linie einen Plan, eine Identifizierung, wer oder was Agentur benachrichtigt, wenn eine Verletzung aufgetreten ist, und Testen des Plans über die Zeit. Diese Steuerung erfordert die Entwicklung eines Incident Response Plan (IRP). Es gibt viele Vorlagen online verfügbar, und wenn es eine bestehende Beziehung mit einer Bundesbehörde ist, sollten Unternehmen in der Lage sein, Agentur spezifische Vorlagen zu erhalten.

VERANSTALTUNG → VORFALL

(Weniger definiert / Anfang Vorkommen) → (definiert / bestätigt / high impact)

Incident Response Spectrum

Der erste Versuch sollte mit Regierungsvertretern werden identifizieren, was ein meldepflichtiges Ereignis darstellt, die formal einen Vorfall wird. Dies könnte eine bestätigte Verletzung, die an die IT-Infrastruktur aufgetreten ist. Vorfälle könnten alles von einem Denial of Service (DOS) angriff einer Überlastung der nach außen gerichteten Bahn oder Post servers-- oder Exfiltration von Daten wo sind CUI / CDI und Unternehmensdaten wurden außerhalb des Firewall des Unternehmens kopiert oder verschoben / Umfang. Vorfälle könnten auch die Zerstörung von Daten, die das IT-Mitarbeiter des Unternehmens, zum Beispiel laufender Prüfungstätigkeiten identifiziert durch.

Zweitens, die Sie informieren Sie? Haben Sie Ihren zugewiesenen Vertragsbeauftragten Vertreter (COR), den Vertrag Büro, DOD US Cybercommand in Fort Meade, MD, oder möglicherweise das Department of Homeland Security (DHS) Computer Emergency Response Team (CERT) aufmerksam (https://www.us-cert.gov/forms/report)? Vertreter des Unternehmens haben die ihnen zugewiesenen COR fragen, wo Standard-government „incident" Meldung zu erstatten. Sie sollten Vorlagen und Formulare können an die Agentur spezifische bereitzustellen.

Schließlich wird diese Sicherheitskontrolle Tests erfordern mindestens *jährlich,* aber häufiger wird empfohlen. Bis bequem mit dem IR „reporting Kette" *Praxis, Praxis, Praxis.*

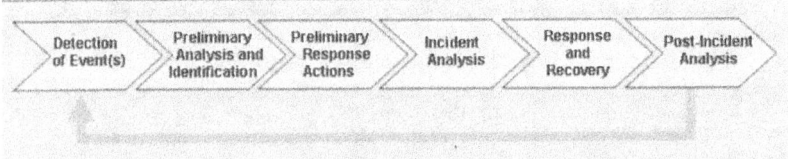

| Detection of Event(s) | Preliminary Analysis and Identification | Preliminary Response Actions | Incident Analysis | Response and Recovery | Post-Incident Analysis |

DOD Cyber Incident-Lebenszyklus. Dieses Diagramm vom DOD ist ein repräsentatives Beispiel für einen typischen „Incident-Response-Lebenszyklus." Es sollte in einer Firma Ansatz zur IR-Aktivitäten unterstützen, und wird ein bessere Unterstützung bei der Koordinierung mit Organisationen Regierung Cyber Incident Response. In dieser Erkenntnis entweder als ein „Ereignis" (nicht unbedingt ein negatives Auftreten) im Vergleich zu einem „Zwischenfall" ist eine interne Ermittlung von der Führung des Unternehmens in Abstimmung mit seiner Sicherheit und IT-professionellen Mitarbeitern. Ein Vorfall erfordert speziell die Regierung alarmiert, sobald das Intrusion *anerkannt*.

Stellen Sie sicher, mit der jeweiligen Agentur ihrer Reporting-Standards. typischerweise **Veranstaltungen** kann nicht auf der Grundlage der expansiven Auswirkungen und Workloads Regierung Cyber-Antwort Organisationen berichtet werden müssen. Im Falle des **Vorfälle,** der Standard ist 72-Stunden; jedoch ist die Empfehlung *so bald wie möglich* aufgrund der möglichen Auswirkungen außerhalb des eigenen IT-Infrastruktur des Unternehmens. Es kann eine ernsthafte direkte Bedrohung für die Bundesbehörde stellt IT-Umgebungen. Überprüfen Sie immer, dies mit dem zugeordneten Vertragsamt Vertreter.

Das Diagramm stuft unter dem aktuellen DOD und DHS gemeinsamen Vorrang Bezeichnungen. Es bietet sowohl eine Standard-Kategorisierung für identifizierten Ereignisse und in der Regel wird Vorrang verwendet, um die Handlungsebene und Antwort zu identifizieren, auf dem Vorrang abhängig „Schweren".

Precedence	Category	Description
0	0	Training and Exercises
1	1	Root Level Intrusion (Incident)
2	2	User Level Intrusion (Incident)
3	4	Denial of Service (Incident)
4	7	Malicious Logic (Incident)
5	3	Unsuccessful Activity Attempt (Event)
6	5	Non-Compliance Activity (Event)
7	6	Reconnaissance (Event)
8	8	Investigating (Event)
9	9	Explained Anomaly (Event)

DOD Präzedenz Kategorisierungs. Neun (9) ist die niedrigste Veranstaltung, bei der wenig bekannt ist, und IT-Mitarbeiter versuchen, um zu bestimmen, ob diese Aktivität erhöht werden soll Nehmensführung aufmerksam zu machen oder zu „schließen Sie es heraus." Ein (1) ist ein tief Angriff. Es gibt an, dass der Vorfall „root" Zugriff gewonnen hat. Root-Zugriff kann dahin gehend ausgelegt werden, dass der Eindringling hat vollständigen Zugriff auf die restriktivsten Sicherheitsstufen eines Systems. Diese Art des Zugriffs ist in der Regel zu vervollständigen und ungehinderter Zugang zum Netz und Daten des Unternehmens ausgelegt. (QUELLE: Cyber Incident Handling Programm, CJCSM 6510.01B, den 18. Dezember 2014

http://www.jcs.mil/Portals/36/Documents/Library/Manuals/m651001.pdf?ver=2016-02-05-175710-897)

<u>Grundlegende Sicherheitsanforderungen:</u>

3.6.1 Einrichtung einer Betriebsstörung Handhabungsfähigkeit für Organisationsinformationssysteme, die eine angemessene Vorbereitung beinhaltet, Detektion, Analyse, Containment, Wiederherstellung und Benutzeraktion Aktivitäten.

MINDEST ANTWORT: Diese Steuerung richtet sie eine „Fähigkeit", die eingerichtet werden muss, um Ereignisse und Vorfälle innerhalb der Firma IT-Sicherheitsgrenze zu reagieren.

Dies sollte auch die **Menschen, Prozesse und Technologie (PPT) Modell** als empfohlene Führer für viele der Kontrollen innerhalb der NIST 800-171 beantworten. Während Lösungen nicht unbedingt eine technologische Antwort erfordern, Berücksichtigung der Menschen (zB wer? Welche Fähigkeiten? Etc.) und Verfahren (zB Mitteilungen an der Geschäftsleitung, Action-Workflows, etc.) viele der Antwort Anforderungen gerecht werden.

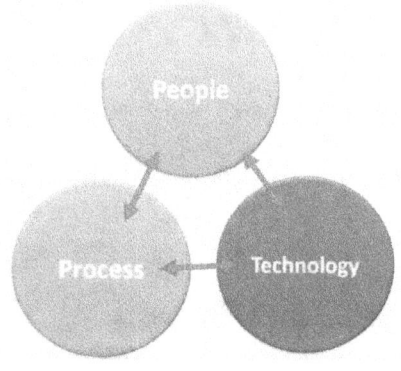

PPT Modell

Verwenden Sie den Cyber-Vorfall **Lebenszyklus** oben zu führen, die Betriebsstörung Behandlungs des Unternehmens Artefakt / Verfahren. Dies sollte ein Anhang zu dem sein **SSP.** (Siehe Systemsicherheitsplan (SSP) Vorlage und Arbeitsmappe: eine Ergänzung zum „DOD NIST 800-171 Compliance-Leitfaden" auf Amazon®). Das **PPT Modell** kann verwendet werden, um den IRP Anhang zu führen und zu formulieren. Ein vorgeschlagener Ansatz, um das PPT-Modell wird im Folgenden beschrieben und beinhaltet die Art von Fragen, die beantwortet werden sollen am besten zeigen, wie man am besten eine gute IRP zu formulieren:

- Vorbereitung
  - Menschen: Wer die Aktion oder Aktivität wird durchführen? Ausbildung erforderlich? Fähigkeiten?
  - Prozess: Ausbildungspolitik für Cyber-Sicherheit und IT-Experten der Unterstützung IRP
  - Technologie: Welche Technologie ist bereits vorhanden IR unterstützen? Welche Technologien wird gebraucht?

- Entdeckung
  - Menschen: Sind die IT-Mitarbeiter können Audit-Tools verwenden, richtig Einbrüche zu erkennen?
  - Prozess: Was sind ‚best practice' Ansätze Einbrüche zu erkennen? Monitor Firewall-Logs? Überwachen der Benutzeraktivität?
  - Technologie: Ist die Datenbibliothek aktuelle Technologie? Sind automatische Updates aktiviert?

- Analyse
  - Menschen: Sind die IT-Mitarbeiter der Lage, die Analyse erforderlich machen? Können sie bestimmen falsch-positive Aktivität?
  - Prozess: Was ist der Prozess Führung will wirksame und umsetzbare bekommen Daten von IT-Personal? Was sind die Anforderungen für die sofortigen und endgültigen Berichtszeitrahmen?
  - Technologie: Sind die richtigen Werkzeuge Vor-Ort-? Kann Open Source / Web-Lösungen nützlich? Kann DOD oder DHS hilfreich Daten Feeds aktuelle Bedrohungen zu bleiben?

- Eindämmung
  - Menschen: Kann die IT-Mitarbeiter den laufenden Angriff stoppen? Haben sie erfordern zusätzliche Codierung Scripting-Fähigkeiten aufbauen / aktualisieren Firewall-Richtlinien?
  - Prozess: Ist der Containment-Prozess effektiv? Wird ermöglicht, den Angriff fortzusetzen Die Bedrohung Unternehmen / Standort eine gute Idee, zu identifizieren (die Strafverfolgung zu unterstützen)?
  - Technologie: Kann Software-Tools Quarantäne und Malware-Angriff stoppen? ist Abschalten aller externen Verbindungen eine gute sofortige Lösung (an der Firewall)?

- Wiederherstellungsmaßnahmen
  - Menschen: Kann die IT-Mitarbeiter Backup-Daten-Dateien und Medien wiederherstellen?
  - Prozess: Was ist die Reihenfolge der Erholung? Bringen interne Datenbanken und erste und externen Server-Kommunikation (E-Mail und Website) später wieder hergestellt werden? Was sind die Recovery-Zeit-Standards für das Unternehmen Geschäftsbetrieb wieder zu erlangen? Was ist akzeptabel? Was ist nicht akzeptabel?

O Technologie: Gibt es eine ausreichende Anzahl von Backup-Geräte für kritische Systeme?

Von Drittanbietern können Service-Provider unterstützen verlorene oder beschädigte Daten bei der Wiederherstellung?

- Benutzeraktion Aktivitäten

    O Menschen: Können Mitarbeiter Rückkehr sicher in einen betriebsbereiten Zustand?

    O Prozess: Braucht das Unternehmen den Zugang zu Diensten zu kontrollieren auszuwählen
    erste Einzelpersonen (zB Finanzen, Logistik, etc.)

    O Technologie: Can-Technologie löst unmittelbare Probleme bei der Verwertung vice
    die Mitarbeiter wie zum Beispiel erneuter Auswahl von Druckern und anderen Datenverbindungen?

Vollständigere Antwort: In den Situationen, wenn die Steuerung speziell eine Politik Lösung diskutiert, der Einsatz von automatisierten Tool, Warnungen, usw., immer in Betracht gezogen werden sollte. Auch die Verwendung von grundlegenden Tracking-Tool wie Microsoft ® Excel ® und Access ® mindestens eine Ebene der positiven Kontrolle über die IT-Umgebung demonstrieren.

BEWERTUNG ZIEL *Bestimmen Sie, ob:*		
SUB-CTRL	*BESCHREIBUNG*	**empfohlene Ansatz**
3.6.1 [a]	*Eine Betriebsstörung Handhabungsfähigkeit hergestellt.*	NCR
3.6.1 [b]	*Die Betriebsstörung Handhabungsfähigkeit umfasst Zubereitung.*	NCR
3.6.1 [c]	*Die Betriebsstörung Handhabungsfähigkeit beinhaltet Detektion.*	NCR
3.6.1 [D]	*Die Betriebsstörung Handhabungsfähigkeit umfasst die Analyse.*	NCR / PO / W- (es unvernünftig sein kann für ein kleines Unternehmen andere beliebige analytische Fähigkeit zu haben, als Sammlung von Protokollen und Überweisung an die Agentur für Aktion, ein Verzicht kann absolut erforderlich)
3.6.1 [e]	*Die mit dem Zugverkehr Handhabungsfähigkeit beinhaltet Containment.*	NCR
3.6.1 [f]	*Die Betriebsstörung Behandlungsfähigkeit beinhaltet Erholung.*	NCR
3.6.1 [g]	*Die Betriebsstörung Handhabungsfähigkeit umfasst Aktivitäten Benutzeraktion.*	NCR

3.6.2 Spur, zu dokumentieren und Bericht Vorfälle entsprechende Beamten und / oder Behörden sowohl intern als auch außerhalb der Organisation.

MINDEST ANTWORT: Diese Steuerung beschreibt die Berichtsanforderungen auf der Grundlage der Schwere des Vorfalls, wie oben in DOD Präzedenz Kategorisierungsschema beschrieben. Stellen Sie sicher, irgendeine Form des Endlagers wird behauptet, dass ein Prüfer jederzeit überprüfen können. Eine weitere Erinnerung daran, dass solche Informationen sollten zumindest an der CUI / CDI Ebene gesichert und verschlüsselt werden.

Vollständigere Antwort: Eine vollständigere Antwort kann eine dedizierte Computer-Server-Repository enthält, die aus dem System physisch getrennt sein könnten, wenn sie nicht benötigt werden. Dies könnte unbefugten Zugriff verhindern, wenn ein Eindringling versucht, Intelligenz Sammlung zu führen oder **Aufklärung** vom System; dies würde Eindringlinge kritische Netzwerkinformationen verweigern und Verwirrung für ihr Eindringen Aktivitäten hinzufügen.

BEWERTUNG ZIEL *Bestimmen Sie, ob:*

SUB-CTRL	BESCHREIBUNG	empfohlene Ansatz
3.6.2 [a]	*Vorfälle werden verfolgt.*	NCR
3.6.2 [b]	*Vorfälle dokumentiert.*	NCR
3.6.2 [c]	*Behörden, die sind Vorfälle gemeldet werden identifiziert.*	NCR
3.6.2 [D]	*Organisations Beamten, die sind Vorfälle identifiziert gemeldet werden.*	NCR
3.6.2 [e]	*Identifizierte Behörden der Vorfälle gemeldet.* NCR	
3.6.2 [f]	*Identifizierte organisatorische Beamten der Vorfälle gemeldet.*	NCR

3.6.3 Testen Sie die organisatorische Reaktionsfähigkeit.

MINDEST ANTWORT: Testen Sie den IR-Plan mindestens einmal im Jahr. Dies sollte sowohl interne als auch externe fiktive Eindringen Übungen umfasst. Diese können Login-Daten kompromittiert und Passwörter an bestimmte IT-Personal zur Verfügung gestellt. Sicherstellen, dass die Ergebnisse des Tests wird dokumentiert, geprüft und von der Geschäftsleitung unterzeichnet. Ein IR-Test-Event sollte für zukünftige Prüfung aufrechterhalten werden.

Vollständigere Antwort: keine Voraussetzung dieser Steuerung Dies ist und viele Risiken für die IT-Umgebung darstellt. Sie diese Lösung nicht empfehlen; dies würde nur auf der Grundlage der Empfindlichkeit der Daten erforderlich sein, und Penetration Testing (PenTest) wird von der Regierung gerichtet. Es ist nur für mehr von einer Aufwertung der Komplexität angeboten, die eine PenTest sich bringt.

Eine teurere Lösung ist die Einstellung ein externes Penetration Testing (PenTest) Unternehmen. Stellen Sie sicher, dass Rules of Engagement (ROE) sind seit langem bekannt. Regeln, die sowohl von der Gesellschaft und dem Pentester bestätigt werden sollen, zum Beispiel, ist, dass keine unbeabsichtigte Veränderung oder Zerstörung von Daten autorisiert ist. Die PenTest Unternehmen kann auch eine Enthaftungs für jede unbeabsichtigte Schäden, die durch die PenTest verursacht erfordern. Immer koordiniert mit Juristen in solchen Dingen erfahrenen Schaden oder Verwirrung, die durch unklare Erwartungen eines PenTest geschaffen zu vermeiden.

MAINTENANCE (MA)

Wie nehmen Sie die Pflege der IT?

Die MA Sicherheitskontrolle ist relativ einfach in Bezug auf die Anforderungen von NIST 800-171 zu adressieren. Diese Steuerung erfordert Prozesse und Verfahren, die Überwachung von Drittanbietern Anbieter stellen die IT-Wartung und Support bieten. Während diese vage paranoid erscheinen mag, ist die Gesellschaft verpflichtet, die Kontrolle über alle Wartungspersonal zu trainieren, die möglicherweise Zugriff auf das Unternehmen haben wird und Regierung resident CUI / CDI und Daten. Dies erfordert typischerweise auch Begleit Unternehmen, dessen Hintergrund wurden außerhalb Arbeitnehmer ordnungsgemäß geprüft und autorisiert zu beaufsichtigen.

Mangelnde Wartung oder ein Fehler Wartung durchzuführen, bei der nicht genehmigten Verbreitung von CUI / CDI führen kann. Die vollständige Umsetzung dieser Anforderung ist abhängig von der Auflösung der CUI / CDI Bundesverordnung vorgeschlagen und Kennzeichnung Führung in der **CUI Registry.** (Die Kennzeichnungsanforderungen abgeschlossen wurden, und es ist am besten in der Registrierung zu beziehen, https://www.archives.gov/cui/registry/category-list Diese Markierungen, für bestimmte Industrie-Codes.) Als auch IT-Hardware für Unternehmen CUI / CDI-Daten angewendet werden wie Server, Desktops, Laptops, usw.

Grundlegende Sicherheitsanforderungen:

3.7.1 Führen Sie die Wartung auf Organisationsinformationssysteme.

MINDEST ANTWORT: Dies sollte die Gesellschaft Wartungsverfahren für die IT-Infrastruktur beschreiben. Dies könnte entweder interne Wartungsteams oder Drittunternehmen gehören. Dies wird Hardwarekomponente Reparaturen und Erneuerungen, Drucker Reparaturen usw. enthält Alle sollen Wartungsverträge als Artefakte zur Verfügung gestellt werden, um ein Berechtigungspaket zu unterstützen.

Vollständigere Antwort: Wartung der Identifizierung von Computer-Hardware Ersatzteile vor Ort oder in der Firma Lagerstandorte umfassen könnte. Operative Ersatzteile sollten von der Firma Logistik Personal verwaltet werden; sie sollten in der Eigenschaft Buchdatenbank und der damit verbundenen Hardcopy Berichterstattung an die Geschäftsleitung aufgenommen werden.

3.7.2 Bereitstellung wirksame Kontrollen an den Werkzeugen, Techniken, Mechanismen und Personal verwendet, um Informationen Systemwartung durchzuführen.

MINDEST ANTWORT: Diese Kontrolle bezieht sich auf Werkzeuge zur Diagnose und Reparatur des IT-Systems / Netzwerk des Unternehmens. Zu diesen Werkzeugen gehören zum Beispiel Hardware / Software-Diagnosetestgeräte und Hardware / Software **Paket-Sniffer.** Zugriff auf die Hardware Werkzeuge sollte in verschließbaren Behältern und nur zugänglich durch autorisiertes Personal IT gesichert werden.

Im Fall von Software-Tool, sollten sie für das Personal mit privilegierten Benutzerrechten eingeschränkt werden, und speziell geprüft, wenn eine Anwendung erforderlich ist oder erforderlich.

Vollständigere Antwort: Empfohlene zusätzliche Kontrolle Zwei-Personen-Integritätsanforderungen umfassen. Dies würde erfordern, dass, wenn jeder dieser Arten von Werkzeugen verwendet werden, sollte es in jedem System Wartung oder diagnostische Aktivitäten beteiligten mindestens zwei berechtigte Personen sein.

BEWERTUNG ZIEL *Bestimmen Sie, ob:*

SUB-CTRL	BESCHREIBUNG	empfohlene Ansatz
3.7.2 [a]	*Werkzeuge verwendet die Systemwartung durchzuführen gesteuert werden.*	NCR
3.7.2 [b]	*Techniken Systemwartung durchzuführen gesteuert werden.*	NCR
3.7.2 [c]	*Mechanismen, die Systemwartung durchzuführen gesteuert werden.*	NCR
3.7.2 [D]	*Personal verwendet die Systemwartung durchzuführen gesteuert werden.*	NCR

Bewertungsmethoden und KANDIDATEN FÜR ARTIFACTS REVIEW

Untersuchen : [*WÄHLEN AUS:* Systemwartungspolitik; Verfahren Adressiersystem Wartungswerkzeugen und Medien; Wartungsaufzeichnungen; Systemwartung Werkzeuge und zugehörige Dokumentation; Wartungstool Prüfprotokolle; Systemsicherheit Plan; andere relevante Dokumente oder Aufzeichnungen].

Prüfung : [*WÄHLEN AUS:* Organisationsprozesse für die Genehmigung, Steuerung und Überwachung von Wartungswerkzeugen; Mechanismen zu unterstützen oder die Umsetzung Zulassung, Kontrolle und Überwachung von Wartungswerkzeugen; Organisationsprozesse für die Wartung Werkzeuge Inspektion; Mechanismen zu unterstützen oder von Wartungswerkzeugen Durchführung Inspektion; Organisationsprozess für Medien für bösartigen Code Inspektion; Mechanismen zu unterstützen oder Inspektion von Medien Implementierung verwendet für Wartung].

Abgeleitet Sicherheitsanforderungen:

3.7.3 Stellen Sie sicher, Ausrüstung für die Off-Site-Wartung entfernt wird jeder CUI desinfiziert.

MINDEST ANTWORT: Unternehmensdaten sollten vor Ort gesichert und für eine zukünftige Neuinstallation auf einem anderen Speichermedium gesichert oder auf der zurück / repariert IT-Komponente. Außerdem sollen die Daten speziell von einer Industrie-Standard-Anwendung für Datenlöschung „gewischt" werden. Es gibt viele Software-Tools, die mehrere „Durchgänge" von Daten führen wischt Hygienisierung der Medien zu gewährleisten.

Vollständigere Antwort: Die von den Daten „Abwischen" Programm erzeugen Berichte in einem Gerätedatenprotokoll erfaßt werden könnte Beweis für die Aktion zur Verfügung zu stellen. wäre eine Hardcopy von Softcopy Tabellenkalkulations- oder Datenbankprotokoll pflegen hilfreich. Künftige Kontrollen durch die Regierung kann dieses Verfahren überprüfen die kontinuierliche Anwendung und Wiederholbarkeit dieses Verfahrens zu bestätigen.

3.7.4 Prüfen des Papier Diagnose- und Testprogramme für bösartigen Code enthält, bevor die Medien im Informationssystem verwendet werden.

MINDEST ANTWORT: Die normale Lösung hierfür ist ein Scan mit Corporate-Antiviren-Software-Anwendungen zu betreiben.

Vollständigere Antwort: Eine gründlichere Lösung wäre die Verwendung einer Anti-Malware-Anwendung enthalten. Anti-Malware-Programme sind umfassender und proaktiv überwachen

Endpunkte, dh Computer, Laptops, Server, etc. (Anti-Virus ist nicht immer entwickelt zu identifizieren und zu beseitigen Malware, Adware, Würmer, etc. aus infizierten Speichergeräten).

3.7.5 erfordern mehrstufige Authentifizierung nonlocal Wartungssitzungen über externe Netzwerkverbindungen herzustellen und solche Verbindungen zu beenden, wenn nicht lokale Wartung abgeschlossen ist.

MINDEST ANTWORT: Nichtlokale Wartung sind die diagnostischen oder Reparaturarbeiten über die Netzwerkkommunikation durchgeführt, um das Internet oder dedizierten dest Schaltungen enthalten.

Dies erfordert, dass alle externen Drittwartungsaktivitäten irgendeine Form von Multi-Faktor-Authentifizierung (MFA), um direkt Firma IT Hard- und Softwarekomponenten zugreifen. Wenn IT-Personal, mit außerhalb Maintainer arbeiten, um eine MFA-Lösung verwenden kann dann das Unternehmen höchstwahrscheinlich hat eine robuste IT-Support-Fähigkeit. Wenn nicht, dann ist diese Steuerung ein guter Kandidat für eine frühe POAM; sorgt für eine gute Meilensteine für die monatliche Überprüfung, zum Beispiel festgestellt, „laufende Forschung", „Marktstudie von potenziellen Kandidatenlösungen", „Identifizierung von Finanzierungsquellen", etc.

Vollständigere Antwort: Eine vollständigere Antwort erfordert eine technische Lösung. Wie bereits erwähnt, sind die Verwendung von CAC, PIV-Karten oder Wertmarken, wie beispielsweise die RSA-Verschlüsselung ® rotierenden Keying Vorrichtungen ideale Lösungen. Diese Lösung wird wahrscheinlich zusätzliche Analysen und Finanzierungsansätze erfordern die am besten geeignete Antwort zu wählen.

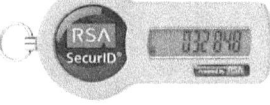

RSA Token (R)

BEWERTUNG ZIEL *Bestimmen Sie, ob:*		
SUB-CTRL	*BESCHREIBUNG*	**empfohlene Ansatz**
3.7.5 [a]	*Mehrstufige Authentifizierung verwendet wird um externe Netzwerkverbindungen nonlocal Wartungssitzungen zu etablieren.*	NCR

3.7.5 [b]	Nonlocal Wartungssitzungen über externe Netzwerkverbindungen hergestellt werden beendet, wenn nicht lokale Wartung abgeschlossen ist.	NCR

Bewertungsmethoden und KANDIDATEN FÜR ARTIFACTS REVIEW

Untersuchen : [*WÄHLEN AUS:* Systemwartungspolitik; Verfahren nonlocal Systemwartung Adressierung; System

Sicherheitsplan; System-Design-Dokumentation; Systemkonfiguration

Einstellungen und die zugehörige Dokumentation; Wartungsaufzeichnungen; Diagnose-Aufzeichnungen; andere relevante Dokumente oder Aufzeichnungen].

Prüfung : [*WÄHLEN AUS:* Organisationsprozesse für nicht-lokale Wartung zu verwalten; Mechanismen der Umsetzung,

unterstützen und nicht lokale Wartung zu verwalten; Mechanismen für die starke Authentifizierung von nonlocal Wartungsdiagnoseeinheiten;

Mechanismen für nicht-lokale Wartung Sitzungen und Netzwerkverbindungen beendet].

3.7.6 Überwachung der Wartungsaktivitäten von Wartungspersonal ohne erforderliche Zugangsberechtigung.

MINDEST ANTWORT: Das Verfahren Anforderung sollte bedenken, daß nicht-Unternehmen Wartungspersonal immer begleitet werden soll. Ein Zugriffsprotokoll sollte beibehalten werden, und es sollte umfasst zum Beispiel die Person oder Personen, die vertretene Unternehmen, das Gerät repariert / diagnostiziert, die An- und Abfahrtszeiten, und die zugeordnete Begleitung. Halten Sie diese Hardcopy von Softcopy-Protokolle für zukünftige Prüfzwecken.

Vollständigere Antwort: Verfahrensverbesserungen Hintergrund bestätigen Kontrollen von Drittanbietern Maintainer und Bild Identifikation gegenüber dem Vor-Ort-Einzel umfassen könnten. Diese zusätzlichen Verbesserungen sollten auf die Sensibilität der Daten des Unternehmens basieren. All unbeaufsichtigt CUI / CDI-Daten sollten immer von CUI / CDI Verfahren in einem verschließbaren Behälter befestigt werden.

Medienschutz (MP)

Erstellen, schützen und zerstören

Die Steuerung MP wurde geschrieben, um die Herausforderungen der Verwaltung und den Schutz der Computermedien Speicher CUI / CDI zu handhaben. Dies würde die Regierungen Bedenken über Wechselfestplatten umfassen und vor allem die Fähigkeit, eine Bedrohung die Verwendung eines Universal Serial Bus (USB) verwenden „Daumen-Laufwerk.'

Während die meisten Computer-Nutzer kennen die Bequemlichkeit des Daumen-Laufwerk sind Speicherung, Übertragung und Daten zu halten, es ist auch eine bekannte Bedrohung Vektor, bei dem Kriminelle und ausländische Bedrohungen ernst Malware einführen können und

Viren in Computer argloser Anwender findet; das DOD verbietet ihre Verwendung nur unter ganz bestimmten und kontrollierten Instanzen.

MP ist auch über Zusagen der Unternehmen, die ordnungsgemäße Vernichtung und Hygienisierung von alten Speichermedien aufgetreten sind. Es gibt viele Fälle, in denen Bundesbehörden haben eine effektive Hygienisierung Prozess nicht umgesetzt, und eine unbeabsichtigte Offenlegung der nationalen Sicherheit Daten für die Öffentlichkeit freigegeben worden. Fälle umfassen Bergungs Unternehmen Festplatten und angeordnete Computer entdecken enthalten CUI / CDI und in mehreren Fällen, die nationale Sicherheit eingestufte Informationen, aufgetreten ist.

Seien Sie besonders aufmerksam, dass die Hygienisierung Prozess hochwertige Industrie oder die Regierung genehmigte Anwendungen benötigt, die vollständig und effektiv alle Daten auf dem Ziellaufwerk zerstört. Andere Verfahren können physikalische Zerkleinerung des Antriebs bzw. Zerstörung Verfahren umfassen, die ferner die Rekonstruktion aller virtuellen Daten durch unbefugte Personen verhindern.

Grundlegende Sicherheitsanforderungen:

Schützen 3.8.1 (dh physikalisch kontrollieren und sicher speichern) Informationssystem enthaltenden Medien CUI, sowohl Papier als auch digital.

MINDEST ANTWORT: Um diese Steuerung zu implementieren, um die Geschäftsprozesse etablieren sollten in Bezug auf den beiden CUI / CDI physische und virtuelle (Laufwerke) Medien. Dies sollte nur autorisiertes Personal Zugang zu privaten und gewerblichen sensible Daten mit dem erforderlichen Überprüfungen und Schulungen. Ein Unternehmen kann die Grundlagen der anderen Steuer Familien nutzen, um **mildern** oder Risiken / Gefahren reduzieren.

Ein Unternehmen kann andere Steuerelemente verwenden, wie zum Beispiel *Mehr* Ausbildung, mehr Audit-Log Retention, *Mehr* Wachen, oder *Mehr* komplexe Passwörter **mildern** jede Kontrolle. Dies würde deutlicher

RISIKOMANAGEMENT Stiftung :

M ITIGATE OR **R** EDUCE,

NICHT ABSCHAFFUNG

O F **T** ER **R** ISK OR **T** hreat

demonstriert die Regierung, dass das Unternehmen eine positive Umsetzung dieser Sicherheitskontrollen hat.

Die Verwendung anderer mildernden Kontrollen innerhalb NIST 800-171 sind speziell über **Risikominderung.** Jede Anstrengung

verwenden, um andere Familien von Kontrollen eine gezielte Steuerung verbessert die gesamte IT-Infrastruktur der Sicherheitslage gerecht zu werden und ist sehr zu empfehlen.

Vollständigere Antwort: Die Steuerung MP kann durch Sicherung physische Dateien in sicheren oder feuerfesten Gewölben nachgewiesen werden. Dies könnte auch Anforderungen für nur IT-Personal Ausgabe Immobilien Hand Quittungen für EDV-Anlagen oder Geräte; eine gute Rechenschaftspflicht ist wichtig.

BEWERTUNG ZIEL *Bestimmen Sie, ob:*

SUB-CTRL *BESCHREIBUNG*		empfohlene Ansatz
3.8.1 [a]	*Papiermedien CUI enthält, wird physisch kontrolliert.*	NCR
3.8.1 [b]	*Digitale Medien CUI enthält, wird physisch kontrolliert.*	NCR
3.8.1 [c]	*Papiermedien CUI enthält, wird sicher gespeichert.*	NCR (typischerweise um die Sicherung in einem abschließbaren Behälter gezeigt, Schreibtisch, usw., und die einzelnen / s autorisierten Zugriff der einzige ist identifiziert sind einzugeben, zu entfernen oder CUI Daten aus seinem Haltebereich zu zerstören.)
3.8.1 [D]	*Digitale Medien CUI enthält, wird sicher gespeichert.*	NCR

Bewertungsmethoden und KANDIDATEN FÜR ARTIFACTS REVIEW

Untersuchen : [*WÄHLEN AUS:* System Medienschutzpolitik; Verfahren Medienspeicheradressierung; Verfahren Adressierung Medienzugangsbeschränkungen; Zugangskontrollpolitik und Verfahren; physische und Umweltschutzpolitik und Verfahren; Systemsicherheit Plan; Medienspeichereinrichtungen; Zugriffskontrolldatensätzen; andere relevante Dokumente oder Aufzeichnungen].

Prüfung : [*WÄHLEN AUS:* Organisationsprozesse für Informationsmedien zu beschränken; Mechanismen unterstützen oder Umsetzung Medienzugangsbeschränkungen].

3.8.2 Beschränken Sie den Zugriff auf CUI auf Informationssystem Medien auf autorisierte Benutzer.

MINDEST ANTWORT: Ursache in politischen Dokumenten, die mit Namen, Titel oder Funktion, den Zugriff auf bestimmte CUI / CDI hat. Alle Artefakte sollten das Richtliniendokument enthalten und einen zugehörigen Neben Namen Roster von Personal zugewiesen Zugriff-System, zB Abrechnungssystem, Bestellsystem, Patent Repository, medizinischen Aufzeichnungen, usw.

Vollständigere Antwort: Eine vollständigere Reaktion Protokollierung von autorisiertem Personal umfassen könnte und einen Ausdruck von Zugriffen über einen Zeitraum von einem Monat bietet.

3.8.3 Desinfizieren oder zerstören Medieninformationssystem enthält CUI vor der Entsorgung oder Freigabe zur Wiederverwendung.

MINDEST ANTWORT: Eine gute Beschreibung der Richtlinie ist ein Muss in Bezug auf Datenvernichtung von sensiblen Informationen innerhalb der Regierung. Entweder verwenden Sie einen handelsüblichen „Wischen" -Programm, oder physisch das Laufwerk zerstören.

Wenn die Unternehmensplanung ist entweder intern wiederverwenden oder außerhalb Repurposing Unternehmen verkaufen, stellen Sie sicher, dass die Wischhandelsüblicher Qualität oder von der Regierung genehmigt ist. Es gibt Unternehmen, die Disk Schreddern oder Zerstörung Dienstleistungen. Geben Sie keine Serviceverträge das sollte die Art und Höhe der Datenvernichtung Regierung Beisitzer an.

COMPLETE ANTWORT MEHR: Für jede Bewertung sollten die Medien sanitization Unternehmen bieten **Vernichtungsbescheinigungen.** Wählen Sie mehrere ausgewählte Vernichtungsbescheinigungen in der BOE Vorlage aufzunehmen. Typischerweise sollte, Logistik und Supply Bestell Abschnitte des Unternehmens als Teil des Risk Management (SCRM) Prozess Supply Chain verwalten.

BEWERTUNG ZIEL Bestimmen Sie, ob:		
SUB-CTRL	*BESCHREIBUNG*	**empfohlene Ansatz**
3.8.3 [a]	*Systemmedien CUI enthält, desinfiziert oder vor der Entsorgung zerstört.*	NCR

3.8.3 [b]	Systemmedien CUI enthält, wird desinfiziert, bevor es für die Wiederverwendung freigegeben wird.	NCR

Bewertungsmethoden und KANDIDATEN FÜR ARTIFACTS REVIEW

Untersuchen : [*WÄHLEN AUS:* System Medienschutzpolitik; Verfahren Medien sanitization und Entsorgungs Adressieren; geltende Normen und Richtlinien Medien sanitization Adressierung; Systemsicherheit Plan; Medien sanitization Aufzeichnungen; System Prüfprotokolle und Aufzeichnungen; System-Design-Dokumentation; Systemkonfigurationseinstellungen und die zugehörige Dokumentation; andere relevante Dokumente oder Aufzeichnungen].

Prüfung : [*WÄHLEN AUS:* Organisationsprozesse für Medien sanitization; Mechanismen zu unterstützen oder die Umsetzung Medien sanitization].

A QUICK SIDE DISKUSSION ÜBER SUPPLY CHAIN RISIKOMANAGEMENT

SCRM ist ein relativ neues Anliegen innerhalb der Bundesregierung. Es ist ein Teil von IT-Produkten innerhalb des Unternehmens zu sichern.

Fragen, die berücksichtigt werden sollten, sind:

* Ist das Produkt von den USA oder von einem Ally produziert?
* Könnte es Produkte fälschen von weniger als seriösen Einheiten erworben werden?
* Ist das IT-Produkt von einer zugelassenen Hardware / Software-Produktliste?

Benutzer vertrauen angeboren Software-Entwickler sicheres Updates für Anwendungen, um ihre Software zur Verfügung zu stellen und Produkte, die neuen Funktionalitäten hinzufügen würde oder Sicherheitslücken beheben. Sie würden nicht erwarten, dass Updates mit bösartiger Skripte, Codes oder Programmierung infizierte. Die meisten Anwender haben keine Mechanismen (oder keine Bedenken) über gegen scheinbar legitime Software zu verteidigen, die ordnungsgemäß unterzeichnet ist. Leider Software unwissentlich von Nutzern zugegriffen und verdorben entweder durch nationalstaatliche Akteure oder allgemein Cyber-Kriminelle im Internet eine alarmierende Gefahr für die globalen IT-Supply-Chain-Pose.

Die Verwendung von verschiedenen Supply-Chain-Angriffen durch Cyber-Angreifer Corporate Software-Entwicklung Infrastrukturen zuzugreifen hat für die Regierung als auch privater Sektor Hauptvektoren von Bedenken gewesen. Diese Angriffe umfassen typischerweise öffentlich verbundenen Software-Build, Test, Update-Server und andere Teile eines Software-Unternehmens-Software-Entwicklungsumgebung Targeting. Nationalstaat Mittel können dann injizieren Malware in Software-Updates und Releases haben weitreichende Auswirkungen auf die IT-Lieferkette; die Herausforderung wächst weiter. [1]

Benutzer infiziert werden durch offizielle Software Vertriebskanäle, die vertrauenswürdig sind. Angreifer können ihre Malware auf die Entwicklung der Infrastruktur von Software-Anbieter hinzufügen, bevor

---

[1] Andere weniger geschützte Teile der Lieferkette umfassen zum Beispiel Field Programmable Gate Arrays (FPGA) und Application-Specific Integrated Circuit (ASIC) Chips auf den meisten großen US-Waffen und Satellitensystemen.

sie zusammengestellt [2]. daher wird die Malware mit der digitalen Identität eines legitimen Software-Anbieter unterzeichnet. Dieser Exploit umgeht typische „Whitelisting" Sicherheitsmaßnahmen machen es schwierig, das Eindringen zu identifizieren. Dies hat zu einem hohen Maß an Erfolg durch bösartige Cyber-Bedrohung Akteure beigetragen. Einige Beispiele jüngste Einbrüche sind:

- Im Juli 2017 chinesische Cyber-Spionage-Agenten veränderten die Softwarepakete von einem legitimen Software-Anbieter, NetSarang-Computer (https://www.netsarang.com/). Diese Veränderungen Zugang zu einem breiten Spektrum von Branchen und Institutionen erlaubt, die Einzelhandelsstandorte enthielten, Finanzdienstleistungen, Transport, Telekommunikation, Energie, Medien und akademisch.

- Im August 2017 eingeführt Hacker eine Backdoor in Updates des Computers „Bereinigung" -Programm, **CCleaner** Zeit lang war es Entwicklungsphasen in ihrer Software.

- Im Juni 2017 russischen Schauspielers Verdacht **entsandte die** PETYA Ransomware auf eine breite Palette von europäischen Zielen durch einen gezielten ukrainischen Software-Anbieter zu beeinträchtigen

Ein weiteres aktuelles Beispiel eines Lieferkette Kompromiss aufgetreten im Jahr 2017. Während dieses Vorfalls, Dell **hat verloren** Kontrolle einer Kunden-Support-Website und ihre Internet-Adresse zugeordnet ist. Die Steuerung der Website wurde von einem Dell-Support Auftragnehmer abgerungen, die gegen seine autorisierte Domain Lizenz und Gebühren zu erneuern. Die Website wurde speziell Kunden bei der Wiederherstellung ihrer Computer und seine Daten, wenn infiziert zu unterstützen. Es gab nachfolgende Anzeichen dafür, dass die Domäne gewesen sein infizieren Kunden; zwei Wochen nach der Auftragnehmer die Kontrolle über die Adresse verloren, der Server, der die Domain gehostet begann in zahlreichen Malware-Warnungen erscheinen.

Die Website wurde gekauft von **TeamInternet.com,** ein deutsches Unternehmen, das spezialisiert sich auf (Uniform Resource Locator **URL) Hijacking** und typosquatting [3] Typ ausnutzt. (Das Unternehmen könnte auch an dieser Stelle die Domäne jemand verkaufen oder zu vermieten zurück zu Dell enthält). Sie nutzten Benutzer glauben, sie wurden zu einer legitimen Website gehen und dann auf diese neu gestaltete Malware-Site umgeleitet werden.

Supply-Chain-Kompromisse sind seit Jahren nicht mehr gesehen, aber sie haben meist isoliert und verdeckte gewesen [4] in der Natur. Sie können viel später mit anschließenden Eingriffen in Ziele von Interesse folgen und ein Mittel für die allgemeine Hacking und Schäden an die Unternehmenszielen bieten. Die Verwendung eines solchen Kompromiss sieht sehr wahrscheinlich Mittel Nationalstaat cyberespionage zu unterstützen

---

[2] Bevor sie als eine ausführbare umgewandelt werden (.exe), die auf der Programmierebene injiziert werden, wo Mechanismen zur Qualitätskontrolle sind oft weniger als ausreichend in sicheren Entwicklungsprozessen

[3] **Typosquatting** ist eine Form von (Uniform Resource Locator URL) hijacking, und kann auch als eine Form von cybersquatting und möglicherweise brandjacking (zB Pepsie.com) beschrieben. Es stützt sich auf Fehler, die von den einzelnen vor allem durch „Fehler". Es bewirkt, dass Umleitungen mit subtilen und gemeinsame Variationen in Schreibweisen sowohl bösartige und Marketing (Adware) Websites.

[4] Die Offenlegung dieser Informationen von einem Unternehmen können sowohl Rechts- und Reputations Auswirkungen; aktuelle US-Recht unter 2015 Computer Information Security Act (KAG) für „sicheren Hafen" Schutz in den USA erlaubt.

Aktivitäten einschließlich der aus chinesischen IT-Ausrüstung Produkt Bauer identifiziert. Dazu gehören solche Unternehmen wie China ansässigen Unternehmen gehören ZTE, Lenovo und Huawei.

Dieser Trend wächst weiter, da es mehr Punkte in der Lieferkette sind, die die Angreifer können unter Verwendung von Techniken voraus durchdringen. Die Techniken beteiligt haben öffentlich diskutiert genug worden, und ihre bewährte Nützlichkeit ermutigt andere, die diese Vektoren Angriff spezifisch für Schäden und Aufklärung von Regierungen, Unternehmen und Agenturen weltweit zu nutzen. Erweitern Schauspieler werden wahrscheinlich Cyber-Spionage, Internet-Kriminalität zu führen, und die Unterbrechung fortsetzen, diese Aktivität zu nutzen. Die Gefahren für die Lieferkette ist von wachsenden Besorgnis, da die Bedrohung und Risikolandschaften weiterhin für die absehbare Zukunft zu erhöhen.

Für weitere Informationen siehe NIST 800-161, *Supply Chain Risk Management Practices für Federal Information Systems und Organisationen.*

(http://nvlpubs.nist.gov/nistpubs/SpecialPublications/NIST.SP.800-161.pdf).

Abgeleitet Sicherheitsanforderungen:

3.8.4 Mark Medien mit den notwendigen CUI Markierungen und Vertriebsbeschränkungen.

MINDEST ANTWORT: Dazu gehört auch die Kennzeichnung von physischen Dokumenten sowie Softcopy-Versionen. Der beste Weg, dies zu beantworten ist, durch Bezugnahme auf die folgenden National Archives and Record Administration (NARA) Dokument als Teil der Verfahrensführung des Unternehmens, die dieses Steuerelement Adressen:

*   *Kennzeichnung Controlled Ohne Zuordnung Informationen,* Version 1.1 - 6. Dezember 2016. (https://www.archives.gov/files/cui/20161206-cui-marking-handbook-v1-1.pdf)

BEISPIEL VERFAHREN: Alle Mitarbeiter des Unternehmens CUI / CDI, physische und virtuelle Daten in Übereinstimmung mit dem National Archives and Record Administration (NARA) markieren wird, Kennzeichnung Controlled Ohne Zuordnung Informationen, Version 1.1 - 6. Dezember 2016 . Wenn es Fragen über Kennzeichnungsvorschriften ist, beziehen sich die Mitarbeiter auf diese Fragen zu ihren unmittelbar Vorgesetzten oder den Corporate CUI / CDI Offizier."

Vollständigere Antwort: Dies könnte einen Screen-Capture enthält, die eine Regierungsvertreter zeigt, dass der Bildschirm Zugriff auf CUI / CDI-Daten ordnungsgemäß gekennzeichnet. Ein Unternehmen könnte auch eine CUI / CDI-Kennzeichnung Fach zuweisen; Diese Person soll eine Person mit vorheriger Sicherheitserfahrung und vertraut mit Kennzeichnungsanforderungen sein. Zum Beispiel könnte diese Person zusätzlich vierteljährlich „brown bag" Sitzungen zur Verfügung stellen, wo der „CUI / CDI Security Officer" Schulungen während der Mittagszeit zur Verfügung stellt. Seien Sie kreativ, wenn gründlichere Mittel unter Berücksichtigung Cyber-Steuerungsanforderungen zu verstärken.

BEWERTUNG ZIEL *Bestimmen Sie, ob:*		
SUB-CTRL	*BESCHREIBUNG*	**empfohlene Ansatz**
3.8.4 [a]	*Medien, die CUI ist mit den geltenden CUI Markierungen gekennzeichnet.*	NCR
3.8.4 [b]	*Medien, die CUI ist mit Verteilungsbeschränkungen gekennzeichnet.*	NCR

Bewertungsmethoden und KANDIDATEN FÜR ARTIFACTS REVIEW

Untersuchen : [*WÄHLEN AUS:* System Medienschutzpolitik; Verfahren Adressieren Medienmarkierungs; physische und Umweltschutzpolitik und Verfahren; Systemsicherheit Plan; Liste der Systemmedienmarkierungssicherheitsattributen; bezeichnet kontrollierte Gebiete; andere relevante Dokumente oder Aufzeichnungen].

Prüfung : [*WÄHLEN AUS:* Organisationsprozesse für Informationsmedien Kennzeichnung; Mechanismen unterstützen oder Umsetzung Medienmarkierungs].

3.8.5 Steuerung Zugriff auf Medien, die CUI und aufrechtzuerhalten Verantwortlichkeit für die Medien während des Transports außerhalb der kontrollierten Gebieten.

MINDEST ANTWORT: Diese Steuerung ist etwa Auch das ist eine Frage des nur berechtigte Personen (Kuriers) von Position, Ausbildung genehmigt werden und Sicherheitskontrollen, die berücksichtigt werden sollen, wenn das Unternehmen CUI / CDI transportieren muss „Transport außerhalb von kontrollierten Gebieten." außerhalb seiner typischen Unternehmensstandort.

Der Einzelne sollte entweder Kurier-Karten oder Aufträgen zur Verfügung gestellt werden, die von einem autorisierten Vertreter des Unternehmens der Regel des für die Überwachung von Sicherheitsfragen unterzeichnet werden. Dies könnte zum Beispiel des Corporate Security Officer, Information System Security Manager (ISSM) oder deren bezeichneten Vertreter. Diese Personen sollten an andere Mitarbeiter und Manager leicht bekannt sein, die gefordert haben CUI / CDI nach außen Standorten pendeln. Dies würde zeigen, dass es verfügbar ist und auf Abruf Personal auf der Grundlage der Business Mission und Prioritäten. Dies sollte auch ein begrenzter Kader des Personals sein, dass das Management für solche externen Kurierdienste beruht.

Vollständigere Antwort: Das Unternehmen konnte einen Außen Vertrag Service mieten, die sowohl physische als auch Computer-Medium, das CUI / CDI auf die Mission des Unternehmens basiert transportiert.

BEWERTUNG ZIEL *Bestimmen Sie, ob:*		
SUB-CTRL	*BESCHREIBUNG*	**empfohlene Ansatz**
3.8.5 [a]	*Der Zugang zu Medien, die CUI gesteuert wird.*	NCR
3.8.5 [b]	*Verantwortlichkeit für die Medien, die CUI wird während des Transports außerhalb der kontrollierten Bereichen gehalten.*	NCR

3.8.6 Verschlüsselungsmechanismen implementieren, die Vertraulichkeit der CUI auf digitale Medien während des
Transports zum Schutz der gespeicherten sofern nicht anders durch alternative physische Sicherheitsmaßnahmen
geschützt.

MINDEST ANTWORT: Dies ist eine ruhende Daten (DAR) Thema. Siehe Control 3.1.3 zur Darstellung. Die Empfehlung ist, dass alle CUI
/ CDI verschlüsselt werden muss. Eine gemeinsame Anwendung, die verwendet wurde, ist BitLocker ®. Es bietet Kennwortschutz zu
„sperren" jede transportierbar Medien. Es ist nicht die einzige Lösung, und es gibt viele Lösungen, die verwendet werden können, DAR zu
sichern.

Die 256-Bit-Schlüssellänge ist der gemeinsame Standard für kommerzielle und staatliche Verschlüsselungsanwendungen für
Festplatten, Wechselplatten und sogar USB-Geräte. Die Regierung verlangt DAR muss immer verschlüsselt werden; es ist am
besten Ressourcen- und Forschung akzeptabel Tools, die die Regierung unterstützt und anerkennt.

Vollständigere Antwort: kann mit verbesserten physikalischen Sicherheitsmaßnahmen dieser Kontrolle zu verstärken. Dies könnte
gehärtet und abschließbare carry Fälle umfassen. Es sollten nur autorisierte Mitarbeiter CUI / CDI bezeichnet transportieren. Dies
sollte auch in den eingereichten BOE erfasst werden.

3.8.7 Kontrolle der Verwendung von Wechselmedien auf Informationssystemkomponenten.

MINDEST ANTWORT: Identifizieren Sie in der Unternehmenspolitik, die Typen und Arten von Wechselmedien, die auf festen Desktop-
und Laptop-Computer angeschlossen werden können. Diese könnten externe Festplatten, optische Laufwerke oder USB-Sticks.

Stark, dass Daumen empfehlen Laufwerke nicht verwendet werden; falls erforderlich, bestimmt dann das Sicherheitspersonal, die ihre
eingeschränkte Nutzung genehmigen kann. Dies sollte auch Anti-Virus / Malware-Scans vor ihrer Verwendung ist.

Vollständigere Antwort: Herausnehmbare Medien-Laufwerke können „gesperrt" durch Änderungen in dem System werden
Registratur die Einstellungen; Unternehmen IT-Personal sollte so bezeichneten Geräte zu verhindern Lage sein, den Computer den Zugriff
auf und den Zugriff auf das Firmennetzwerk.

3.8.8 Verbieten Sie die Nutzung von tragbaren Speichergeräten, wenn solche Geräte keine erkennbaren Eigentümer haben.

MINDEST ANTWORT: Dies sollte im Unternehmen Verfahren hergestellt werden. Wenn solche Geräte gefunden werden, sollten sie für die Sicherheit übergeben werden, und sofort auf Viren und Malware geprüft, usw.

Vollständigere Antwort: in Control beschrieben Wie 3.8.7, kann durch die Aktualisierung Registrierungseinstellungen auf den Computer / Netzwerk nicht autorisierte Geräte IT-Personal blockieren befestigen.

3.8.9 die Vertraulichkeit des Backup-CUI an Speicherstellen schützen.

MINDEST ANTWORT: *Dies ist eine ruhende Daten (DAR) Thema.* Siehe Control 3.1.3 für eine Darstellung. Siehe Control 3.8.6 für vorgeschlagene Anforderungen für den Schutz von CUI / CDI unter DAR Lösung.

Vollständigere Antwort: Steuer 3.8.6 für zusätzliche Mittel Siehe CUI / CDI zu schützen.

PERSONAL SECURITY (PS)

Hintergrundkontrollen

Dies ist eine relativ einfache Steuerung. Es sehr wahrscheinlich ist bereits im Unternehmen implementiert und erfordert nur Verfahrensunterlagen in der Vorlage vorgesehen sind. Dies sollte sowohl zivilen als auch kriminellen Hintergrund Kontrollen sind eine seriöse Firma mit, die die einzelnen Hintergrundüberprüfungen durch das Federal Bureau of Investigation (FBI) verarbeiten kann. Hintergrund überprüfen Unternehmen können auch andere Formen von Personenprüfung keine einzelne Social-Media-Präsenz oder Solvenz Angelegenheiten enthalten, die jede künftige Verlegenheit für das Unternehmen vermeiden können.

Während diese Kontrollen sind nicht gut für die Gesellschaft unter NIST definiert 800-171, sollte es Mindestregierungsstandards für eine erfüllen **Öffentliches Vertrauen** Rezension. Besprechen Sie mit dem Vertrag Beauftragt, was die Anforderungen, die sie vorschlagen, erfüllt werden, um das Niveau der Hintergrundüberprüfung zu geben, die NIST 800-171 Anforderung zu erfüllen. Außerdem ist es immer am besten mit HR und Rechtsexperten zu arbeiten, wenn eine Personalsicherheitspolitik zu formulieren, um die Typen und Arten von Untersuchungen sind in Übereinstimmung mit den geltenden staatlichen und bundesstaatlichen Gesetzen in diesem Bereich ist.

Grundlegende Sicherheitsanforderungen:

3.9.1 Bildschirm Personen vor Ermächtigung Zugang zu Informationssystemen enthalten CUI.

MINDEST ANTWORT: Diese Steuerung erfordert eine gewisse Form von Hintergrundüberprüfung für Mitarbeiter durchgeführt werden. Es gibt eine Reihe von Firmen, die Kontrollen straf- und zivil Hintergrund basierend auf individuellen persönlichen Daten und ihre Fingerabdrücke liefern können.

Das Unternehmen sollte seine HR-Prozess in Bezug auf Hintergrundüberprüfungen in der Firma Cyber Verfahren Dokument erfassen. Es ist auch wichtig zu adressieren, wenn eine Wiederaufnahme der Untersuchung erforderlich ist. Der Vorschlag ist mindestens alle 3 Jahre oder auf Anerkennung von Managern von möglichen rechtlichen Ereignisse, die finanzielle Probleme umfassen kann, häusliche Gewalt, usw. Diese Kontrolle sollte stark mit dem Unternehmen HR und Rechtspolitik integriert werden.

Vollständigere Antwort: können Einige Hintergrund Unternehmen, für eine zusätzliche Gebühr, die aktive Überwachung von Personen führen, wenn wichtige persönliche oder finanzielle Veränderungen in das Leben einer Person auftreten. Update Gesellschaft Verfahrensführungen mit allen Details des etablierten Prozesses des Unternehmens.

3.9.2 Stellen Sie sicher, dass die CUI und Informationssysteme CUI enthalten, werden während und nach den

Personalmaßnahmen wie Kündigungen und Übertragungen geschützt.

MINDEST ANTWORT: Diese Steuerung ist über die Verfahren in Bezug auf, ob Kündigung ist freundschaftlich oder nicht.

Immer haben klare Begriffe über Nicht-Entfernung von Unternehmensdaten und CUI / CDI nach der Abreise aus den

Firmendatenbanken zu schließen, Kundenlisten und proprietäre Daten / IP. Dies sollte rechtliche Folgen für die Verletzung der

Politik gehört.

COMPLETE ANTWORT MEHR: Die technische Lösung Überwachung von IT-Mitarbeitern aller Kontobewegungen während der

Out-Verarbeitungsperiode umfassen könnte. Dies könnte auch sofort Konto Aussperrung am Abreisetag ist. Auch wird empfohlen,

dass es Änderungen an allen Gewölbe Kombinationen, Gebäude greift usw., dass die einzelnen spezifischen Zugang musste

während ihrer Amtszeit.

BEWERTUNG ZIEL Bestimmen Sie, ob:		
SUB-CTRL	BESCHREIBUNG	empfohlene Ansatz
3.9.2 [a]	Eine Politik und / oder Verfahren für den Systemzugriff beendet und alle mit Personalmaßnahmen zusammenfallen Anmeldeinformationen hergestellt.	NCR
3.9.2 [b]	Systemzugriff und Anmeldeinformationen sind beendet, die mit Personalmaßnahmen wie Kündigung oder zu übertragen.	NCR
3.9.2 [c]	Das System wird während und nach dem Personaltransfer Aktionen geschützt.	P- Ein Update sollte Änderungen oder Aktualisierungen ist in Zugriffe, wenn ein Mitarbeiter Transfer an einem anderen Ort oder im Büro.

Bewertungsmethoden und KANDIDATEN FÜR ARTIFACTS REVIEW

Untersuchen : [WÄHLEN AUS: Personalsicherheitspolitik; Verfahren Personal Übertragung und Beendigung Adressierung; Aufzeichnungen

Personaltransfer und Beendigung Aktionen; Liste der Systemkonten; Aufzeichnungen beendet oder widerrufen authenticators und Berechtigungsnachweise;

Aufzeichnungen von Exit-Interviews; andere relevante Dokumente oder Aufzeichnungen].

Prüfung : [WÄHLEN AUS: Organisationsprozesse für Personaltransfer und Beendigung; Mechanismen unterstützen oder

Umsetzung Personaltransfer und Kündigungsmeldungen; Mechanismen für den Systemzugriff zu deaktivieren und den Widerruf authenticators].

Abgeleitet Sicherheitsanforderungen: Keiner.

PHYSIKALISCHER SCHUTZ (PP)

Guards und Gräben ....

Die physische Sicherheit ist Teil eines umfassenden Schutzes des Unternehmens, seine Menschen und Einrichtungen. Eine wenig bekannte Tatsache ist, dass das Leitprinzip für jeden *wahr* Cyber-Profi ist das Leben und die Sicherheit der Menschen unterstützt zu schützen. Diese Steuerung ist auch über den Schutz von Schäden an Betriebsvermögen, Anlagen oder Ausrüstung; Dies schließt jeden Verlust oder Zerstörung des Materials durch die Computerausrüstung PP Sicherheitskontrolle gesichert. Dies steuert Adressen die physische Sicherheit, die auch Elemente wie Wachen, Alarmanlagen, Kameras, etc. beinhaltet, dass das Unternehmen schützen ihre sensiblen Unternehmensdaten und natürlich helfen, seine NIST 800-171 CUI.

Es gibt keine Grenzen, wie ein Unternehmen zu härten „Burgmauern", sondern für jeden Besitzer, die Kosten sind immer ein wichtiger Aspekt. vital CUI / CDI zu schützen, während scheinbar expansive im Rahmen dieser Kontrolle ermöglicht eine angemessene Flexibilität. Auch hier soll das Unternehmen vernünftigerweise seinen Erfolg unter den 800-171 Kontrollen NIST definieren. „Erfolg" kann von der Firma Sicht in Bezug auf Komplexität oder Kosten definiert werden, sondern muss jede vorgeschlagene Lösung für Regierungs Assessoren zu verteidigen vorbereitet werden.

Grundlegende Sicherheitsanforderungen:

3.10.1 Grenzwert physischer Zugriff auf Organisationsinformationssysteme, Ausrüstung und die jeweiligen Betriebsumgebungen für berechtigte Personen.

MINDEST ANTWORT: Von Bedeutung für diese Steuerung wird der Zugriff auf Unternehmensdaten-Server, Backup-Geräte zu begrenzen, und zwar die „Computer Farm" Wenn das Unternehmen Geräte in ihren Räumen beibehalten wird, dann sollte Politik ansprechen, die den Zugang zu diesen sensiblen genehmigt hat Bereiche.

Wenn das Unternehmen ist eine Off-Site mit **Cloud Service Provider (CSP)**, erfassen teilweise oder vollständige Abschnitte aller CSP Serviceverträge spezifisch für physische Sicherheitsmaßnahmen. Beiden Arten von Computerarchitekturen sollten beispielsweise Bereiche von besonderer Bedeutung ist, wie Zugriffsprotokolle, nach Geschäftsschluss Zugang, Kameraüberwachung, unbefugte Zugriff Berichtskriterien, Typen und Arten von Netzwerk-Abwehrgeräten wie Intrusion Detection und Prevention-Systeme (IDS / IPS), usw. im Rahmen des Unternehmensverfahrens.

Vollständigere Antwort: Das könnte aktive Alarmierung zu Management und Sicherheitspersonal umfasst, die Telefonanrufe, E-Mail-Benachrichtigung oder SMS-Textnachricht an bestimmten Unternehmen Sicherheitspersonal umfasst. Sicherheitsmaßnahmen und **Alarmschwellen** sollte durch die Empfindlichkeit der gespeicherten Daten angesteuert werden. Das Management sollte machen **risikobasierte** Bestimmungen der Kosten und Erträge auf die Wirksamkeit der Unternehmenspolitik für diese Steuerung sowie andere Lösungen zu fahren.

BEWERTUNG ZIEL *Bestimmen Sie, ob:*

SUB-CTRL	*BESCHREIBUNG*	empfohlene Ansatz
3.10.1 [a]	*Autorisierte Personen erlaubten physischer Zugriff identifiziert werden.*	NCR
3.10.1 [b]	*Physischer Zugriff auf Organisationssysteme auf berechtigte Personen beschränkt.*	NCR
3.10.1 [c]	*Der physische Zugang zu Ausrüstung ist auf autorisierte Personen beschränkt.*	NCR
3.10.1 [d]	*Physischer Zugriff auf Betriebssystemumgebungen auf berechtigte Personen beschränkt.*	NCR

Bewertungsmethoden und KANDIDATEN FÜR ARTIFACTS REVIEW

<u>Untersuchen</u> : [*WÄHLEN AUS:* Physikalische und Umweltschutzpolitik; Verfahren physischen Zugriff Adressierung
Genehmigungen; Systemsicherheit Plan; autorisiertes Personal Zugriffsliste; Berechtigungsnachweise; physische Zugriffsliste Bewertungen; physische
Zugriff Beendigung Aufzeichnungen und dazugehörige Unterlagen; andere relevante Dokumente oder Aufzeichnungen].

<u>Prüfung</u> : [*WÄHLEN AUS:* Organisationsprozesse für die physischen Zugangsberechtigungen; Mechanismen unterstützen oder
Umsetzung physische Zugangsberechtigungen].

3.10.2 schützen und die physische Einrichtung und Support-Infrastruktur für die Informationssysteme überwachen.

MINDEST / vollständigere Antwort: Diese Steuerung kann in vielerlei Hinsicht durch physische Sicherheitsmaßnahmen angegangen werden. Dies sollte verschlossene Türen, Chiffre Schlösser, Tresore, Überwachungskameras, Wachkräfte umfasst, usw. Diese Kontrolle sollte von dem aktuellen physischen Schutz beantwortet werden, die die direkten Einstieg in das Unternehmen und die physischen Zugriff auf die IT-Geräte und Netzwerke zu verhindern.

BEWERTUNG ZIEL *Bestimmen Sie, ob:*

SUB-CTRL	*BESCHREIBUNG*	empfohlene Ansatz
3.10.2 [a]	*Die physische Einrichtung, in den Organisationssysteme befinden ist geschützt.*	NCR
3.10.2 [b]	*Die Support-Infrastruktur für Organisationssysteme geschützt.*	NCR- (Dies würde alle physischen Hindernisse für Einträge in den Computerräumen, Serverräume usw. für nicht autorisiertes Personal)
3.10.2 [c]	*Die physische Einrichtung, in den Organisationssysteme residieren wird überwacht.*	NCR - (in der Regel, Kameras oder Wachen)
3.10.2 [d]	*Die Support-Infrastruktur für Organisationssysteme überwacht.*	NCR

Abgeleitet Sicherheitsanforderungen:

3.10.3 Escort Besucher und Monitor Besucheraktivitäten.

MINDEST ANTWORT: ähnlich wie oben unter der MA Kontrolle beschrieben, wie Sicherheitsmaßnahmen wie in Kontrolle beschrieben 3.7.6 verwendet werden soll.

COMPLETE ANTWORT MEHR: Beziehen Sie sich auch 3.7.6 auf mehr Sicherheitsmaßnahmen zu steuern, die verwendet werden können, umfassenderes Einhaltung dieser Kontrolle zu demonstrieren.

BEWERTUNG ZIEL *Bestimmen Sie, ob:*		
SUB-CTRL	**BESCHREIBUNG**	**empfohlene Ansatz**
3.10.3 [a]	*Die Besucher werden begleitet.*	NCR
3.10.3 [b]	*Besucheraktivität überwacht.*	NCR - (Escorts, Wachen und Kameras inklusive)

3.10.4 Pflegen Sie Audit-Protokolle für den physischen Zugang.

MINDEST / vollständigere Antwort: Siehe 3.7.6 für vorgeschlagene Audit-Log Objekte steuern. Dies sollte das Personal während des Betriebs und nach der Stunde Eintritt in das Unternehmen und seine IT-Einrichtungen ansprechen. Dies sollte Protokolle spezifisch außerhalb Drittanbietern und Zulieferern umfassen; solche Verfahren sollten auch auf diejenigen Personen gelten, die nicht direkt Beschäftigten sind.

3.10.5 Steuerung und Verwaltung von physischen Zugangsgeräte.

MINDEST ANTWORT: Diese Steuerung erfordert, dass physische Zugangsgeräte wie Sicherheitsausweise, Kombinationen und physischen Schlüssel werden durch beide Verfahren verwaltet und protokolliert (physische oder automatisiert). Das Unternehmen muss die Regierung ihre positiven Sicherheitsmaßnahmen demonstrieren seine CUI / CDI Daten zu schützen.

Während diese Kontrolle durch das Unternehmen für seine IT-Systeme verwendet einfacher als die technischen

Richtliniensteuerungseinstellungen erscheinen mag, ist es nicht weniger wichtig.

die physikalischen Sicherheitsfunktionen (zB Facility Security Officer, etc.) von den technischen Sicherheitsfunktionen von

IT-Personal mit den erforderlichen Fähigkeiten und Erfahrungen verwalten Wenn nicht bereits vorhanden, identifizieren und zu

trennen: vollständigere Antwort. Die Unternehmen sollten zoll Kriechen auf seinem Cyber-Personal und definieren Rollen und

Verantwortlichkeit zwischen den klassischen Sicherheitsfunktionen (zB physikalische, Personalsicherheit, etc.) und den Rollen und

Verantwortlichkeiten der Cyber-Belegschaft vermeiden, die ihre Wirksamkeit beiden Sicherheitsbereiche reduzieren.

BEWERTUNG ZIEL *Bestimmen Sie, ob:*		
SUB-CTRL	**BESCHREIBUNG**	**empfohlene Ansatz**
3.10.5 [a]	*Physische Zugangsgeräte identifiziert.*	NCR
3.10.5 [b]	*Physische Zugangsgeräte gesteuert werden.*	NCR
3.10.5 [c]	*Physische Zugangsgeräte verwaltet.*	NCR

Bewertungsmethoden und KANDIDATEN FÜR ARTIFACTS REVIEW

Untersuchen : [*WÄHLEN AUS:* Physikalische und Umweltschutzpolitik; Verfahren Adressieren physische Zugangskontrolle;

Systemsicherheit Plan; Zugangskontrollprotokolle oder Aufzeichnungen;

Bestandsaufzeichnungen von Zugangskontrollvorrichtungen; System Eintritts- und Austrittspunkten; Aufzeichnungen von Schlüssel und Schloss Kombination ändert;

Speicherplatz für die physischen Zugangskontrollvorrichtungen; Zugangskontrollvorrichtungen; Liste der Sicherheitsmaßnahmen Zugang zu bezeichneten öffentlich

zugängliche Bereiche innerhalb der Einrichtung zu steuern; andere relevante Dokumente oder Aufzeichnungen].

Prüfung : [*WÄHLEN AUS:* Organisationsprozesse für die physische Zugangskontrolle; Mechanismen zu unterstützen oder die Umsetzung

physische Zugangskontrolle; physische Zugangskontrollgeräte].

Cyber Belegschaft Duty-Kriechen ist eine reale Ereignis; Unternehmen unwissentlich

verlagern Gesamt-Wertung „Sicherheit" Funktionen aus

klassisches Sicherheitspersonal zu Cyber-Profis zu schaffen

Sicherheitslücken für ein Unternehmen oder eine Agentur

3.10.6 Erzwingen Maßnahmen für CUI an alternativen Arbeitsplätzen (zB Tele Sites) zu sichern.

MINDEST ANTWORT: (siehe Control 3.1.3 für die Erklärung von DAR und DIT). Diese Steuerung kann leicht durch DAR

Anwendungslösungen angesprochen werden. Laptops sollte immer ein Passwort geschützt;

dies sollte von der Firma IT-Personal im Einsatz von technischen Lösungen Teil eines zentralen Internetsicherheit Richtliniendokumentes und durchgesetzt werden. Zusätzlich Der DIT Schutz wird durch Firmen-VPN und 2FA / MFA Lösungen geboten.

Vollständigere Antwort: Das Unternehmen Mindestanforderungen für Tele Schutz etablieren sollte. Dies könnte zum Beispiel Arbeiten sollten in einem physikalisch festlegbar Bereich durchgeführt werden, sollte die VPN immer verwendet werden, Betriebsvermögen sollten nicht ungesicherte Netze nutzen wie in Cafés, Fast-Food-Restaurants, etc. Dies ist auch eine explizite enthalten könnte Vereinbarung über Telearbeit für die Mitarbeiter vor Tele Erlaubnis zugelassen werden und es sollte eng mit HR und Rechtsexperten koordiniert werden.

BEWERTUNG ZIEL *Bestimmen Sie, ob:*		
SUB-CTRL	*BESCHREIBUNG*	**empfohlene Ansatz**
3.10.6 [a]	*Sicherungsmaßnahmen für CUI sind für alternative Arbeitsstellen definiert.*	NCR
3.10.6 [b]	*Sicherungsmaßnahmen für CUI sind für alternative Arbeitsstellen erzwungen.*	NCR

Bewertungsmethoden und KANDIDATEN FÜR ARTIFACTS REVIEW

Untersuchen : [*WÄHLEN AUS:* Physikalische und Umweltschutzpolitik; Verfahren Adressierung alternative Arbeitsplätze für Personal; Systemsicherheit Plan; Liste von Schutzmaßnahmen für alternative Arbeitsstellen erforderlich; Einschätzungen von Schutzmaßnahmen bei alternativen Arbeitsstellen; andere relevante Dokumente oder Aufzeichnungen].

Prüfung : [*WÄHLEN AUS:* Organisationsprozesse für die Sicherheit an alternativen Arbeitsplätzen; Mechanismen alternativen Stütz Baustelle; Schutzmaßnahmen bei alternativen Arbeitsstellen verwendet wird; Kommunikationsmittel, die abwechselnd in Arbeitsstätten und Sicherheitspersonal zwischen Personal].

Risikobewertung (RA)

Der Umgang mit Änderungen an der Infrastruktur

Die RA-Steuerung beruht auf einem kontinuierlichen Prozess, um zu bestimmen, ob Änderungen in Hardware, Software oder Architektur erstellen entweder eine große positive oder negative **sicherheitsrelevanten** bewirken. Dies wird typischerweise unter Verwendung eines getan **Änderungsanforderung** (CR). Wenn ein Upgrade auf, zum Beispiel der Fenster 10 ® Sichere Host-Baseline-Betriebssystem-Software, und es die Sicherheitslage des Netzes verbessert, eine Risikobewertung (RA) ist erforderlich und die damit verbunden **Risikoanalyse** sollte durch autorisiertes Fachpersonal durchgeführt werden. Dies könnte in Form eines technischen Berichts nimmt, dass das Management von IT-Personal zur Genehmigung oder Ablehnung der Änderung akzeptiert. Management mit seinen IT-Mitarbeiter arbeiten, sollten Schwellenwerte bestimmen, wann eine formale RA-Aktivität erfolgen muss.

Das RA-Verfahren bietet eine große Menge an Flexibilität während der gesamten Lebensdauer des Systems und soll, wenn andere-als zum Beispiel verwendet werden, eine neue Anwendung oder **Sicherheits-Patches** angewendet werden. Sicherheits-Patches Updates werden in der Regel integriert in Betriebssysteme und Anwendungen. IT-Mitarbeiter sollten überprüfen regelmäßig manuell auch für normale Funktions Patches und Sicherheits-Patch-Updates von den Websites der Software-Unternehmen.

„Negativ" sicherheitsrelevante Auswirkungen auf der Unternehmens-IT-Infrastruktur gehören zum Beispiel eines großes Wieder Architektur Ereignis oder ein Umzug in einem Provider Cloud Service. Während diese Ereignisse erfordern möglicherweise nicht scheinen „negativ", NIST-Standards eine vollständige Neubewertung. Mit anderen Worten, entsprechend zu planen, wenn das Unternehmen auf eine umfassende Überarbeitung seines IT-Systems beginnen wird. Es wird notwendig sein, unter diesen Umständen, die Auswirkungen auf das Unternehmen der aktuelle Behörde zu prüfen, um Operate (ATO). Diese Art von Ereignis erfordern typischerweise, dass der NIST 800-171 Prozess ist nochmals gemacht; Stand der Arbeiten im Hinblick auf die Richtlinien und Verfahren können eine aktualisierte ATO erhalten wiederverwendet werden.

Der Entscheidungsbaum unten ist so konzipiert, ein Unternehmen bestimmen zu helfen, wenn eine RA zu berücksichtigen:

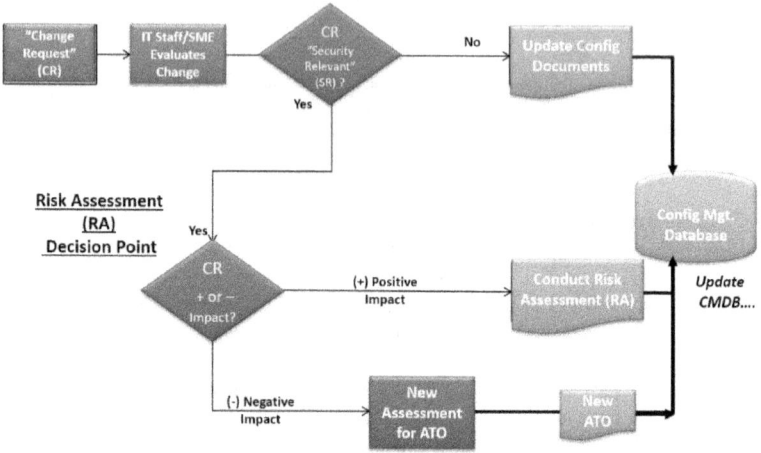

Entscheidungsbaum-Addressing Risk Assessment & „Sicherheitsrelevanz"

Grundlegende Sicherheitsanforderungen:

3.11.1 In regelmäßigen Abständen das Risiko für organisatorische Operationen (einschließlich Mission, Funktionen,

ein Bild oder Ruf), Organisationsvermögen und Einzelpersonen beurteilen zu können, aus dem Betrieb von

Organisationsinformationssysteme resultierenden und der damit verbundenen Verarbeitung, Speicherung oder die

Übertragung von CUI.

MINDEST ANTWORT: RA erforderlich sind, wenn es eine „große" ist die Veränderung entweder aufgrund einer Änderung der Hardware

(zB eine alte Firewall mit einem neuen Cisco ersetzen ® Firewall), Software-Versions-Upgrades (zB von Adobe bewegt ® 8,0 bis 9,0), oder

Änderungen an Architektur (zB ein neues Backup-Laufwerk hinzufügen). Die Überlegung ist immer über *Wie* Diese Änderung der

Basiskonfiguration ist entweder eine positive (normal) oder negativ (vorzugsweise sehr unwahrscheinlich)?

Es ist wichtig, die Unternehmens RA-Prozess in Bezug auf die Veränderung notwendig und das Gesamtrisiko auf das IT-System

zu beschreiben. Dies sollte auch den fachlichen Teil des RA leitet und der in der Geschäftsleitung, zum Beispiel, die Chief

Operating Officer (COO) oder Chief Information Officer (CIO), die endgültige Genehmigung bestimmt.

Das ist so neu für Federal Contracting, wie es für das Unternehmen;

zu verstehen, dass es sein wird „Wachstumsschmerzen"

wie die Regierung weiterhin besser definieren, ihre Verfahren

Während nicht gründlich im Rahmen dieses Buches diskutiert, *die Integration der NIST 800-171 mit Bund Auftraggeber ist in den Kinderschuhen.* Es ist am besten zu koordinieren und die Regierung Contract Officers von Änderungen zu beraten. Es ist immer „best practice", um eine Geschichte der RA Entwicklung und Zulassung für die zukünftige Revision zu halten.

Vollständigere Antwort: eine definierte RA Prozess Implementierung könnte standardisierte Formate für RA Artefakte umfassen. Dies könnte einen technischen Bericht geschrieben von erfahrenem IT-Personal über eine Änderung enthalten, oder eine vereinfachte Form, die für eine Prüfliste artige Ansatz ermöglicht. Es könnte auch eine externe Drittfirma beschäftigen, die einen Überblick über die Veränderungen und deren Analyse der allgemeinen Auswirkungen auf die Systemsicherheit formalisieren würde.

BEWERTUNG ZIEL *Bestimmen Sie, ob:*

SUB-CTRL	*BESCHREIBUNG*	empfohlene Ansatz
3.11.1 [a]	*Die Häufigkeit zu beurteilen Risiko zu organisatorischen Abläufen, Organisationsvermögen und Einzelpersonen definiert.*	NCR - (Siehe obige Diskussion in Bezug auf RA durchgeführt jährlich)
3.11.1 [b]	*Risiko für die Organisationsoperationen, Organisationsvermögen und Personen aus dem Betrieb eines Organisationssystem führt, das verarbeitet, speichert oder überträgt CUI wird mit der bestimmten Frequenz beurteilt.*	NCR

Bewertungsmethoden und KANDIDATEN FÜR ARTIFACTS REVIEW

Untersuchen : [*WÄHLEN AUS:* Risikobewertung Politik; Sicherheitsplanungspolitik und Verfahren; Verfahren Adressierung organisatorische Risikobewertungen; Systemsicherheit Plan; Risikoabschätzung; Risikobewertung Ergebnisse; Risikobewertung Bewertungen; aktualisierter Risikobewertung; andere relevante Dokumente oder Aufzeichnungen].

Prüfung : [*WÄHLEN AUS:* Organisatorische Prozesse für die Risikobewertung; Mechanismen zu unterstützen oder für die Durchführung, Dokumentation, die Überprüfung, die Verbreitung und die Risikobewertung zu aktualisieren].

Abgeleitet Sicherheitsanforderungen:

3.11.2 Scan nach Schwachstellen im Informationssystem und Anwendungen in regelmäßigen Abständen und wenn neue Schwachstellen des Systems zu beeinflussen, werden identifiziert.

MINDEST ANTWORT: Diese Steuerung erfordert, dass das Unternehmen (Systembesitzer) regelmäßig überprüft nach Schwachstellen im Informationssystem und gehosteten Anwendungen basierend auf einer definierten Frequenz oder zufällig auf der Grundlage einer etablierten Politik oder Verfahren. Dies soll auch dann anzuwenden, wenn neue Schwachstellen des Systems oder Anwendungen zu beeinträchtigen identifiziert werden.

> **Erinnerung**
>
> **Supply Chain Risk Management (SCRM)**
>
> Der russisch-basierte Software-Entwickler, Kaspersky Lab ® Anti-Virus-Lösungen sind derzeit verboten.

Der einfachste Weg, diese Steuerung Adresse verwendet **Anti-Virus** und **Anti-Malware-** Enterprise-Ebene der Software-Versionen. Wichtige Akteure in diesen Bereichen gehören Symantec ®, McAfee ® und

Malwarebytes ®. Verfahrensunterlagen sollten die Produkte verwendet beschreiben „neue Schwachstellen" mit diesen Lösungen zu adressieren. Siehe auch SYSTEM UND INFORMATIONS INTEGRITY (SI) als Verstärkungssteuerung für diese RA-Steuerung.

Vollständigere Antwort: Eine vorgeschlagene vollständigere Umsetzung auch für die Bereitstellung einer sekundäre Schicht der Verteidigung als eine Form von „trusted" Verbindung identifiziert wird, die Bündelung der Firma ISP-Dienste sein könnte. Dies könnte jede verfügbare SLAs enthält, das die Service-Provider der Fähigkeit definiert solche zusätzliche Bedrohungen zu mildern durch den Einsatz **Whitelisting** und **Schwarze Listen**

Dienstleistungen; Diese Dienste sind so konzipiert, den Zugang zu erlauben oder zu beschränken auf eine Abhängigkeit **Zugriffskontrollliste** (ACL). Siehe Steuer 3.14.2 für eine detailliertere Beschreibung.

SUB-CTRL	BESCHREIBUNG	empfohlene Ansatz
BEWERTUNG ZIEL *Bestimmen Sie, ob:*		
3.11.2 [a]	*Die Frequenz für die Schwachstellen in den Organisationssystemen und Anwendungen scannen definiert.*	NCR
3.11.2 [b]	*Vulnerability Scans werden auf Organisationssysteme mit der definierten Frequenz durchgeführt.*	NCR
3.11.2 [c]	*Vulnerability Scans sind auf Anwendungen mit der festgelegten Frequenz durchgeführt.*	NCR - (in der Regel monatlich, aber häufiger für großen Virus Releases oder „Zero-Day" Bedrohungen)
3.11.2 [d]	*Vulnerability Scans werden auf Organisationssysteme durchgeführt, wenn neue Schwachstellen identifiziert werden.*	NCR
3.11.2 [e]	*Vulnerability Scans werden auf Anwendungen ausgeführt werden, wenn neue Schwachstellen identifiziert werden.*	NCR

3.11.3 Remediate Schwachstellen in Übereinstimmung mit Risikobewertungen.

MINDEST ANTWORT: In der Regel Anti-Virus- und Anti-Malware-Sicherheitsanwendungen können nicht nur erkennen, sondern entfernen und bösartige Software unter Quarantäne gestellt. Aktualisieren Sie entsprechend Dokumentation.

Diese Steuerung geht auch auf „Schwachstellen", die durch nicht erfüllt eine spezifische Kontrolle innerhalb der identifizierten NIST 800-171 Familien geschaffen werden. Um diese Neubewertung Aktivitäten zu begegnen, ist es normal, System POAM Dokumentation mit expliziten Gründen zu aktualisieren jede Kontrolle ist nicht in vollem Umfang erfüllt. Dies sollte versuchen zu beantworten, was Mitigation-Lösungen eingesetzt werden? Wenn von einem bestimmten Zeitpunkt wird die Verwundbarkeit korrigiert werden?

COMPLETE ANTWORT MEHR: Einige zusätzliche Mittel besser, diese RA Kontrolle zu adressieren ist durch andere externe Dienstleistungen, die laufenden Sanierungsbemühungen unterstützen können. Dies könnte das Unternehmen ISP oder Cloud Service Provider enthalten. Dies könnte auch eine regelmäßige Überprüfung von POAMs von Management und IT-Mitarbeiter Personal, beispielsweise monatlich oder vierteljährlich unterstützen.

BEWERTUNG ZIEL *Bestimmen Sie, ob:*

SUB-CTRL	BESCHREIBUNG	empfohlene Ansatz
3.11.3 [a]	*Schwachstellen werden identifiziert.*	NCR
3.11.3 [b]	*Schwachstellen werden nach Risikobewertungen sanieren.*	NCR

SECURITY BEWERTUNG (SA)

Beginnend kontinuierliche Überwachung und Steuerung Bewertungen

Die Steuer SA ist über einen Prozess, der den Status aller Sicherheitskontrollen neu beurteilt und ob Änderungen aufgetreten sind, die zusätzliche Minderungen neuer Risiken oder Bedrohungen. Der Standard ist 1/3 rd die Kontrollen jährlich werden neu bewertet werden. Dies würde erfordern, IT-Personal bezeichnet ein SA-Ereignis von ca. 36-37 Kontrollen pro Jahr durchführen. Dies sollte in erfasst werden, was heißt ein **ConMon-Plan**. (Siehe Anhang D, *DAUERÜBERWACHUNG: Eine detailliertere Diskussion* ist eine Diskussion über den aktuellen und zukünftigen Stand der kontinuierlichen Überwachung in der Tiefe und was es für Unternehmen bedeuten kann).

Kontinuierliche Überwachung ist ein wesentlicher Bestandteil der Serie Cyber-Schutzrahmen NIST 800. Es ist definiert als „... laufende Bewusstsein für Informationssicherheit, Schwachstellen beibehalten, und Bedrohungen organisatorische Risikomanagement-Entscheidungen zu unterstützen" (NIST Special Publication 800-137, *Information Security Continuous Monitoring (ISCM) für Federal Information Systems und Organisationen*,

http://nvlpubs.nist.gov/nistpubs/Legacy/SP/nistspecialpublication800-137.pdf).

ConMon ist ein wichtiges Leitgedanke für die periodische Ausführung eines Security Assessment

---

Grundlegende Sicherheitsanforderungen:

3.12.1 Sie regelmäßig die Sicherheitskontrollen in Organisationsinformationssysteme bewerten, um zu bestimmen, ob die Kontrollen in ihrer Anwendung wirksam sind.

MINDEST ANTWORT: Wie in der eingangs beschriebenen Art, welche den grundlegenden Anforderungen der Steuer Security Assessment sollte die Schaffung eines ConMon-Plan und eine Bewertung von 33% der Kontrollen mindestens einmal pro Jahr umfassen.

Vollständigere Antwort: Eine gründlichere Ausführung könnte mehr als 33% der Kontrollen umfassen wird überprüft und neu bewertet; es wird vorgeschlagen, die Ergebnisse der jährlichen Sicherheitsprüfungen an staatliche Auftraggeber oder ihre benannten Empfänger zu liefern.

BEWERTUNG ZIEL *Bestimmen Sie, ob:*		
SUB-CTRL	*BESCHREIBUNG*	**empfohlene Ansatz**
3.12.1 [a]	*Die Häufigkeit der Sicherheitskontrollprüfungen definiert.*	P- 1/3 der Kontrollen jährlich bewertet werden soll (typisch)
3.12.1 [b]	*Sicherheitskontrollen werden mit der definierten Frequenz beurteilt, um zu bestimmen, ob die Kontrollen in ihrer Anwendung wirksam sind.*	P-ConMon Plan wird erkennen „.... Sicherheitskontrollen ... bewertet mit ... definierten Frequenz zu bestimmen, ob die Kontrollen in ihrer Anwendung wirksam sind."

Bewertungsmethoden und KANDIDATEN FÜR ARTIFACTS REVIEW

Untersuchen : [*WÄHLEN AUS:* Sicherheitsbewertung und Zulassung Politik; Verfahren Adressierung der Sicherheitsbewertung Planung; Verfahren Adressieren Sicherheitsbewertungen; Sicherheitsbewertung Plan; Systemsicherheit Plan; andere relevante Dokumente oder Aufzeichnungen].

Prüfung : [*WÄHLEN AUS:* Mechanismen unterstützt Sicherheitsbewertung, Risikobewertung Planentwicklung und Sicherheit Beurteilung Berichterstattung].

Entwickeln 3.12.2 und implementieren Aktionspläne entworfen Mängel zu beseitigen und verringern oder zu beseitigen Schwachstellen in organisatorischen Informationssystemen.

MINDEST ANTWORT: Wenn die Sicherheitskontrolle durch die Gesellschaft oder nicht anerkannt von der Regierung nicht in vollem Umfang als vollständig kompatibel, ein detaillierte POAM implementiert ist, ist notwendig; Bewertung Führung unter der AC-Steuerung für eine ausführlichere Diskussion darüber, was bei der Herstellung einen POAM zur Überprüfung erforderlich ist.

Wie bereits beschrieben, sollte diese Aktivitäten umfassen, die die Kontrolle in vollem Umfang oder zumindest Hebel andere physische und virtuelle Elemente anderer Sicherheitskontrollen beantworten sollen die Haltung der Kontrolle in Frage zu verstärken. Ein gut geschriebener POAM, die verfolgt wird, und dient als Grundlage für einen starken Risikomanagement-Prozess verwaltet.

> *Cyber Security ist eine Führung, nicht eine technische Herausforderung*

Vollständigere Antwort: Regelmäßige Überprüfungen durch das Management und die IT-Mitarbeiter sollen das Unternehmen Cyber-Haltung verbessern. Cyber Security ist nicht nur etwas, das IT-Sicherheitspersonal zu tun; es umfasst die aktive Überwachung und Überprüfung von Unternehmensführung Wirksamkeit sicherzustellen.

BEWERTUNG ZIEL *Bestimmen Sie, ob:*		
SUB-CTRL *BESCHREIBUNG*		**empfohlene Ansatz**
3.12.2 [a]	*Mängel und Schwachstellen werden von der Aktionsplan angesprochen werden identifiziert.*	NCR - (The POAM)

3.12.2 [b]	*Ein Aktionsplan wird entwickelt nachgewiesene Mängel zu korrigieren und reduzieren oder identifizierter Schwachstellen zu beseitigen.*	NCR
3.12.2 [c]	*Der Aktionsplan wird umgesetzt nachgewiesene Mängel zu korrigieren und reduzieren oder identifizierter Schwachstellen zu beseitigen.*	NCR

Bewertungsmethoden und KANDIDATEN FÜR ARTIFACTS REVIEW

Untersuchen : [*WÄHLEN AUS:* Sicherheitsbewertung und Zulassung Politik; Verfahren Handlungsplan Adressierung; System Sicherheitsplan; Sicherheitsbewertung Plan; Sicherheitsbewertungsbericht; Sicherheitsbewertung Beweise; Aktionsplan; andere relevante Dokumente oder Aufzeichnungen].

Prüfung : [*WÄHLEN AUS:* Mechanismen für die Entwicklung, Implementierung und Wartung Aktionsplan].

3.12.3 Monitor-Informationssystem Sicherheitskontrollen, die laufend die weitere Wirksamkeit der Kontrollen zu gewährleisten.

MINDEST ANTWORT: Diese Steuerung kann in Bezug auf einen gut ausgebauten und ausgeführt ConMon Plan beantwortet werden. Beschreibt seinen Zweck und die Aktionen der abgestellte Personal erfüllen diese Aufgabe wird diese Kontrolle beantworten.

Vollständigere Antwort: Empfohlene zusätzliche Bemühungen, diese Kontrolle über könnten Ad-hoc-Ort-Kontrollen der Kontrollen außerhalb des jährlichen Überprüfungsprozesses umfassen. Identifizieren Sie die Verwendung von **PPT Modell** beschrieben in der Kontrolle 3.6.1, die für die Durchführung der Beurteilung (Menschen) verantwortlich ist, der Workflow angemessen den aktuellen Zustand der Steuerung (Prozess) zu bewerten und alle zusätzlichen Automatisierung, die Feedback und Reporting an das Management (Technik) zur Verfügung stellt.

Entwickeln 3.12.4, zu dokumentieren und regelmäßig Systemsicherheitspläne aktualisieren, die Systemgrenzen beschreiben, Systemumgebungen Betrieb, wie Sicherheitsanforderungen umgesetzt werden, und die Beziehungen mit oder Verbindungen zu anderen Systemen.

MINDEST ANTWORT: Diese Kontrolle erfordert, dass die **SSP** regelmäßig aktualisiert wird. Die SSP sollte auf ein Minimum prüft werden *jährlich* von den benannten Unternehmen Cyber / IT-Personal seine Genauigkeit zu gewährleisten. Die SSP sollte früher speziell aktualisiert werden, wenn es größere Änderungen an den:

- Hardware
- Software
- Network Architecture / Topologie

Vollständigere Antwort: Eine vollständigere Mittel, um diese Steuerung zu adressieren ist durch in Unternehmen Change Control Boards Adressierung. Dies sind regelmäßige Treffen, wenn Änderungen an Hardware, Software oder Architektur auftreten. Dies sollte Mechanismen umfassen das Auftreten von Anwendung und Sicherheit Patching zu dokumentieren. Ein wirksames Verfahren sollte immer Änderungen an dem IT-System-Adresse.

SUB-CTRL	*BESCHREIBUNG*	empfohlene Ansatz
3.12.4 [a]	*Ein Sicherheitsplan entwickelt.*	NCR - (SSP)
3.12.4 [b]	*Die Systemgrenze wird in dem Systemsicherheitsplan beschrieben und dokumentiert.*	NCR (SSP)
3.12.4 [c]	*Die Systemumgebung des Betriebes ist in dem System Sicherheitsplan beschrieben und dokumentiert.*	NCR (SSP)
3.12.4 [d]	*Die Sicherheitsanforderungen identifiziert und von der zuständigen Behörde als nonapplicable genehmigt werden identifiziert.*	NCR (SSP)
3.12.4 [e]	*Verfahren nach Sicherheitsanforderung Umsetzung werden im System Sicherheitsplan beschrieben und dokumentiert.*	NCR (SSP)
3.12.4 [f]	*Die Beziehung mit oder Anbindung an andere Systeme in der Systemsicherheitsplan beschrieben und dokumentiert.*	NCR (SSP) - Dies ist spezifisch für externe Systeme wie Telekommunikationsunternehmen oder andere Server (Computer) von der lokalen IT-Umgebung zugegriffen seine Mission Anforderungen gerecht zu werden
3.12.4 [g]	*Die Frequenz des Systems Sicherheitsplan zu aktualisieren definiert.*	P-Der SSP sollte aktualisiert werden, wenn Haupt- oder genauer gesagt, „sicherheitsrelevanten" Änderungen an der IT-Umgebung passieren.
3.12.4 [h]	*Die Sicherheit des Systems Plan wird mit der definierten Frequenz aktualisiert.*	P-While Änderungen an der SSP zu wesentlichen Änderungen für die Zwecke dieser Unter Kontrolle beziehen, sollten wir ein Update mindestens empfehlen alle 90-180 Tage, je nach Unternehmen oder Agenturen Komplexität

Bewertungsmethoden und KANDIDATEN FÜR ARTIFACTS REVIEW

Untersuchen : [*WÄHLEN AUS:* Sicherheitsplanungspolitik; Verfahren Systemsicherheit Planentwicklung Adressierung und
Implementierung; Verfahren Adressiersystem Sicherheitsplan überprüft und aktualisiert; Enterprise-Architektur-Dokumentation; Systemsicherheit Plan; Aufzeichnungen über die Sicherheit des Systems Plan überprüft und aktualisiert; andere relevante Dokumente oder Aufzeichnungen].

Prüfung : [*WÄHLEN AUS:* Organisatorische Prozesse für Systemsicherheit Plan Entwicklung, Überprüfung, Aktualisierung und Genehmigung; Mechanismen, um die Systemsicherheit Plan unterstützen].

Abgeleitet Sicherheitsanforderungen: Keiner.

SYSTEM UND KOMMUNIKATIONSSCHUTZ (SC)

Externe Kommunikation und Verbindungssicherheit

Die Risikomanagement-Strategie ist ein Schlüssel, um die entsprechenden technische Lösungen sowie Verfahrensrichtung und Führung für das Unternehmen zu etablieren. Der Kern dieser Sicherheitskontrolle ist es Politik gründet auf der Grundlage geltende Bundesgesetze, Verfügungen, Richtlinien, Verordnungen, Richtlinien, Standards und Leitlinien. Diese Steuerung konzentriert sich auf Informationssicherheitspolitik, die die Komplexität eines Unternehmens und seinen Betrieb mit der Regierung widerspiegelt. Die Verfahren sollten für die Sicherheit der gesamten IT-Architektur und speziell für die Komponenten (Hardware und Software) des Informationssystems festgelegt werden.

Bei dieser Steuerung können viele der vor Verstärkung der Kontrollen in demonstrieren an die Regierung ein besseres Verständnis von NIST 800-171 Anforderungen verwendet werden. Die scheinbare Wiederholung von anderen bereits entwickelten technischen Lösungen und Verfahrensführungen können als Unterstützung dieser Kontrollen verwendet werden. Allerdings ist es wichtig, dass die Unternehmensverfahren angesprochen werden individuell dies für die Rückverfolgbarkeit der potenziellen aktuellen oder zukünftigen Prüfung ist von der Arbeit der Gesellschaft durch die Regierung; klar und Erklärungen der Kontrollen ausgerichtet werden den Genehmigungsprozess schneller machen.

Grundlegende Sicherheitsanforderungen:

3.13.1 überwachen, zu steuern und schützen organisatorische Kommunikation (dh Information übertragen oder empfangen von Organisationsinformationssysteme) an den Außengrenzen und Schlüssel inneren Grenzen der Informationssysteme.

MINDEST ANTWORT: Diese Steuerung kann in den Unternehmensverfahren und umfasst beantwortet werden, beispielsweise aktive Rechnungsprüfung, die für unbefugten Zugriff überprüft, Einzelpersonen (extern), die zahlreichen fehlgeschlagenen Anmeldungen gehabt hat, und den Verkehr das Netzwerk von „schwarzer Liste" Adressen eingeben usw. das Unternehmen sollte seine spezifischen Prüfungsverfahren beziehen, wie detaillierter unter der AU Steuerung beschrieben.

Vollständigere Antwort: Diese Kontrolle ist besser als früher diskutiert unter Verwendung von „smart" Firewalls und fortgeschritten SIEM-Lösungen erfüllt werden kann. Während kostspielige und größere technische Erfahrung erfordern, sollte die Unternehmensführung berücksichtigen. Diese Lösungen zwar nicht unbedingt kosteneffektiv für den aktuellen Zustand des Unternehmens, sollte sie als Teil eines künftigen architektonischen Wandel Aufwand berücksichtigt werden. Jegliche Planung Anstrengungen sollten prüfen, aktuelle und zukünftige Technologie Einkäufe bedeutete die Cyber-Haltung des Unternehmens zu verbessern. Siehe Anhang D für eine breitere Beschreibung von SIEM-Technologien und wie sie Teil der IT-Infrastruktur werden können.

BEWERTUNG ZIEL *Bestimmen Sie, ob:*

SUB-CTRL	BESCHREIBUNG	empfohlene Ansatz
3.13.1 [a]	*Die externe Systemgrenze definiert.*	P / SSP-Die „externe System" Grenze hier ist spezifisch für Firewalls und DMZ. **Dies ist Teil des SSP.** Diese Steuerung befasst sich auch mit Umzäunungen, und dies ist nur zu erkennen, wo die „Sicherheitsgrenze" gemeint ist definiert und bekannt ist.
3.13.1 [b]	*Key interne Systemgrenzen definiert.*	SSP
3.13.1 [c]	*Kommunikationen werden an der äußeren Systemgrenze überwacht.*	P- „ *Kommunikationen werden an der äußeren Systemgrenze überwacht"*
3.13.1 [d]	*Kommunikation wird an wichtigen internen Grenzen überwacht.*	P- „ *Kommunikation wird an wichtigen internen Grenzen überwacht"*
3.13.1 [e]	*Kommunikationen werden an der äußeren Systemgrenze gesteuert.*	P- „ *Kommunikationen werden an der äußeren Systemgrenze gesteuert"*
3.13.1 [f]	*Kommunikationen werden an zentralen inneren Grenzen gesteuert.*	P- „ *Kommunikationen werden an zentralen inneren Grenzen kontrolliert"*
3.13.1 [g]	*Kommunikationen werden an der äußeren Systemgrenze geschützt.*	P- „ *Kommunikationen werden an der äußeren Systemgrenze geschützt"*
3.13.1 [h]	*Kommunikation wird an wichtigen inneren Grenzen geschützt.*	P- „ *Kommunikation wird an wichtigen inneren Grenzen geschützt"* • **Dies ist, wo NIST 800-171A bekommt „Granular" in erheblichem Maße.**

Bewertungsmethoden und KANDIDATEN FÜR ARTIFACTS REVIEW

<u>Untersuchen</u> : [*WÄHLEN AUS:* System- und Kommunikationsschutzpolitik; Verfahren Grenzschutz Adressierung; Systemsicherheit Plan; Liste der wichtigsten inneren Grenzen des Systems; System-Design-Dokumentation; Grenzschutzhardware und -software; Enterprise Security Architecture Dokumentation; System Prüfprotokolle und Aufzeichnungen; Systemkonfigurationseinstellungen und die zugehörige Dokumentation; andere relevante Dokumente oder Aufzeichnungen].

<u>Prüfung</u> : [*WÄHLEN AUS:* Mechanismen der Umsetzung Grenzschutzfähigkeit].

Beschäftigen 3.13.2 Architekturentwürfe, Softwareentwicklungstechniken und Systemtechnik Prinzipien, die effektive Informationssicherheit innerhalb Organisationsinformationssysteme zu fördern.

MINDEST / vollständigere Antwort: Maßnahmen effektive Sicherheit architektonische Gestaltung beschreiben kann so einfach sein wie die Verwendung eines ordnungsgemäß konfigurierten Firewall oder 2FA / MFA von der Firma verwendet. Es ist sehr wahrscheinlich, dass die durchschnittlichen Unternehmen Verträge mit der Regierung suchen mit einfachen und sicheren Architekturen speziell betroffen sein werden.

Andere **Milderung** Elemente, die für diese Steuerung beschrieben werden können, umfassen physische Sicherheitsmaßnahmen (zB eine 24-Stunden-Wachmannschaft, verstärkte Brandschutztüren und Kameras) oder schwarze Liste Maßnahmen, die von der Ausführung in dem Firmennetz nicht autorisierte Anwendungen zu verhindern. siehe Steuerungs

3.13.10, wie 2FA arbeitet intern oder extern an ein Netzwerk des Unternehmens.

BEWERTUNG ZIEL *Bestimmen Sie, ob:*		
SUB-CTRL *BESCHREIBUNG*		**empfohlene Ansatz**
3.13.2 [a]	*Architektonische Entwürfe, die effektive Informationssicherheit zu fördern, werden identifiziert.*	NCR / SSP-Dazu gehören Firewalls, Intrusion Protection / Ortungsgeräte usw.
3.13.2 [b]	*Software-Entwicklungstechniken, die effektive Informationssicherheit zu fördern, werden identifiziert.*	P- Dies erfordert, dass die Software-Entwicklung folgt sichere Codierung, Scripting usw., Best Practices, Wegbeschreibungen und Richtlinien wie für DOD, Application Security Entwicklung (APPSECDEV) Führung.
3.13.2 [c]	*System Engineering Prinzipien, die effektive Informationssicherheit zu fördern, werden identifiziert.*	P- Dies erfordert, dass Engineering-Systeme folgt sicheres Best Practices Engineering.
3.13.2 [d]	*Identifizierte architektonische Entwürfe, die effektive Informationssicherheit fördern eingesetzt.*	P- Dies erfordert, dass IT-Architektur und Design folgen sicheres Engineering Best Practices.
3.13.2 [e]	*Identifizierte Software-Entwicklungstechniken, die effektive Informationssicherheit fördern eingesetzt.*	P- (Siehe 3.13.2 [b]) • Einige dieser Kontrollanforderungen können mit Drittanbieter-Entwickler in Form eines Vertrages widerspiegeln.
3.13.2 [f]	*Identifizierte Systems Engineering Prinzipien, die effektive Informationssicherheit fördern eingesetzt.*	P- (Siehe 3.13.2 [c]) • Einige dieser Kontrollanforderungen können mit Drittanbieter-Entwickler in Form eines Vertrages widerspiegeln.

Abgeleitet Sicherheitsanforderungen:

3.13.3 Separate Benutzerfunktionalität von Informationssystem-Management-Funktionalität.

MINDEST ANTWORT: Die Politik nicht zulassen, sollten privilegierte Benutzer die gleichen Anmeldeinformationen verwenden, um ihre Benutzer zugreifen (zB E-Mail und Internet-Recherchen) und privilegierte Benutzer zugreift. Diese Trennung von Zugang ist ein grundlegendes Netzwerk-Security-Prinzip und sollte sowohl Insider und externe Bedrohungen behindern. (Eine vorgeschlagene Überprüfung einer ähnlichen Kontrolle ist Kontrolle 3.1.4 und seine Diskussion über die **Aufgabentrennung** Prinzip zum Vergleich.)

Vollständigere Antwort: Es Lösungen sind technische diesen Prozess zu automatisieren. Das Produkt, zum Beispiel wird in vielen Teilen der Bundesregierung zu verfolgen und Konto für privilegierte Benutzeraktivität CyberArk ® verwendet, die leicht überprüfbare ist. Die Fähigkeit zur Überwachung besonders privilegierte Aktivität Benutzer leicht von erfahrenen Unternehmen Cyber Vertretern geprüft und überprüft werden soll.

BEWERTUNG ZIEL *Bestimmen Sie, ob:*		
SUB-CTRL *BESCHREIBUNG*		**empfohlene Ansatz**
3.13.3 [a]	*Benutzerfunktionalität identifiziert.*	NCR
3.13.3 [b]	*System-Management-Funktionalität identifiziert.* NCR (Diese Adressen Funktionalitäten, als System, Datenbank-Administratoren, etc.)	
3.13.3 [c]	*Benutzerfunktionalität von System-Management-Funktionalität getrennt.*	NCR

3.13.4 Schutz vor unbefugte und unbeabsichtigte Informationsübertragung über die gemeinsam genutzten Systemressourcen.

MINDEST ANTWORT: **Peer-To-Peer** Vernetzung ist nicht in vielen Teilen der Regierung autorisiert und wird nachdrücklich empfohlen, das Netzwerk des Unternehmens auch seine Verwendung verbietet. Dies ist in der Regel Teil der AUP und soll durch externen Hacker durchsetzbar zu verhindern, zum Beispiel Insider-Bedrohung Chancen oder verwendet werden, um unbefugten Zugriff mit berechtigten Mitarbeitern Anmeldeinformationen zu erhalten.

COMPLETE ANTWORT MEHR: Vorschlagen, dass dieser Teil der normalen Prüfungstätigkeit durch die benannten IT-Personal ist. Sie konnten Audit-Protokolle für nicht autorisierte Verbindungen werden Überprüfung peerto-Peer-Netzwerk aufzunehmen.

3.13.5 Implement Subnetze für öffentlich zugängliche Systemkomponenten, die von internen Netzwerken physikalisch oder logisch voneinander getrennt sind.

MINDEST / vollständigere Antwort: Die einfachste Antwort ist, dass Subnetze eines Eindringlings Fähigkeit reduziert Unternehmensnetzadressen, um effektiv zu nutzen. Haben Sie IT-Personal Subnetze speziell für die E-Mail und Web-Servern herzustellen, die in der externen Demilitarized Zone (DMZ) des Unternehmens Sicherheitsgrenze liegen; siehe Control 3.14.2 für den Standort eines DMZ in Bezug auf das Netzwerk des Unternehmens. Einige Unternehmen halten externen Datenbank-Server; sicherzustellen, dass sie auch etablierte Teilnetz-Adressen haben.

BEWERTUNG ZIEL Bestimmen Sie, ob:		
SUB-CTRL	*BESCHREIBUNG*	**empfohlene Ansatz**
3.13.5 [a]	*Öffentlich zugängliche Systemkomponenten identifiziert werden.*	NCR (Auch sollte Teil SSP sein)
3.13.5 [b]	*Teilnetze für öffentlich zugängliche Systemkomponenten sind physisch oder logisch von internen Netzwerken getrennt.*	NCR

3.13.6 Netzwerk-Kommunikation Datenverkehr standardmäßig verweigern und Netzwerk-Kommunikationsverkehr von Ausnahme (dh verweigern alle, Genehmigung Ausnahme) ermöglichen.

MINDEST / vollständigere Antwort: Wie Steuerung 3.4.8, kann diese Steuerung durch IT-Personal ausgewählt werden. Dies ist eine technische Kontrolle, die auch in dem Verfahren Dokument erfaßt werden sollte. Diese Netzwerkeinstellungen werden in der Regel an der Firewall festgelegt und beinhalten **Whitelisting** (nur die den Zugang von exception) und **schwarze Liste** (von nicht-autorisierten Internet-Adressen) alle anderen das Netzwerk weitergeleitet werden. (Überprüfen Sie außerdem Steuer 3.14.2.)

BEWERTUNG ZIEL *Bestimmen Sie, ob:*

SUB-CTRL	BESCHREIBUNG	empfohlene Ansatz
3.13.6 [a]	*Netzwerk-Kommunikationsverkehr wird standardmäßig verweigert.*	NCR
3.13.6 [b]	*Netzwerk-Kommunikationsverkehr wird durch Ausnahme erlaubt.*	NCR

3.13.7 Prevent entfernte Geräte gleichzeitig aus nicht-Fernverbindungen mit dem Informationssystem der Einrichtung und über eine andere Verbindung zu den Ressourcen in externen Netzwerken kommunizieren.

MINDEST / vollständigere Antwort: Wenn ein Tele Mitarbeiter ihr Remote-Gerät verwendet (dh Notebook-Computer), und eine Verbindung zu einer nicht-Fernbedienung (extern) Verbindung ermöglicht es für eine unbefugte externe Verbindung zu existieren; dies stellt einen potentiellen Hacker die Möglichkeit, über das Netzwerk des autorisierten Mitarbeiters Anmeldeinformationen einzugeben.

Es ist wichtig, dass die Mitarbeiter des Unternehmens erfordert ihre VPN-Verbindung und blockiert alle unsichere Verbindungen verwenden, um von internen Systemen oder Anwendungen zugreifen. IT-Mitarbeiter müssen diese Einstellungen, um sicherzustellen, richtig konfiguriert sind und sind Teil des Corporate Cyber

Verfahrensdokumentation.

3.13.8 Implementieren Verschlüsselungsmechanismen nicht genehmigte Verbreitung von CUI während der Übertragung zu verhindern, sofern nicht anders durch alternative physische Sicherheitsmaßnahmen geschützt.

MINDEST ANTWORT: Denken Sie daran, diese Kontrolle über die externe Kommunikation von dem Netzwerk und seine Systemgrenze. Dies ist ein DIT Problem und wird durch die Verschlüsselungslösungen diskutiert früher geschützt; siehe Control 3.1.3. Die Dokumentation sollte die Art und Höhe des Schutzes der übertragenen Daten reflektieren. Alle zusätzlichen Schutz wie ein VPN eine sichere Schaltung / dedizierte Schaltung durch einen kommerziell kontrahierten Träger bereitgestellt wird, kann mehr Sicherheit für Unternehmen Datenübertragungen leisten.

Vollständigere Antwort: Bessere Schutzniveaus in Bezug auf Verteidigung in der Tiefe werden könnte gerichtet, die eine aktuelle Betriebsphilosophie ist von der Regierung unterstützt; zusätzliche Sicherheitsebene zusätzliche Verteidigung bereitzustellen. (Siehe „Defense-in-Depth" Diagramm auf der Control 3.14.2).

BEWERTUNG ZIEL *Bestimmen Sie, ob:*		
SUB-CTRL	*BESCHREIBUNG*	**empfohlene Ansatz**
3.13.8 [a]	*Kryptoverfahren sollten unbefugte Offenlegung von CUI verhindern, werden identifiziert.*	NCR
3.13.8 [b]	*Alternative physikalische Schutzmaßnahmen vorgesehen unbefugte Offenlegung von CUI zu verhindern, werden identifiziert.*	NCR
3.13.8 [c]	*Entweder Verschlüsselungsmechanismen oder alternative physikalische Schutzmaßnahmen umgesetzt wird während der Übertragung nicht genehmigte Verbreitung von CUI zu verhindern.*	NCR

POTENTIAL Bewertungsmethoden und KANDIDATEN FÜR ARTIFACTS REVIEW

Untersuchen : [*WÄHLEN AUS*: System- und Kommunikationsschutzpolitik; Verfahren Übertragungsadressierung
Vertraulichkeit und Integrität; Systemsicherheit Plan; System-Design-Dokumentation; Systemkonfigurationseinstellungen und die zugehörige Dokumentation; System Prüfprotokolle und Aufzeichnungen; andere relevante Dokumente oder Aufzeichnungen].

Prüfung : [*WÄHLEN AUS*: Kryptographisches Mechanismen oder Mechanismen zu unterstützen oder Übertragungs Umsetzung
Vertraulichkeit; Organisationsprozesse zu definieren und zu alternativen physikalischen Garantien Umsetzung].

Terminate 3.13.9 Netzwerkverbindungen, die mit Kommunikationssitzungen am Ende der Sitzungen oder nach einer definierten Zeit der Inaktivität.

MINDEST ANTWORT: Dies wurde in der AC-Steuerung speziell für die vollständige Beendigung einer Sitzung gerichtet. Sitzungen vorgeschlagen Bedeutung würden solche wie die Finanz, HR sein, oder andere wichtige Computer-Server-Systeme Gehäuse CUI / CDI definiert. Es wird empfohlen, dass das Verfahren auf diese Steuer Wiederverwendung von Sprache, die von jeder Antwort auf die Kontrolle (n) Erörterung die Beendigung einer Netzwerkverbindung bereitgestellt speziell aktualisiert wird.

Vollständigere Antwort: Audit von Sitzungen, die timed-out haben kann diese Kontrolle stärken. SA und IT-Mitarbeiter kann von Audit-Protokollen bestimmen, die das vorgeschriebene Zeitlimit erreicht wurde und durchgesetzt werden. Stellt eine Abtastung einen Inspektoren im Rahmen des letzten Pakets.

BEWERTUNG ZIEL *Bestimmen Sie, ob:*		
SUB-CTRL *BESCHREIBUNG*		empfohlene Ansatz
3.13.9 [a]	*Eine Zeit der Inaktivität Netzwerkverbindungen mit Kommunikationssitzungen zugeordnet zu beenden definiert.*	NCR
3.13.9 [b]	*Netzwerkverbindungen im Zusammenhang mit Kommunikationssitzungen werden am Ende der Sitzungen beendet.*	NCR
3.13.9 [c]	*Netzwerkverbindungen im Zusammenhang mit Kommunikationssitzungen sind nach der definierten Zeit der Inaktivität beendet.*	NCR

Bewertungsmethoden und KANDIDATEN FÜR ARTIFACTS REVIEW

Untersuchen : [*WÄHLEN AUS:* System- und Kommunikationsschutzpolitik; Verfahren Adressieren Netzwerk disconnect; System-Design-Dokumentation; Systemsicherheit Plan; Systemkonfigurationseinstellungen und die zugehörige Dokumentation; System Prüfprotokolle und Aufzeichnungen; andere relevante Dokumente oder Aufzeichnungen].

Prüfung : [*WÄHLEN AUS:* Mechanismen zu unterstützen oder Netztrennfähigkeit der Umsetzung].

3.13.10 Stellen und kryptographische Schlüssel für im Informationssystem verwendete Kryptographie verwalten.

MINDEST ANTWORT: Es gibt zwei Hauptszenarien wahrscheinlich auftreten:

1. Verwendung von kommerziellen Verschlüsselungsprogramme, die innerhalb des Unternehmens Architektur befindet, oder wird von einem externen „Managed Service" Anbieter zur Verfügung gestellt sind die wahrscheinlichsten Szenarien. Die Schlüssel werden durch die Verschlüsselungsanwendung beibehalten und gesichert werden. Das Unternehmen ist eine Form von 2FA Lösung zu etablieren. Der öffentliche Schlüssel würde irgendwo anders in der Architektur gesichert werden, und der private Schlüssel, dass die Mitarbeiter würde auf einem Token residieren wie CAC-Karte oder ein anderes Schlüsselgerät.

2. eine 2FA-Lösung mit einem CAC, Personal Identity Verification (PIV) -Karte oder „Token", wie sie von RSA, hergestellt unter Verwendung ® ist wahrscheinlich, wenn die Regierung mit dem dem Unternehmen, den Austausch von Sicherheitsschlüsseln auf seinen Systemen autorisiert. Dies erfordert eine Certificate Authority (CA) in der Regel außerhalb des lokalen Netzwerks entweder von der Regierung oder ein anderen vertrauenswürdigen gewerblichen Unternehmen mit der Fähigkeit zur Unterstützung der „asymmetrischen" 2FA verwaltet.

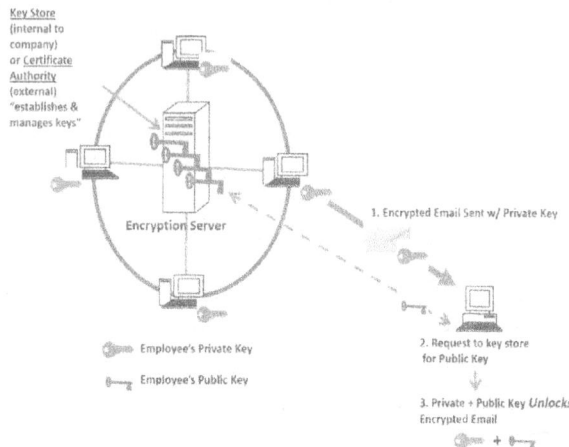

Zwei-Faktor-Authentifizierung (2FA) - Asymmetrische Kryptografie Basic Beschreibung

Unabhängig davon, welche Lösung verwendet wird, die Kompatibilität mit den Regierungssystemen und anderen Unternehmen im Rahmen seiner normalen Geschäftstätigkeit. *Alle Sendung von CUI / CDI Daten erforderlich verschlüsselt werden.*

Vollständigere Antwort: Jede größere Fähigkeit, die zu sichern und zu schützen **Schlüsselspeicher** innerhalb des Unternehmens oder durch definierte SLAs mit externen Dienstleistern ist wichtig. Stellen Sie sicher, sie Vorkehrungen getroffen haben nicht autorisierten Zugriff auf ihr System zu schützen, als auch, können sie stärkere Verschlüsselungsverfahren verwenden, sondern sicherzustellen, dass sie von der Regierung anerkannt werden und sind Federal Information Processing Standards (FIPS 140-2) konform. (Siehe Control 3.13.11 für FIPS 140-2-Lösungen zu identifizieren).

BEWERTUNG ZIEL *Bestimmen Sie, ob:*		
SUB-CTRL	*BESCHREIBUNG*	**empfohlene Ansatz**
3.13.10 [a]	*Kryptographischer Schlüssel sind etabliert, wenn Kryptographie verwendet wird.*	NCR
3.13.10 [b]	*Kryptographischer Schlüssel verwaltet werden, wenn Kryptographie verwendet wird.*	NCR

Externes Certification Authority-Programm (ECA)

Im Fall von DOD, bietet das ECA-Programm Unternehmen die Möglichkeit, mit seiner 2FA Infrastruktur als Schnittstelle . Die ECA unterstützt die Ausgabe von DoD-zugelassene Zertifikate Industriepartnern und anderen externen Fremd Einrichtungen und Organisationen. Das ECA-Programm wird entwickelt, um den Mechanismus für Anbieter bereitzustellen, um sicher mit dem DoD zu kommunizieren und zu DoD Information System authentifizieren. Es wird erwartet, weiter von anderen Bundesbehörden als NIST genutzt werden 800-171 Anforderungen des DOD erweitern.

Für neue Anbieter sollten die folgenden Hinweise hilfreich sein, wenn die ECA Anforderung verbindlich wird. Um eine Public Key Infrastructure (PKI) ECA Medium Assurance-Zertifikat (MAC) zu erhalten, wird es höchstwahrscheinlich von zwei großen Stromanbietern erhalten werden. Die beiden Anbieter sind: Entweder durch die **Operational Research Consultants, Inc.** (ORC) an

https://eca.orc.com/ oder bei Identrust http://www.identrust.com/certificates/eca/index.html). Das Zertifikat wird in drei Formen: Software (Browser-basiert), Token (vorbelasteten USB-Gerät) oder Hardware (CAC-Karte geladen).

Die Kosten reichen von $ 100- $ 300 und sind gut von einem bis drei Jahren von der gewählten Option abhängig. Wenn diese Seiten besuchen sicherzustellen, dass das richtige Zertifikat gewählt wird. Wählen Sie das „ECA / Identität Zertifikat." Auf dem Identrust Website Look für das Medium Assurance-Zertifikat.

Der Prozess wird von einer auf zwei Wochen dauern, um das Zertifikat zu erhalten. Das Zertifikat wird per E-Mail zur Verfügung gestellt wird mit den Anweisungen, wie das Zertifikat zum Download bereit. Nachdem das Zertifikat empfangen wird, kontaktieren Sie den Vertrag Amt zu bestimmen, was Help-Desk-Konto Einrichtung kontaktiert werden muß auf der jeweiligen Bund IT-Infrastruktur beantragen. Es erfordert typischerweise mindestens 30 Minuten bis 1 Stunde, um das Konto zu schaffen, sondern erwartet mehr mit nonDOD Bundesbehörden.

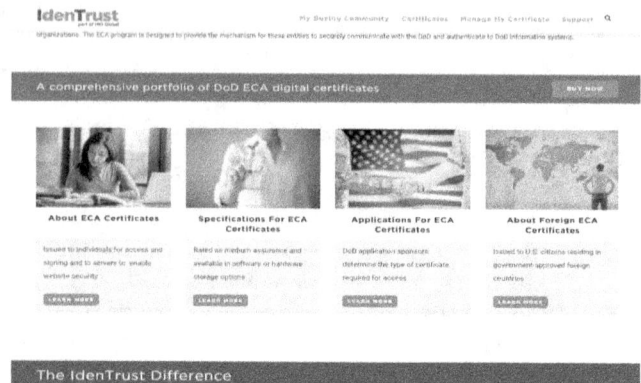

Identrust DOD ECA Programm-Site

3.13.11 Beschäftigen FIPS-validierten Kryptografie, wenn die Vertraulichkeit der CUI zu schützen verwendet.

MINDEST / vollständigere Antwort: Das Unternehmen muss bestätigen, dass seine Verschlüsselungsanwendungen sind FIPS 140-2-konform. Es kann leicht auf der Website unter prüft werden:

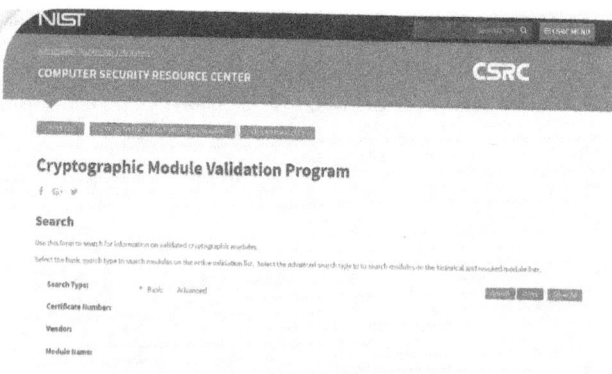

Offizielle NIST-Website zu bestätigen FIPS 140-2 Kryptographie-Compliance

(https://csrc.nist.gov/projects/cryptographic-module-validation-program/validated-modules/search)

Verbieten Fernaktivierung von kollaborativen Computergeräten 3.13.12 und bietet Anzeige der Geräte im Einsatz für die Benutzer, die an dem Gerät.

MINDEST ANTWORT: Collaborative Computing-Geräten gehören zum Beispiel „vernetzte Whiteboards, Kameras und Mikrofone" Die Absicht ist, diese Geräte zu verhindern, von Eindringlingen verwendet wird Aufklärung eines Netzwerks zu leiten.

Dies kann durch Änderungen in Registrierungseinstellungen verhindert werden, dass nur die IT-Personal mit privilegiertem Zugriff autorisiert ändern kann. Außerdem, wenn diese Elemente aktiv, sichtbares Licht oder akustische Warnungen sind, sollten IT und Sicherheitspersonal zu benachrichtigen, in Betracht gezogen werden. Die Politik sollte verlangen, dass der Einzelne diese Einstellungen nicht ändern privilegierten Benutzern aufzunehmen. Jede Änderung sollte nur von Ausnahme und erfordern einen privilegierten Benutzer genehmigt werden, die berechtigt ist, solche Änderungen vorzunehmen.

Vollständigere Antwort: Audits und SIEM-Lösungen können diese Einstellungen, um sicherzustellen, werden so konfiguriert werden nicht manipuliert. Siehe Control 3.3.2 für weitere Diskussion dieses Themengebietes.

BEWERTUNG ZIEL *Bestimmen Sie, ob:*		
SUB-CTRL	*BESCHREIBUNG*	**empfohlene Ansatz**
3.13.12 [a]	*Kollaborative Computergeräten identifiziert.* NCR	
3.13.12 [b]	*Collaborative Computing-Geräte bieten Hinweis für Benutzer von Geräten im Einsatz.*	NCR
3.13.12 [c]	*Fernaktivierung von Collaborative Computing-Geräten ist nicht gestattet.*	P - „ *Fernaktivierung von Collaborative Computing-Geräten ist verboten"*

Bewertungsmethoden und KANDIDATEN FÜR ARTIFACTS REVIEW

Untersuchen : [*WÄHLEN AUS:* System- und Kommunikationsschutzpolitik; Verfahren kollaborative Adressierung Computing; Zugangskontrollpolitik und Verfahren; Systemsicherheit Plan; System-Design-Dokumentation; System Prüfprotokolle und Aufzeichnungen; Systemkonfigurationseinstellungen und die zugehörige Dokumentation; andere relevante Dokumente oder Aufzeichnungen].

Prüfung : [*WÄHLEN AUS:* Mechanismen zu unterstützen oder Verwaltung von Remote-Aktivierung von kollaborativen Umsetzung Recheneinrichtungen; Mechanismen, um eine Anzeige für die Verwendung von kollaborativen Computergeräten bereitstellt].

3.13.13 Steuerung und die Verwendung von mobilem Code überwachen.

MINDEST / vollständigere Antwort: Handy-Code ist in erster Linie ein Teil von Internet-fähigen Business-Handys. Das Mobilfunk-Netzbetreiber des Unternehmens kann die Typen und Arten von mobilen Anwendungen beschränken, die auf Mitarbeitertelefonen befinden. Die meisten Anwendungen sind in der Regel zu erfüllen sichere Industrie Entwicklungsstandards erforderlich. Am besten ist es mit der Firma Trägern zu bestätigen, wie mobile Code-Anwendungen gesichert und Mitarbeiter auf eine festgelegte Anzahl von zugelassenen mobilen Anwendungen beschränken. Definieren Sie in den Firmen Verfahren der Basisanwendungen für jeden Mitarbeiter zur Verfügung gestellt, und das Verfahren zur arbeitsplatzspezifische Anwendungen, die anderen Spezialisten in der Gesellschaft bedürfen.

BEWERTUNG ZIEL *Bestimmen Sie, ob:*

SUB-CTRL	*BESCHREIBUNG*	empfohlene Ansatz
3.13.13 [a]	*Die Nutzung von mobilem Code gesteuert wird.*	P - „ *Die Nutzung von mobilem Code gesteuert wird."(Durch einen Träger beschränkt, und muss der Gesellschaft oder der Agentur bevollmächtigten Vertreter vor zugänglich von Mitarbeitern genehmigt werden).*
3.13.13 [b]	*Die Nutzung von mobilem Code wird überwacht.*	P - „ *Die Nutzung von mobilem Code wird überwacht."(Berichte über eine etablierte / vertragliche Basis zur Verfügung gestellt).*

Bewertungsmethoden und KANDIDATEN FÜR ARTIFACTS REVIEW

Untersuchen : [*WÄHLEN AUS:* System- und Kommunikationsschutzpolitik; Verfahren Adressierung

mobiler Code; Mobile Code Nutzungsbeschränkungen, mobile Code-Implementierung Politik und Verfahren; System Prüfprotokolle und Aufzeichnungen; Systemsicherheit Plan; Liste akzeptabler mobilen Code und Mobile Code-Technologien; Liste von inakzeptablen mobilem Code und mobilen Technologien; Berechtigungssätze; Systemüberwachungs Aufzeichnungen; System Prüfprotokolle und Aufzeichnungen; andere relevante Dokumente oder Aufzeichnungen].

Prüfung : [*WÄHLEN AUS:* Organisationsprozess zur Steuerung, zur Genehmigung, Überwachung und mobile Einschränkung

Code; Mechanismen zu unterstützen oder die Verwaltung von mobilem Code implementiert; Mechanismen zu unterstützen oder die Überwachung von mobilem Code Implementierung].

3.13.14 Steuerung und die Verwendung von Voice over Internet Protocol (VoIP) Technologien überwachen.

MINDEST ANTWORT: Das wahrscheinlichste aktuelle Ort VOIP existieren würde, ist das Telefon-Service des Unternehmens. Stellen Sie sicher, mit dem Mobilfunk-Netzbetreiber, dass ihre VoIP-Dienste sicher sind und welche Sicherheitsstufe verwendet wird, die Unternehmenskommunikation zu schützen. Darüber hinaus identifizieren Informationen einen Vertrag, die Einzelheiten über die vorgesehene Sicherheit bietet.

Vollständigere Antwort: Stellen Sie sicher, was Monitoring-Dienste und Netzwerk-Schutz (vor Malware, Viren, etc.) Teil des aktuellen Service-Plan sind. Falls erforderlich, festzustellen, ob sowohl die Steuerung und Überwachung enthalten sind oder zusätzliche Dienstleistungen. Wenn nicht vollständig enthalten, sollten Sie eine POAM formulieren.

BEWERTUNG ZIEL *Bestimmen Sie, ob:*

SUB-CTRL	*BESCHREIBUNG*	empfohlene Ansatz
3.13.14 [a]	*Die Nutzung von Voice over Internet Protocol (VoIP) Technologien gesteuert wird.*	NCR (Siehe Untersteuer 3.13.13 [a] für eine ähnliche Diskussion)

3.13.14 [b]	Die Nutzung von Voice over Internet Protocol (VoIP) Technologien überwacht.	NCR

Bewertungsmethoden und KANDIDATEN FÜR ARTIFACTS REVIEW

Untersuchen : [*WÄHLEN AUS:* System- und Kommunikationsschutzpolitik; Verfahren Adressierung VoIP; VoIP-Nutzung

Beschränkungen; VoIP-Implementierung Führung; Systemsicherheit Plan; System-Design-Dokumentation; System Prüfprotokolle und Aufzeichnungen;

Systemkonfigurationseinstellungen und die zugehörige Dokumentation; Systemüberwachungs Aufzeichnungen; andere relevante Dokumente oder Aufzeichnungen].

Prüfung : [*WÄHLEN AUS:* Organisatorische Verfahren für die Genehmigung, Überwachung und Steuerung der VoIP; Mechanismen unterstützen oder

Umsetzung Ermächtigungs, Überwachung und Controlling VoIP].

3.13.15 die Authentizität der Kommunikationssitzungen schützen.

MINDEST / vollständigere Antwort: Diese Steueradressen Kommunikation Schutz und schafft Vertrauen, dass die Sitzung ist verbindlich; sie gewährleistet die Identität des Individuums und die Informationen übertragen werden. Originalitätsschutz umfasst, beispielsweise zum Schutz gegen Session Hijacking oder Insertion von falschen Informationen.

Dies kann durch eine Form, harte oder weiche Token MFA / 2FA, Lösung aufgelöst werden. Es wird die Identität gewährleisten und FIPS 140-2-Verschlüsselung Datenmanipulation zu verhindern. Siehe Control 3.5.2 für die weitere Diskussion. Während diese nicht absolute Lösungen sind, zeigen sie deutlich mehr Sicherheit, dass die Kommunikation authentisch sind.

3.13.16 die Vertraulichkeit der CUI in Ruhe schützen.

MINDEST ANTWORT: Dies ist ein DAR Problem, und wie bereits erwähnt, es ist eine staatliche Anforderung. Stellen Sie sicher, die richtige Software-Paket wird beschafft, die FIPS 140-2-Standards entspricht. (Siehe Control 3.13.11 für Website-Informationen des NIST).

Vollständigere Antwort: Wenn ein CSP verwenden, sicherzustellen, dass es 140-2 Standards FIPS Regierung mit akzeptiert; es wird Genehmigung einfacher. Und eine Erinnerung, wenn das Geschäft nicht FIPS 140-2-Lösungen nutzen können, sorgt für eine effektive POAM entwickelt, das richtet sich, warum es nicht zur Zeit umgesetzt werden kann und wenn das Unternehmen bereit ist, die Steuerung zu implementieren. *Wann wird das Unternehmen konform?*

SYSTEM UND INFORMATIONEN INTEGRITY (SI)

Anti-Virus und Anti-Malware

Diese Steuerung Familie ist über die Integrität der Daten innerhalb des Unternehmens Systemsicherheitsgrenze zu halten. Es in erster Linie durch aktive Maßnahmen wie Anti-Virus- und Malware-Schutz verteidigt. Diese Steuerung befasst sich mit der Schaffung von Verfahren für eine wirksame Durchführung der Sicherheitskontrollen. Cyber Security Richtlinien und Verfahren können für Informationssicherheit (INFOSEC) Richtlinien enthalten. Unternehmen Risikomanagement-Strategie ist ein Schlüsselfaktor in entscheidenden System-Schutz zu etablieren.

Grundlegende Sicherheitsanforderungen:

3.14.1 identifizieren, melden und korrekte Informationen und Informationssystem Mängel in angemessener Zeit.

MINDEST ANTWORT: Diese Steuerung adressiert, was sicherheitsrelevante Mängel berücksichtigt werden. Dazu gehören zum Beispiel Software-Patches, Hotfixes, Anti-Virus und Anti-Malware-Signaturen.

Typischerweise können Netzwerk-Betriebssysteme überprüfen mit den Herstellern über das Internet nach aktualisierten, zB „Sicherheits-Patches" nahezu in Echtzeit. Es ist wichtig, Patches von den autorisierten Herstellern zu ermöglichen und Quellen so schnell wie möglich aktualisiert werden. Sie sind in der Regel entwickelt, Bugs und kleinere durch große Sicherheitslücken zu beheben. Je früher das System aktualisiert wird, desto besser. Stellen Sie sicher, ein Verfahren, wie Kontrollen durch IT-Personal mindestens zweimal am Tag. Viele Systeme werden für die automatisierten „Schübe" in das Netzwerk ermöglichen. Stellen Sie sicher, dass dokumentierte Prozesse zur Überprüfung Konto von IT-Personal zu „audit" bekannt Schübe von nur autorisierten Quellen.

⏰ **Wichtige Sicherheits-Events / Zero-Day-Angriffe:** Es gibt Zeiten, dass die Bundesregierung bekannt wird, von **Zero-Day-Attacken.** Dies sind Angriffe, bei denen gibt es keine aktuelle Sicherheitspatches und manchmal erfordert andere Maßnahmen von der Regierung unterstützt Organisationen und Unternehmen; beachten Sie diese Ereignisse von DOD und Department of Homeland Security (DHS) Warnungen. Diese erfordern nahezu sofortiges Handeln. Darüber hinaus kann die Regierung alle richten, einschließlich NIST 800-171 zugelassen Unternehmen zu berichten ihren Status zum Vertrag Beauftragt durch einen gesetzten Frist.

Vollständigere Antwort: Stellen Sie sicher, dass ausgewiesen IT-Mitarbeiter bewusst sind und die aktiven Sicherheitsanfälligkeiten Webseiten, die auf beide DOD und DHS überwachen. Ein aktiver Prozess, um sicherzustellen, der aktuelle Stand der Bedrohungen gegen die Regierung ist ein ausgezeichnetes Mittel eines Unternehmens Due Diligence in diesem Bereich zu etablieren.

DHS United States Computer Emergency Readiness-Team (US-CERT) hat die neuesten Informationen über Schwachstellen Zero-Day-Updates enthalten. Es wird auch empfohlen, bezeichnet das IT-Personal für die Rich Site Summary anmelden (RSS) Daten-Feeds durch das das Symbol auf der linken Seite auswählen. Die Adresse für die gesamte Website ist: https://www.uscert.gov/ncas/current-activity

BEWERTUNG ZIEL *Bestimmen Sie, ob:*

SUB-CTRL *BESCHREIBUNG*	empfohlene Ansatz
3.14.1 [a] *Die Zeit, in den Systemfehler zu identifizieren, festgelegt.*	P - Empfehlung: „Bei Bekanntwerden von X oder bei Erkennung, dass Software-Patches oder Hotfixes nicht mehr aktuell ist; Anti-Virus- und Anti-Malware-Signaturen sind nicht aktuell, usw.
3.14.1 [b] *System Fehler werden innerhalb der vorgegebenen Zeit identifiziert.*	P- Dies bei einem Minimum sollte bei Erkennung und einen Prozess sein, der an Ort und Stelle ist zu erkennen, wenn Bewertungen auftreten, typischerweise wöchentlich.
3.14.1 [c] *Die Zeit, in den Systemfehler melden angegeben.*	P - (siehe oben)
3.14.1 [d] *Systemfehler innerhalb des vorgegebenen Zeitrahmens gemeldet.*	P - (siehe oben)
3.14.1 [e] *Die Zeit, in den Systemfehler zu korrigieren, ist festgelegt.*	P- Flaws sollte sofort oder innerhalb von 24 Stunden, in der Regel behandelt werden. Wo ein Patch zum Beispiel eine negative Auswirkung auf den Betrieb hat muss es Roll-Back-Verfahren sein. Dies sollte dann erfordert eine POAM mit einem möglichen Verzicht dokumentiert werden, wenn die Änderung zu negativ ist.
3.14.1 [f] *System Fehler werden innerhalb der vorgegebenen Zeit korrigiert.*	P - (Siehe 4.14.1 [f])

POTENTIAL Bewertungsmethoden und KANDIDATEN FÜR ARTIFACTS REVIEW

Untersuchen : [*WÄHLEN AUS:* System und Informationsintegrität Politik; Verfahren Adressierungsfehler Remediation; Verfahren Adressieren Konfigurationsmanagement; Systemsicherheit Plan; Liste von Fehlern und Schwachstellen möglicherweise das System zu beeinflussen; Liste der letzten Sicherheitslücke Korrekturmaßnahmen auf dem System durchgeführt (zB Liste der installierten Patches, Service Packs, Hotfixes und andere Software-Updates Systemfehler zu korrigieren); Testergebnisse aus der Installation von Software und Firmware-Updates Systemfehler zu korrigieren; Installation / Wechsel Steuersätze für sicherheitsrelevante Software und Firmware-Updates; andere relevante Dokumente oder Aufzeichnungen].

Prüfung : [*WÄHLEN AUS:* Organisationsverfahren zur Identifizierung, Berichterstattung und Fehler-Korrektursystem; organisatorisch Verfahren zum Software- und Firmware-Updates installiert werden; Mechanismen unterstützen oder Bericht Implementierung und Systemfehler zu korrigieren; Mechanismen unterstützen oder beim Testen von Software und Firmware-Updates Implementierung].

3.14.2 Schutz vor bösartigem Code an geeigneten Stellen innerhalb Organisationsinformationssysteme sorgen.

MINDEST ANTWORT: Schutz das Netzwerks vor schädlichem Code ist in der Regel sowohl durch aktive Anti-Virus- und Malware-Schutz Anwendungen oder Dienste. Stellen Sie sicher, ob zusätzliche Schutzmaßnahmen durch die Unternehmen kommerzielle ISP zur Verfügung gestellt werden in jeder Artefakt Vorlage enthalten.

COMPLETE ANTWORT MEHR: All zusätzlicher Schutz durch „intelligent" Firewalls zur Verfügung gestellt werden könnte, Router und Switches. Bestimmte kommerzielle Geräte bieten zusätzliche Abwehrkräfte.

Smart-Firewalls. Smart-Firewalls sind Standard-Schutzfunktionen. Zusätzlich Firewalls können gezielt leisten, und weißen Listen schwarze Listen Schutz.

* **Whitelisting** kann nur erlauben autorisierte externe Benutzer auf einer internen Access Control List (ACL) verwendet werden. Die ACL muss aktiv verwaltet werden, um sicherzustellen, dass legitime Organisationen durch die Unternehmen Firewall kommunizieren können. Die externen interessierten Unternehmen oder Organisationen können nach wie vor mit dem Geschäft für einige Dienste wie die Website des Unternehmens und E-Mail-System kommunizieren, die in residiert, was die Demilitarisierte Zone (DMZ) bezeichnet wird. Whitelisting ist in der Regel an der Firewall implementiert. Siehe Abbildung unten.

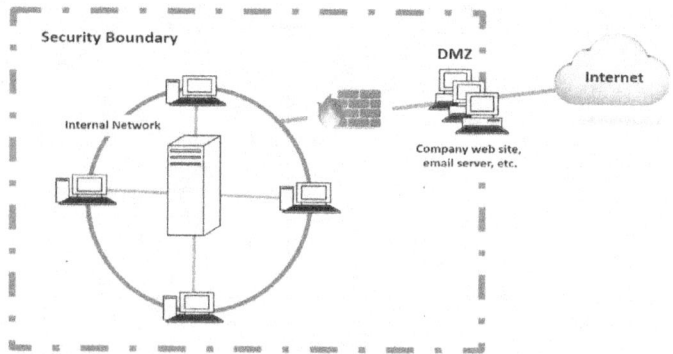

Firmengrundnetzwerkansicht

* **Schwarze Liste** bekannt ist, verwendet zu blockieren „bad guys." Es gibt Unternehmen, und die Regierung, die Listen von bekannten bösartigen Websites basierend auf ihrer Internet-Adresse zur Verfügung stellen kann. Schwarze Listen erfordern eine kontinuierliche Management am wirksamsten zu sein.

Beide Lösungen sind nicht garantiert. Während sie zusätzliche Mittel leisten, Hacker und Nationalstaat Eindringlinge zu verlangsamen, sind sie nicht Gesamtlösungen. Daher ist die Regierung, und ein großer Teil der Cyber-Community, unterstützt nachdrücklich den Grundsatz der **Verteidigung in der Tiefe** wo andere technische Lösungen helfen, den Schutz aufgrund von Sicherheitsprogrammierfehlern versehentlich erstellt von Software-Entwicklern und die ständigen Herausforderung von Hackern ausgenutzt verschiedene Bereiche der modernen IT-Architekturen zu verstärken, um ihre schändlichen Aktionen durchzuführen.

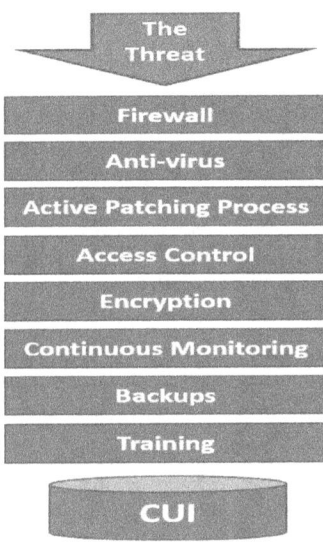

Das Prinzip der Defense in Depth

BEWERTUNG ZIEL *Bestimmen Sie, ob:*		
SUB-CTRL *BESCHREIBUNG*		empfohlene **Ansatz**
3.14.2 [a]	*Sehenen Stellen für bösartigen Code Schutz identifiziert.*	P / SSP - Sollte die Anwendung und Mechanismen in der Architektur gewidmet, um bösartigen Code Identifizierung identifizieren.
3.14.2 [b]	*Schutz vor bösartigem Code an bestimmten Stellen vorgesehen.*	P / SSP - (Die gleichen wie 3.14.2 [a])

3.14.3 Monitor-Informationssystem Sicherheitswarnungen und Advisories und entsprechende Aktionen als Antwort.

MINDEST ANTWORT: Diese SI Steuerung lässt sich am besten durch Auditing erfüllt werden. Dies kann durch Verwendung von Anwendungen (wie Anti-Virus) erfüllt werden oder Tools innerhalb der Architektur eingebettet. Diese sollten Intrusion Detection-Funktionen umfassen, Netzwerk Paketerfassung Tools wie Wireshark ® oder Prüfprotokolle. Die Verfahren und die damit verbundenen Maßnahmen sollten Erkennung und Meldung an die Geschäftsleitung umfassen. Das Management sollte entwickelten Prozesse gewährleisten definieren, wenn ein Ereignis auf ein Niveau eines kündig Vorfall an die Regierung erhöht.

Vollständigere Antwort: Ein-Komplettlösung andere erweiterte Toolsets auf der Grundlage der Ausbildung und Erfahrung der IT-Support-Mitarbeiter nutzen könnten. Diese könnten schädliche Code-Schutz-Software enthalten (wie in fortgeschrittenen Anti-Malware-Lösungen gefunden). Es sollte immer auch die Gesamt ROI für die Investition in solchen Werkzeugen.

Wenn das Unternehmen nur geringe Teile der Steuerung implementieren kann und die geplante Absicht in verbesserten Tool in der Zukunft zu investieren, ist es am besten, eine gut definierte POAM mit erreichbaren Meilensteine für das Unternehmen zu entwickeln, zu verfolgen. Es wird eine Verpflichtung zur Verbesserung der Internetsicherheit vice ignoriert andere technische Methoden die US-Regierung zeigen, das Risiko für das Unternehmen und die damit verbundenen CUI / CDI zu reduzieren.

BEWERTUNG ZIEL *Bestimmen Sie, ob:*	
SUB-CTRL *BESCHREIBUNG*	**empfohlene Ansatz**
3.14.3 [a]	*Antwortaktionen auf Systemsicherheitswarnungen und Advisories werden identifiziert.*	P - Das mit dem Incident Response-Plan ausrichten würde (IRP); (Siehe IR-3.6-Steuerelemente)
3.14.3 [b]	*System Sicherheitswarnungen und Advisories werden überwacht.*	P - Dies würde erkennen, wer überwacht; kleine Unternehmen können SA und größere Unternehmen mit der Nutzung ihrer Sicherheit Operations Center (SOC) beobachtet Personal

3.14.3 [c]	Aktionen als Reaktion auf Systemsicherheitswarnungen und Advisories getroffen werden.	P - Ein Teil der IRP und benannten Personen.

POTENTIAL Bewertungsmethoden und KANDIDATEN FÜR ARTIFACTS REVIEW

Untersuchen : [*WÄHLEN AUS:* System und Informationsintegrität Politik; Verfahren Adressierung Sicherheit Warnungen, und

Richtlinien; Systemsicherheit Plan; Aufzeichnungen von Sicherheitswarnungen und Advisories; andere relevante Dokumente oder Aufzeichnungen].

Prüfung : [*WÄHLEN AUS:* Organisationsprozesse zum Definieren, Empfangen, Erzeugen, zu verbreiten, und die Einhaltung

Sicherheitswarnungen, Hinweise und Richtlinien; Mechanismen zu unterstützen oder die Umsetzung Definition, den Empfang, Erzeugung und Verbreitung von

Sicherheitswarnungen, Hinweise und Richtlinien; Mechanismen zu unterstützen oder Sicherheitsrichtlinien Umsetzung].

Abgeleitet Sicherheitsanforderungen:

3.14.4 Update-bösartiger Code Schutzmechanismen, wenn neue Versionen verfügbar sind.

MINDEST / COMPLETE ANTWORT: Dies ist in der Regel leicht gelöst durch die laufenden Software-Lizenzverträge mit Anbietern für bösartigen

Code interne Programme oder externe vertraglich vereinbarten Supportleistungen. Unter der Annahme eine neue Version wird während der

aktiven Periode der Lizenz zur Verfügung gestellt, Updates ist in der Regel frei; dokumentiert das Verfahren des Unternehmens nicht nur Strom,

sondern rechtliche Versionen von bösartiger Code Erkennung und Verhinderung von Software oder Dienstleistungen erhalten.

Führen 3.14.5 periodischen Scans des Informationssystems und Echtzeit-Scans von Dateien aus externen Quellen
wie Dateien heruntergeladen werden, geöffnet oder ausgeführt.

MINDEST ANTWORT: Viele der Lösungen bereits Echtzeit-Scanning von Dateien und Verkehr diskutiert leisten, da sie das Netzwerk

durchqueren. Scannen von Dateien sollten immer von einem externen Downloads für beide Viren und Malware durchgeführt werden.

Sicherstellen, dass die technischen Richtlinieneinstellungen immer Echtzeit-Scans des Netzwerks zu leiten sind so eingestellt, Endpunkte (dh

Arbeitscomputer sowohl interne als auch verwendet von Mitarbeitern Telearbeit) und Dateien auf das Netzwerk durch die entsprechenden

Werkzeuge Eingabe Netzbetrieb und Sicherheit zu gewährleisten.

Vollständigere Antwort: IT-Personal erfordert regelmäßig, dass das Scannen in Echtzeit zu überprüfen, hat versehentlich oder absichtlich

nicht geändert. Es ist wichtig, sich bewusst zu sein, dass potentielle Eindringlinge alle Sicherheitsfunktionen wie aktive

Scanherunterzufahren versucht. Zug IT-Personal manuell mindestens einmal pro Woche und Alert-Management zu überprüfen, ob die

Änderungen verdächtig sind. Identifizieren von möglichen Eintritt in die Daten des Unternehmens ist eine Funktion der SI sowie eine

Hauptkomponente der AU-Steuerungsfamilie.

BEWERTUNG ZIEL *Bestimmen Sie, ob:*

SUB-CTRL	BESCHREIBUNG	empfohlene Ansatz
3.14.5 [a]	*Die Frequenz für bösartigen Code-Scans definiert.*	NCR - Empfehlung: Echtzeit-Malware-Erkennung Software genehmigt verwendet wird; andernfalls zumindest täglich für kleinere Operationen (nicht bis Werkzeug empfohlen wird gekauft und eingesetzt werden)
3.14.5 [b]	*Schadcode-Scans werden mit der bestimmten Frequenz durchgeführt wird.*	NCR
3.14.5 [c]	*Echtzeit bösartigen Code-Scans von Dateien aus externen Quellen wie Dateien werden heruntergeladen, geöffnet oder ausgeführt werden, durchgeführt.*	NCR

Bewertungsmethoden und KANDIDATEN FÜR ARTIFACTS REVIEW

<u>Untersuchen</u> : [*WÄHLEN AUS:* System und Informationsintegrität Politik; Konfigurationsmanagement Richtlinien und Verfahren; Verfahren bösartigen Code Schutz Adressierung; bösartige Code Schutzmechanismen; Aufzeichnungen von bösartigem Code Sicherheits-Updates; Systemsicherheit Plan; System-Design-Dokumentation; Systemkonfigurationseinstellungen und die zugehörige Dokumentation; Scan-Ergebnisse von bösartigen Code Schutzmechanismen; Aufzeichnung von Aktionen durch bösartige Code Schutzmechanismen in Reaktion auf bösartige Code Erkennung eingeleitet; System Prüfprotokolle und Aufzeichnungen; andere relevante Dokumente oder Aufzeichnungen].

<u>Prüfung</u> : [*WÄHLEN AUS:* Organisationsprozesse für den Einsatz, Aktualisierung und bösartigen Code Schutz der Konfiguration Mechanismen; Organisationsprozess für falsch positive Adressierung und die möglichen Auswirkungen ergeben; Mechanismen zu unterstützen oder bösartiger Code Schutzmechanismen (einschließlich Aktualisierungen und Konfigurationen) implementiert; Mechanismen zu unterstützen oder bösartiger Code Scannen und nachfolgende Aktionen Umsetzung].

3.14.6 des Informationssystems einschließlich ein- und ausgehenden Nachrichtenverkehr überwachen, Angriffe und Indikatoren für potenzielle Angriffe zu erkennen.

MINDEST ANTWORT: Wie bereits erwähnt, Anti-Virus- und Malware ein gewisses Maß bieten Verkehr von eingehenden und ausgehenden Überprüfung. Dokument sowohl manuelle als auch automatisierte Mittel Verkehr zu gewährleisten, wird überwacht.

Die Verfahren sollen die Menschen identifizieren, die die regelmäßige Überprüfung durchführen werden, den Prozess, der an Ort und Stelle ordnungsgemäße Aufsicht gewährleistet Verletzungen dieser Kontrolle zu identifizieren und welche Technologien verwendet werden, um Verkehr von Angriff inbound und outbound zu schützen. (Siehe Control 3.6.1 für die Diskussion über das PPT Modell und deren Anwendung Sicherheitskontrollen zu adressieren).

COMPLETE ANTWORT MEHR: Dies könnte auch von kommerziellen ISPs identifizieren unterstützt das Geschäft mit „trusted" Verbindungen zum Internet. Siehe bereitgestellt SLAs und Vertragsinformationen für die Regierung Bewertung.

SUB-CTRL	*BESCHREIBUNG*	empfohlene Ansatz
3.14.6 [a]	*Das System überwacht Angriffe und Indikatoren für potenzielle Angriffe zu erkennen.*	NCR
3.14.6 [b]	*Inbound-Kommunikationsverkehr wird überwacht Angriffe und Indikatoren für potenzielle Angriffe zu erkennen.*	NCR
3.14.6 [c]	*Outbound Kommunikationsverkehr überwacht Angriffe und Indikatoren für potenzielle Angriffe zu erkennen.*	NCR

Bewertungsmethoden und KANDIDATEN FÜR ARTIFACTS REVIEW

Untersuchen : [*WÄHLEN AUS:* System und Informationsintegrität Politik; Verfahren Werkzeuge zur Systemüberwachung und Adressierung

Techniken; kontinuierliche Überwachung Strategie; System und Informationsintegrität Politik; Verfahren Adressiersystem Überwachungstools und Techniken; Anlage Diagramm oder Layout; Systemsicherheit Plan; System-Monitoring-Tools und Techniken Dokumentation; System-Design-Dokumentation; Stellen innerhalb des Systems, wo Überwachungsvorrichtungen bereitgestellt werden; Systemprotokolle; Systemkonfigurationseinstellungen und die zugehörige Dokumentation; System Prüfprotokolle und Aufzeichnungen; andere relevante Dokumente oder Aufzeichnungen].

Prüfung : [*WÄHLEN AUS:* Organisationsprozesse für die Systemüberwachung; Mechanismen Stütz- oder Intrusions Umsetzung

Detektionsfähigkeit und Systemüberwachung; Mechanismen unterstützen oder Systemüberwachungsfunktion implementiert; Organisationsprozesse für den Einbruch und Systemüberwachung; Mechanismen zu unterstützen oder die Überwachung von ein- und ausgehenden Nachrichtenverkehr der Umsetzung].

3.14.7 Identifizieren unberechtigte Nutzung des Informationssystems.

MINIMUM ANSWER: Dies wird erreicht durch die aktive und die regelmäßige Überprüfung von zum Beispiel Systeme, Anwendungen, Intrusion Erkennungen und Firewall-Protokolle. Es ist wichtig zu erkennen, dass es Grenzen für die IT-Mitarbeiter sein kann, um richtig und angemessen alle verfügbaren Protokolle, die von der Firma IT-Netzwerk erstellt zu überprüfen. Am besten ist es, die kritischen Protokolle zu identifizieren regelmäßig und alle sekundären Protokolle als die Zeit erlaubt zu überprüfen. Vermeiden Sie versuchen, alle verfügbaren Systemprotokolle zu überprüfen; da sind viele. Außerdem bestimmt die Höhe des Aufwand, erforderliche Verarbeitungszeit, die Fähigkeit und die Ausbildung des Unternehmens IT-Support-Mitarbeiter.

COMPLETE ANTWORT MEHR: Zusätzlich zu dem oben betrachtet Drittunternehmen, die einen Überwachungsdienst des Netzwerks zur Verfügung stellen können. Während diese teuer sein kann, wird es auf das Geschäft, seine Mission abhängen und von der Kritik der Daten. Diese Lösung wird ein gut ausgebautes SLAs mit angemessener Aufsicht erfordern erhält das Unternehmen die Quality of Service (QOS) muss das Unternehmen zu gewährleisten.

BEWERTUNG ZIEL *Bestimmen Sie, ob:*

SUB-CTRL	BESCHREIBUNG	empfohlene Ansatz
3.14.7 [a]	*Autorisierte Nutzung des Systems definiert ist.*	NCR
3.14.7 [b]	*Die nicht autorisierte Verwendung des Systems identifiziert.*	NCR

Bewertungsmethoden und KANDIDATEN FÜR ARTIFACTS REVIEW

Untersuchen : [SELECT FROM: Kontinuierliche Überwachung Strategie; System und Informationsintegrität Politik; Verfahren Adressiersystem Überwachungstools und Techniken; Anlage Plan / Layout; Systemsicherheit Plan; System-Design-Dokumentation; System-Monitoring-Tools und Techniken Dokumentation; Stellen innerhalb des Systems, wo Überwachungsvorrichtungen bereitgestellt werden; Systemkonfigurationseinstellungen und die zugehörige Dokumentation; andere relevante Dokumente oder Aufzeichnungen].

Prüfung : [SELECT FROM: Organisationsprozesse für die Systemüberwachung; Mechanismen Stütz- oder System Umsetzung Überwachungsfähigkeit].

FAZIT

Das Risikomanagement ist, nicht das Risiko Elimination

Die Hauptprämisse des Prozesses NIST Cyber ist zu erkennen, dass es nicht über die absolute Gewissheit ist, dass die Sicherheitskontrollen für jede Art von Cyber-Angriff zu stoppen. Risk Management ist über das System der Gesamt Schwächen zu erkennen. Es geht um die Führung des Unternehmens, nicht nur die IT-Mitarbeiter, identifiziert hat, wo diese Schwächen bestehen.

Das Risikomanagement ist auch über einen definierten Continuous Monitoring (ConMon) und wirksame Risikobewertung Prozesse. Solche Prozesse leisten, den nötigen Schutz zu einem sensiblen CUI / CDI des Unternehmens. Diese sind nicht als vollständige Antworten auf eine sich ständig verändernde Risikolandschaft gemeint. Es ist nur durch eine aktive und kontinuierliche Überprüfung der Kontrollen kann die Regierung oder Unternehmen gewährleisten nahe Sicherheit ihrer Netzwerke sind so sicher *wie möglich*.

Ein wesentliches Ziel dieses Buches ist es, ein plain-Englisch zur Verfügung zu stellen und-how für die nonIT Unternehmer zu führen. Das Ziel dieses Buches ist es, Informationen zu liefern, dass sie und ihre IT-Mitarbeiter kritisch darüber nachdenken kann und wie man diese 110 bezeichneten Kontrollen am besten reagieren. Dieses Buch bietet einen konstruktiven Ausgangspunkt für kleine bis großen Unternehmen, nicht nur die Anforderungen von NIST erfüllen 800-171, aber um wirklich seine Computer, Systeme und Daten aus dem „bad guys" nah und fern zu schützen.

Schließlich ist die Erwartung, dass während DOD die erste Bundesbehörde NIST 800-171 Umsetzung gewesen sein zu beauftragen; jedoch erwartet, dass andere Agenturen wie das Department of Homeland Security (DHS), das Department of Commerce (DOC), die Heimat des NIST, und Department of Energy (DOE), die nächsten wahrscheinlichen Kandidaten seines Unternehmen erforderlich machen, um NIST zu erfüllen 800- 171. Der Rest der Bundesbehörden wird höchstwahrscheinlich eng hinter folgen. 800-171 NIST wird zum nationalen Cyber-Standard zwischen Bundesregierung Operationen und seinen großen Auftragnehmer Unterstützung Arbeitskräften in der sehr nahen Zukunft. (Als guter Pfadfinder, immer darauf vorbereitet sein.)

Bundesinformationssicherheit Modernization Act von 2014 (PL 113-283), im Dezember 2014.
http://www.gpo.gov/fdsys/pkg/PLAW-113publ283/pdf/PLAW-113publ283.pdf

Executive Order 13556, *Kontrollierte Ohne Zuordnung Informationen*, November 2010.
http://www.gpo.gov/fdsys/pkg/FR-2010-11-09/pdf/2010-28360.pdf

Executive Order 13636, *Die Verbesserung kritischer Infrastrukturen Cyber*, Februar 2013.
http://www.gpo.gov/fdsys/pkg/FR-2013-02-19/pdf/2013-03915.pdf

National Institute of Standards and Technology Federal Information Processing Standards Publication 200 (in geänderter Fassung), *Mindestsicherheitsanforderungen für Federal Information und Informationssysteme.*

http://csrc.nist.gov/publications/fips/fips200/FIPS-200-final-march.pdf

National Institute of Standards and Technology Special Publication 800-53 (in geänderter Fassung),
Sicherheit und Privacy Controls für Federal Information Systems und Organisationen.
http://dx.doi.org/10.6028/NIST.SP.800-53r4

National Institute of Standards and Technology Special Publication 800-171, rev. 1,
Kontrollierte Schützen Ohne Zuordnung Informationen in nonfederal Informationssysteme und Organisationen.
https://nvlpubs.nist.gov/nistpubs/SpecialPublications/NIST.SP.800-171r1.pdf

National Institute of Standards and Technology Special Publica 800-171A, *Die Beurteilung Sicherheitsanforderungen für kontrollierte Ohne Zuordnung Informationen*
https://csrc.nist.gov/CSRC/media/Publications/sp/800-171a/draft/sp800-171A-draft.pdf

Nationales Institut für Standards und Technologie *Rahmen für kritische Infrastrukturen Cyber Verbesserung (* in der Fassung).
http://www.nist.gov/cyberframework

ANHANG B - Relevante Geschäft Glossar

Audit-Log. Eine chronologische Aufzeichnung von Informationssystem-Aktivitäten, einschließlich Aufzeichnungen von Systemzugriffe und Operationen in einem bestimmten Zeitraum durchgeführt.

Authentifizierung. Überprüfen der Identität eines Benutzers, einen Prozess oder Gerät, oft als Voraussetzung Zugriff auf Ressourcen in einem Informationssystem zu ermöglichen.

Verfügbarkeit. Die rechtzeitigen und zuverlässigen Zugang zu und die Nutzung von Informationen.

Basiskonfiguration. Eine dokumentierte Reihe von Spezifikationen für ein Informationssystem, oder ein Konfigurationselement innerhalb eines Systems, die formal überprüft und vereinbart zu einem bestimmten Zeitpunkt ist, und welche nur durch Änderung Kontrollverfahren geändert werden kann.

Schwarze Liste zu setzen. Das Verfahren verwendet, zu identifizieren: (i) Software-Programme, die nicht auf einem Informationssystem zur Ausführung autorisiert sind; oder (ii) verboten Websites.

Vertraulichkeit. Die Erhaltung autorisierte Beschränkungen für Zugriff auf Informationen und Offenlegung, die Mittel für die persönliche Privatsphäre und proprietäre Informationen zu schützen.

Konfigurationsmanagement. Eine Sammlung von Aktivitäten konzentrierten sich auf die Einrichtung und die Integrität der Informationstechnologie und Informationssysteme aufrechterhalten wird, durch Steuerung von Prozessen zur Initialisierung, Ändern und Überwachen der Konfigurationen dieser Produkte und Systeme in der Systementwicklungslebenszyklus.

Kontrollierte Ohne Zuordnung Information (CUI / CDI).

Informationen, die Rechts- oder governmentwide Politik erfordert Kontrollen haben Sicherung oder Verbreitung, ohne Informationen, die unter Executive Order 13526, Klassifiziert National Security Information, 29. Dezember 2009, oder jede Vorgänger oder Nachfolger Ordnung oder das Atomgesetz eingestuft aus 1954 in geänderter Fassung.

Externes Netzwerk. Ein Netzwerk nicht durch das Unternehmen gesteuert.

FIPS-validierte Kryptografie. Ein kryptographisches Modul durch das kryptografische Modul validiert Validation Program (CMVP) Anforderungen in FIPS 140-2 Veröffentlichung angegeben gerecht zu werden (in der geänderten Fassung). Als Voraussetzung für CMVP Validierung wird das Verschlüsselungsmodul eine Verschlüsselungsalgorithmus Implementierung zu verwenden, erforderlich, die Validierung erfolgreich bestanden

Prüfung durch das Cryptographic Algorithm Validation Program (CAVP).

Hardware.   Die physikalischen Komponenten eines Informationssystems.

Vorfall.   Ein Ereignis, das die Vertraulichkeit, Integrität oder Verfügbarkeit eines Informationssystems oder die Informationen die Systemprozesse, speichert tatsächlich oder potentiell gefährdet, oder sendet oder dass eine Verletzung oder die unmittelbare Gefahr der Verletzung der Sicherheitsrichtlinien, Sicherheitsverfahren oder Nutzungsrichtlinien .

Informationssicherheit.   Der Schutz von Informationen und Informationssystemen von unerlaubtem Zugriff, Verwendung, Offenlegung, Zerstörung, Veränderung oder Zerstörung zu schaffen, Vertraulichkeit, Integrität und Verfügbarkeit.

Informationssystem.   Eine diskrete Menge von Informationsressourcen für die Sammlung organisiert, Verarbeitung, Wartung, Nutzung, den Austausch, die Verbreitung oder Disposition von Informationen.

Informationstechnologie.   Jedes Gerät oder miteinander verbundene System oder Teilsystem der Ausrüstung, die in dem automatischen Erfassung, Speicherung, Manipulation, Management, Bewegung, Steuerung, Anzeige, Umschalten, Austausch, Übertragung oder den Empfang von Daten oder Informationen, die von der Agentur zu verwendet wird. Es umfasst Computer, Zusatzgeräte, Software, Firmware und ähnliche Verfahren, Dienstleistungen (einschließlich Support-Service) und die damit verbundene Ressourcen.

Integrität.   Schutz vor unsachgemäßen Informationen Veränderung oder Zerstörung und enthält Informationen Unleugbarkeit und Authentizität zu gewährleisten.

Internes Netzwerk.   Ein Netzwerk, in dem: (i) die Einrichtung, Wartung und Bereitstellung von Sicherheitskontrollen sind unter der direkten Kontrolle der organisatorischen Mitarbeiter oder Auftragnehmer; oder (ii) kryptographisches Einkapselung oder ähnliche Sicherheitstechnik zwischen Organisation gesteuerten Endpunkten implementiert, bietet die gleiche Wirkung (zumindest in Bezug auf die Vertraulichkeit und Integrität).

Schadcode.   Software soll einen nicht autorisierten Prozess durchzuführen, die negative Auswirkungen haben wird auf die Vertraulichkeit, Integrität oder Verfügbarkeit eines Informationssystems. Ein Virus, Wurm, Trojanisches Pferd oder andere Code-basierte Einheit, die ein Host-infiziert. Spyware und einige Formen von Adware sind auch Beispiele für bösartigen Code.

Medien.   Physikalische Geräte oder Schreiboberflächen, einschließlich, aber nicht beschränkt auf, Magnetbänder, optische Platten, Magnetplatten und Ausdrucke (jedoch nicht einschließlich Anzeigemedien), auf der Informationen aufgezeichnet sind, gespeichert werden, oder in einem Informationssystem gedruckt.

Mobil-Code. Software-Programme oder Teile von Programmen von entfernten Informationssystemen erhalten wird, über ein Netzwerk übertragen und auf einem lokalen Informationssystem ausgeführt, ohne explizite Installation oder Ausführung durch den Empfänger erstellt.

Mobilgerät. Eine tragbare Rechenvorrichtung, die: (i) einen kleinen Formfaktor, so dass sie leicht von einer einzigen Person getragen werden können; (ii) ausgelegt ist, ohne eine physische Verbindung zu arbeiten (zB drahtlos übertragen oder Daten empfangen); (iii) besitzt lokale, nicht abnehmbaren oder entfernbaren Datenspeicher; und (iv) eine autarke Stromquelle. Mobile Geräte können auch Sprachkommunikationsfähigkeiten, On-Board-Sensoren, die die Geräte ermöglichen, Informationen zu erfassen und / oder integrierte Funktionen für die lokalen Daten mit entfernten Standorten zu synchronisieren. Beispiele hierfür sind Smartphones, Tablets und E-Reader.

Multi-Faktor-Authentifizierung. Authentifizierung unter Verwendung von zwei oder mehr verschiedenen Faktoren Authentifizierung zu erzielen. Faktoren gehören: (i) etwas, das Sie kennen (zB Passwort / PIN); (ii) etwas, das Sie haben (zB Verschlüsselungsidentifikationseinrichtung, Token); oder (iii) etwas, was Sie sind (zB biometrische).

Nonfederal Informationssystem. Ein Informationssystem, das die Kriterien für eine föderale nicht erfüllt Informationssystem. nonfederal Organisation.

Netzwerk. Informationssystem (e) umgesetzt mit einer Sammlung von miteinander verbundenen Komponenten. Solche Komponenten können Router, Hubs, Kabel, Telekommunikation Controller, Schlüsselverteilungszentren und technische Steuereinrichtungen umfassen.

Tragbare Speichergerät. Eine Informationssystem-Komponente, die in und von einem Informationssystem entfernt eingeführt werden können, und das ist zum Speichern von Daten oder Informationen verwendet wird (zB Text, Video, Audio und / oder Bilddaten). Solche Komponenten werden typischerweise implementiert, die auf magnetischen, optischen oder Festkörpervorrichtungen (zB Disketten, Compact / digitale Videoplatten, Flash / USB-Sticks, externe Festplattenlaufwerke, und Flash-Speicherkarten / Laufwerke, die nicht-flüchtigen Speicher enthalten).

Privilegierte Konto. Ein Informationssystem Konto mit Berechtigungen eines privilegierten Benutzer.

Privileged User. Ein Benutzer, der autorisiert ist (und daher vertrauenswürdiger) sicherheitsrelevante Funktionen durchzuführen, die normalen Benutzer nicht autorisiert auszuführen.

Fernzugriff. Der Zugang zu einer Organisationsinformationssystem durch einen Anwender (oder einen Prozess, der im Namen eines Benutzers), die über ein externes Netzwerk (zB das Internet).

Risiko.

Ein Maß für das Ausmaß, in dem ein Unternehmen durch einen potenziellen Umstand oder Ereignis bedroht, und in der Regel in Abhängigkeit von: (i) die negativen Auswirkungen, die, wenn der Umstand oder Ereignis eintritt entstehen würden; und (ii) die Wahrscheinlichkeit des Auftretens. Informationen systembedingte Sicherheitsrisiken sind die Risiken, die aus dem Verlust von Vertraulichkeit, Integrität oder Verfügbarkeit von Informationen oder Informationssystemen und beziehen sich die möglichen negativen Auswirkungen auf organisatorische Operationen (einschließlich Mission, Funktionen, ein Bild oder Ruf) entstehen, Organisationsvermögen, Einzelpersonen, Organisationen und die Nation.

Sanitization.

Maßnahmen ergriffen Daten auf Medien nicht wieder sowohl gewöhnliche und für einige Formen der Hygienisierung, außergewöhnliche Mittel, geschrieben zu machen. Verfahren zu entfernen Informationen aus Medien, so dass die Datenwiederherstellung nicht möglich ist. Es umfasst die Beseitigung aller klassifizierten Etiketten, Markierungen und Aktivitätsprotokolle.

Sicherheitskontrolle.

Eine Schutzgegenmaßnahme oder für ein Informationssystem oder eine Organisation vorgeschrieben entwickelt, um die Vertraulichkeit, Integrität und Verfügbarkeit ihrer Daten zu schützen und eine Reihe von definierten Sicherheitsanforderungen zu erfüllen.

Security Control Bewertung. Die Prüfung oder Auswertung von Sicherheitskontrollen um das Ausmaß zu bestimmen, welche die Kontrollen richtig implementiert, wie vorgesehen arbeitet, und das gewünschte Ergebnis auf die Erfüllung der Sicherheitsanforderungen für ein Informationssystem oder einer Organisation in Bezug zu erzeugen.

Sicherheitsfunktionen.

Die Hardware, Software und / oder Firmware des Informationssystems verantwortlich für die Systemsicherheitsrichtlinien durchzusetzen und die Unterstützung der Trennung von Code und Daten, auf denen der Schutz basiert.

Bedrohung.

Jeder Umstand oder Ereignis mit dem Potenzial, mich negativ auf organisatorische Abläufe auswirken (einschließlich Mission, Funktionen, ein Bild oder Ruf), Organisationsvermögen, Einzelpersonen, Organisationen oder die Nation durch ein Informationssystem über unerlaubten Zugriff, Zerstörung, Offenlegung, Änderung von Informationen und / oder Denial-of-Service.

Whitelisting.

Das Verfahren zur Identifizierung: Programme (i) Software, die auf einem Informationssystem zur Ausführung autorisiert ist.

Intelligence-Cycle-Ansatz der POAM Lifecycle

Dieser Abschnitt soll eine Struktur und einen Ansatz für jedermann schlagen eine POAM für ihr Unternehmen oder Agentur zu entwickeln. Es beschreibt, wie der POAM Entwicklungsprozess zu adressieren und wie POAMs während ihres gesamten Lebenszyklus zu formulieren und zu verfolgen. Wir empfehlen die Verwendung der US Intelligence Community der

Intelligence-Lifecycle als Leitfaden POAM die von Adresse „von der Wiege bis zur Bahre". Der Prozess für die Zwecke der POAM Schöpfung, eine passendere Beschreibung leicht modifiziert, aber wir dieses Modell als wirksam für den Anfänger durch professionelle Cyber oder gefunden haben, zu bieten hat IT-Spezialisten, die regelmäßig in diesem Bereich arbeitet.

Dazu gehören die folgenden sechs Phasen:

1. **IDENTIFIZIEREN:** Diese Kontrollen, dass die Zeit, Technologie oder Kosten nicht eingehalten werden, um die unimplemented Kontrolle zu befriedigen.

2. **FORSCHUNG:** Sie haben nun die Kontrolle entschieden wird nicht Ihren sofortigen NIST treffen 800-171 Bedürfnisse. Der typische erste Meilenstein ist eine Form der Forschung oder Marktstudie der verfügbaren Lösungen durchzuführen. Dazu gehören:

   - **Die Art oder die Art der Lösung.** Entweder als eine Person (zB zusätzliches Know-how), Prozess (zB was Workflow etabliert eine wiederholbare Lösung bieten kann) oder Technologie (zB welche Hardware / Software-Lösung behebt alle oder einen Teil der Steuerung.

   - **Wie die Bundesregierung will sie umgesetzt?** Zum Beispiel sind harte Token erforderlich oder das Unternehmen irgendeine Form von Soft-Token-Lösung verwenden kann 2FA zu adressieren.

   - **Interne Herausforderungen.** Was bedeutet Gesicht das Unternehmen insgesamt mit Menschen, Prozesse oder Technologien Perspektiven spezifisch für die Kontrolle?

3. **EMPFEHLEN:** In dieser Phase alle Forschung und Analyse abgeschlossen ist, und vermutlich gut dokumentiert. Typischerweise wird das Cyber-Team oder Business-IT-Team empfohlene Lösungen formulieren, um den Betreiber, das heißt, Offizier der Business-Entscheider wie die Chief Information oder Operationen. Die Empfehlungen müssen nicht nur technisch machbar, aber Kosten und Ressourcen sollten Teil jeder Empfehlung.

4. **ENTSCHEIDEN:** An diesem Punkt Entscheidungsträger in den Unternehmen nicht nur der Ansatz genehmigen korrigieren Sie den Sicherheits Fehlbetrag sondern müssen Resourcing Anforderungen vereinbart, um die Ausgabe der Mittel und Anstrengungen zu genehmigen.

5. **IMPLEMENTIEREN:** Schließlich wird die Lösung implementiert und die POAM ist für die Schließung aktualisiert. Dies sollte mit dem Vertrag Büro oder seinem Vertreter auf wiederkehrender Basis gemeldet werden.

6. **STÄNDIGE VERBESSERUNG.** Wie bei jedem Prozess, sollte es regelmäßig überprüft und aktualisiert werden speziell auf die Bedürfnisse und Fähigkeiten des Unternehmens oder einer Organisation. Dies könnte besser Vorlagen, zusätzliches Personal oder mehr regelmäßige Updates zu Management umfassen sowohl zu gewährleisten eine gründliche, aber unterstützende Verständnis davon, wie Cyber die Bedürfnisse und Mission des Unternehmens gerecht wird.

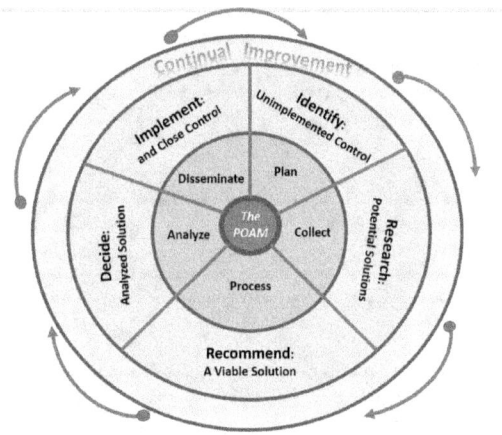

Die POAM Lifecycle

Wir beginnen in der „Identify" des Lifecycle-Prozesses oben. In diesem Stadium kann mehrere Dinge auftreten. Entweder der Eigentümer oder IT-Mitarbeiter erkennen, dass die Sicherheitskontrolle nicht oder nicht sofort erfüllt werden, oder sie verwenden ein automatisches Sicherheits-Tool, wie ACAS® oder Nessus®, die Wertpapiere Schwachstellen im Informationssystem identifiziert. Dies könnte auch Befunde wie das Standard-Passwort enthält, wie „Passwort", wurde auf einem internen Switch oder Router nicht geändert. Es könnte auch beinhalten aktualisierte Sicherheits Patching nicht aufgetreten ist; einige automatisierte Anwendung Scan-Tools nicht nur identifizieren, sondern Handlungs empfehlen zu mildern oder eine Sicherheitsfeststellung zu beheben. Versuchen Sie immer, diejenigen, so schnell wie möglich zu nutzen, um die IT-Umgebung zu sichern.

Auch in diesem Stadium angenommen ist der Akt der Dokumentation Befunde. Der Befund sollte in einer POAM Vorlage platziert, da das Unternehmen über den Lebenszyklus bewegt. Dies könnte unter Verwendung von Dokumenten in Word® erstellt getan, zum Beispiel, aber wir empfehlen die Verwendung eines Tabellenkalkulationsprogramm, das für die einfachere Filterung und das Management des POAM ermöglicht. leisten Tabellen eine größere Flexibilität bei der „heavy lift" Teil aller POAM Formulierung ist nicht fixiert werden sofort bestimmt wegen technischer Defizite. Dies kann nicht in-house technische Know-how, zum Beispiel, um Setup-Zwei-Faktor

Authentifizierung (2FA) oder wegen der aktuellen Gesellschaft finanzieller Grenzen; dies würde wahrscheinlich sinnvoll sein, wenn die Kosten derzeit unerschwinglich sind eine spezielle Steuerung zu implementieren.

In der „Forschung" Phase umfasst diese technische Analyse, die Suche im Internet, Marktforschung, etc. in Bezug auf tragfähige Lösungen für die Sicherheitskontrolle nicht in der Adresse „konform." Diese Aktivität ist in der Regel Teil des anfänglichen Meilensteins in der POAM etabliert. Es kann in der POAM hinzugefügt werden, und könnte zum Beispiel: „eine anfängliche Marktforschung von in Frage kommender Systemen Verhalten, das eine kostengünstige Zwei-Faktor-Authentifizierung (2FA) Lösung gerecht zu werden Sicherheitskontrolle 3.XX zur Verfügung stellen kann" könnte Ein anderes Beispiel sein: „ der Cyber-Abschnitt wird mindestens zwei Kandidaten ruhender Daten (DAR) Lösungen identifiziert das Unternehmen und CUI Daten zu schützen."Diese ersten Meilensteine ein normaler Bestandteil aller anfänglichen Meilensteine sind, die eindeutig angemessene Maßnahmen beschreiben nicht-Beschwerde Kontrollen zu adressieren.

Ein weiterer Bestandteil jeder Aktion Meilenstein Einrichtung ist zu erkennen, wenn ein Meilenstein abgeschlossen sein wird. Typischerweise sind Meilensteine für einen Zeitraum von 30 Tagen durchgeführt, aber wenn die Komplexität einer solchen Tätigkeit zusätzliche Zeit erfordert, das Unternehmen als identifiziert angemessene Zeit mal mit tatsächlichen Daten von gewährleisten *erwartet* Fertigstellung. Verwenden Sie niemals undefinierte Meilensteine wie „nächste Versions-Update" oder „Kalenderjahr 2020 in Viertel 4." Echtdaten sind obligatorisch, um wirklich Feststellungen unterstützt zu verwalten, beispielsweise automatisierten Workflow oder Anwendungen, die das Unternehmen Tracking kann in Zukunft erwerben zu verbessern ihre Cyber-Risikomanagement-Programm.

Auf der „Empfehlung" Phase, das ist die Zeit, wenn der Stand der Forschung in mindestens einer Lösung geführt hat, sei es zusätzliche Fachkräfte (Menschen), verbesserte Unternehmensrichtlinien, die die Sicherheitskontrolle besser (Prozess) verwalten, oder ein Gerät, das löst die Steuerung teilweise oder total (Technologie). Dies sollte Teil dieser Phase und als Teil der POAM Vorlage als Meilenstein des voraussichtlichen Fertigstellungstermin sein.

Bei der „entscheiden" Phase, Unternehmen oder Agentur Entscheidungsträger sollten eine empfohlene Lösung genehmigen und diese Entscheidung sollte sich in einer Konfigurationsänderung Tracking-Dokument, Konfigurationsmanagement Entscheidung Memorandum oder in der POAM dokumentiert werden. Dies sollte auch Mittel genehmigt, aber am wichtigsten ist, sollte jede Förderentscheidung auf, so schnell wie möglich gehandelt werden. Während viele dieser Vorschläge Grund scheinen mag, ist es oft verstehen die Entscheidung so künftige Personal und Management kann zu dokumentieren, zu übersehen, wie die Lösung bestimmt.

Die „Umsetzung" Phase kann die schwierigste werden. Es ist, wo eine Führung bezeichnet werden soll, um die spezifische Aktivität zu koordinieren, um die Steuer- gerecht zu werden es nicht unbedingt eine technische Lösung sein kann, aber kann auch, beispielsweise eine Dokumentation Entwicklungstätigkeit, die einen Prozess die POAM verwalten schafft.

Die Umsetzung sollte auch grundlegende programmatische Überlegungen schließen. Dies sollte die Leistung, Zeitplan, Kosten umfassen und Risiko:

- Performance : Überlegen, was Erfolg der Lösung zu adressieren versucht. Wird es kann E-Mail-Benachrichtigungen an Benutzer senden? Wird das Herunterfahren des Systems automatisch, sobald sich ein Einbruch in das Firmennetzwerk bestätigt? Wird der Incident Response-Plan enthält Meldungen an den Strafverfolgung? Die Leistung ist immer ein signifikantes und messbare Mittel, um sicherzustellen, dass die Lösung der POAM / Sicherheitskontrolle Fehlbetrag adressieren. Immer versuchen, die Leistung der spezifisch auf die tatsächliche Kontrolle zu messen, die erfüllt wird.

- Zeitplan Entwickeln Sie einen Plan auf der Basis der entwickelten Meilensteine, die angemessen und nicht unrealistisch sind. Sobald eine Abweichung erkennbar wird, sicherzustellen, dass die POAM Vorlage aktualisiert und vom Management genehmigt. Dies sollte ein Senior Management Vertreter der Behörde Erweiterungen des aktuellen Plan zu liefern. Dies könnte zum Beispiel ein Senior IT-Manager, Chief Information Security Officer oder Chief Operating Officer.

* Kosten : Während es an Ort und Stelle früh im Prozess alle Mittel zur Verfügung gestellt, immer darauf Eventualitäten sind zu verlangen zusätzliche Mittel angenommen wurden. Es ist in den meisten IT-Programmen üblich, eine 15-20% ige Finanzierung Reserve für Notfälle zu halten. Andernfalls wird der Projektmanager oder führen müssen an das Management für zusätzliche Mittel zu spät bei der Umsetzung des Zyklus wieder rechtfertigen.

* Risiko : Dies ist beispielsweise durch die Überprüfung der Sicherheitskontrollen oder automatisierte Scans des Systems nicht das Risiko identifiziert. Dieses Risiko ist spezifisch für den Erfolg des Programms sein Ziel zu erreichen, um die Sicherheit Erkenntnis zu schließen. Risiko sollte immer im besonderen Fokus auf die Leistung, Kosten und Zeitplan Risiken als wichtige Anliegen. Betrachten wir eine Risikomatrix oder Risikoprotokoll zu schaffen während der Implementierungsphase zu helfen.

Schließlich, stellen Sie sicher, dass, sobald das Unternehmen zufriedenstellend seine Lösung die Steuerung implementieren und benachrichtigt den Vertrag Amt der Fertigstellung schließen. Normalerweise sollten Updates und Benachrichtigungen mindestens einmal im Quartal auftreten, aber häufiger sind geeignet für höher impactful Kontrollen. Twofactor Authentifizierung und automatisierte Rechnungsprüfung, zum Beispiel werden am besten so schnell wie möglich aktualisiert. Dies sichert nicht nur das Netzwerk des Unternehmens und IT-Umgebung, sondern schafft Vertrauen mit der Regierung, dass die Sicherheitsanforderungen erfüllt werden.

Ein letzter Bereich in Bezug auf Best Practices im Cyber zu betrachten und mehr speziell bei der Entwicklung von kompletten POAMs, ist der Bereich der **ständige Verbesserung**. das Vermächtnis Intelligence-Lifecycle-Prozess nutzt sollte ein andauerndes Modell seine für IT- und Cyber-Spezialisten zu emulieren. Diejenigen, diesen Prozess unterstützen sollten immer bereit sein, Änderungen oder Modifikationen vornehmen, die besser repräsentieren den Zustand und die Bereitschaft des Systems mit seiner Auflistung von POAMs. Die Intelligenz Lifecycle bietet das ideale Modell für ein Unternehmen zu verfolgen und umzusetzen seine POAM Verantwortlichkeit innerhalb NIST 800-171 zu erfüllen.

Für die technisch-fähigen Unternehmen:

Betrachten POAM Tabellen in ein Datenbankprogramm importieren und mit Hilfe seiner internen Berichtserstellung und Berichtsfunktionen. Es kann verwendet werden, zu verbessern

POAM Status für Senioren Management Reporting und Tracking.

Kontinuierliche Überwachung (ConMon): Eine detailliertere Diskussion

Cyber geht es nicht um Verknüpfungen. Es gibt keine einfachen Lösungen Jahren Führer demurring ihre Verantwortung, die wachsenden Bedrohungen im Cyberspace zu begegnen. Wir hoffen, dass das Amt für Personalmanagement (OPM) vor einigen Jahren durchbrechen würde Herold die nötige Konzentration, Energie und Finanzierung die bad-Jungs zu unterdrücken. Das hat eine leere Hoffnung erwiesen, wo Führer ihre Verantwortung im Cyberspace führen außer Kraft gesetzt haben. Die „heiliger Gral" Lösung von Continuous Monitoring (ConMon) hat die meisten mißverstandene Lösung gegeben, in denen zu vielen Verknüpfungen von zahlreichen Bundesbehörden und dem privaten Sektor begangen werden, um eine Illusion von Erfolg zu schaffen. Dieses Papier ist speziell geschrieben Führer zu helfen, besser zu verstehen, was eine wahre Aussage darstellt. „Wir haben eine kontinuierliche Überwachung" Es geht nicht um Verknüpfungen. Hier geht es um Bildung, Ausbildung,

Der Ausschuß für Nationale Sicherheitssysteme definiert ConMon als: „[d]ie Prozesse implementiert für ein oder mehr Informationssysteme aktuellen Sicherheitsstatus zu erhalten, auf das die operative Mission des Unternehmens ab" (CNSS, 2010). ConMon wurde als ganzheitliche Lösung von End-to-End-Cyber-Abdeckung und die Antwort auf der Bereitstellung eine wirksame globale Risikomanagement (RM) Lösung beschrieben. Es verspricht die Beseitigung des 3-Jahres-Rezertifizierung Zyklus, der Fluch der Cyber-Profis war.

Für ConMon eine Realität für jede Agentur zu werden, müssen sie die Maßnahmen und Erwartungen erfüllen, wie in National Institute of Standards and Technology (NIST) Special Publication (SP) definiert 800-137, Informationssicherheit Kontinuierliche Überwachung für Federal Information System und Organisationen. „Die kontinuierliche Überwachung wird als beste Praxis entwickelt für Risiko auf kontinuierlicher Basis Verwaltung" (SANS Institute, 2016); Es ist ein Instrument, das die Zusicherung wirksam, kontinuierliche, und wiederkehrende RM unterstützt. Für jede Agentur es wirklich voll ConMon Compliance erreicht hat vermählen, muss es in der Lage sein, alle beschriebenen wesentlichen Elemente wie in NIST SP 800-137 gefunden zu koordinieren.

ConMon ist nicht nur die passive Sichtbarkeit Stücke, sondern auch die aktiven Bemühungen der Schwachstellen-Scans, Bedrohung Alarm, Reduktion, Minderung oder Beseitigung eines dynamischen Informationstechnologie (IT) -Umgebung. Das Ministerium für innere Sicherheit (DHS) hat ihr Konzept für ConMon ganzheitlichen abgefaßt. Ihr Programm Regierungsnetzwerke zu schützen mehr ist treffend genannt: „Continuous Diagnose und Monitoring" oder CDM und enthält eine Notwendigkeit zu einem aktiven Netzwerk Angreifer zu reagieren. „Die Fähigkeit, IT-Netzwerke zu machen, Endpunkte und Anwendungen sichtbar; bösartige Aktivitäten zu identifizieren; und zu reagieren, [Hervorhebung hinzugefügt] sofort kritisch Informationssysteme und -netze zu verteidigen"(Sann, 2016).

Eine weitere Beschreibung von ConMon kann in NISTs CAESARS Framework Extension gefunden werden: Ein Unternehmen kontinuierliche Überwachung Technical Reference Model (Second Draft). Er definiert seine wesentlichen Merkmale unter dem Begriff der „Continuous Security Monitoring." Es wird beschrieben, wie ein „... Risikomanagement-Ansatz zu Cyber, die ein Bild von einer Organisation Sicherheitslage halten, Einblick in den Assets bietet, nutzt Verwendung automatisierter Datenfeeds, Monitore Wirksamkeit der Sicherheitskontrollen und ermöglicht eine Priorisierung von Mitteln"(NIST, 2012); es muss Transparenz, Datenfeeds, Maßnahmen für die Wirksamkeit demonstrieren und für Lösungen ermöglichen. Es bietet eine weitere Beschreibung dessen, was sollte die volle ConMon Bezeichnung unter der NIST-Standard zu gewährleisten, nachgewiesen werden.

Die Bundesrisiko Regierung und Authorization Management Program (Fed-RAMP) hat ähnliche ConMon Ziele definiert. Diese Ziele sind wesentliche Ergebnisse einer erfolgreichen ConMon Umsetzung. Sein „... Ziel [s] ... [ist] zur Verfügung zu stellen: (i) operative Transparenz; (Ii) die jährlichen selfattestations auf Sicherheitskontrolle Implementierungen; (Iii) verwaltet Änderungssteuerung; (Iv) und die Teilnahme an Incident-Response-Pflichten"(GSA, 2012). Diese Ziele, die zwar nicht explizit auf NIST SP 800-37, sind gut ausgerichtet mit den Wünschen einer wirksamen und vollständigen Lösung.

RMF schafft die Struktur und die Anforderungen an die Dokumentation von ConMon; es steht für die konkrete Umsetzung und Überwachung der Informationssicherheit (IS) innerhalb einer IT-Umgebung. Es unterstützt die allgemeine Aktivität von RM innerhalb einer Agentur. (Siehe Abbildung 1). Die RMF „... beschreibt einen disziplinierten und strukturierten Prozess, die Informationssicherheit und Risikomanagement-Aktivitäten in den Systementwicklungszyklus integriert" (NIST-B, 2011). RMF ist die Struktur, die sowohl beschreibt und stützt sich auf ConMon als Risikoüberwachung und Wirksamkeit Mechanismus zwischen IS und RM.

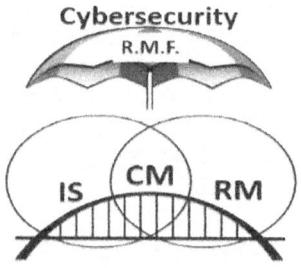

Abbildung 1. CM „Brücken" Informationssicherheit und Risikomanagement

Dieser Artikel enthält einen konzeptionellen Rahmen zu adressieren, wie eine Agentur würde Ansatz eine echte ConMon Lösung durch NIST SP 800-137 identifiziert. Er diskutiert die Notwendigkeit, zusätzliche Anforderungen an Komponenten mit dem „auszurichten *11 Sicherheit Automation Domains"* das sind notwendig wahr ConMon zu implementieren. (Siehe Abbildung 2). Es ist durch die vollständige Umsetzung und

Abbildung 2. Die 11 Sicherheits Automation Domains (NIST, 2011)

Integration mit den anderen beschriebenen Komponenten-Siehe Abbildung 3 unten -, dass eine Organisation es richtig ConMon erreicht hat, angeben kann.

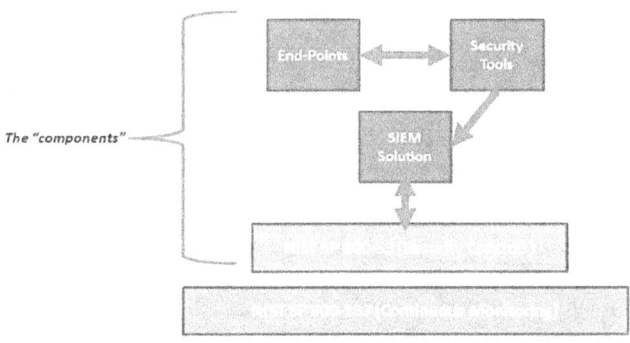

Abbildung 3. Die „Komponenten" eine effektiven Dauerüberwachung

Kontinuierliche Überwachung - Erste Generation

Für ConMon wirksam und echt zu sein, muss es Endpunktes Sicht mit Sicherheit Monitoring-Tools auszurichten. Dazu gehört Sicherheitsüberwachungstools mit Konnektivität zu „Endpunkten" wie Laptops, Desktop-PC, Server, Router, Firewalls usw. Darüber hinaus diese mit einem hochintegrierten Sicherheits Information und Event Management (SIEM) Gerät arbeiten müssen. Die andere „Komponente" ist eine klare Verbindung zwischen den Endpunkten, Sicherheits- und Überwachungstool und der SIEM-Appliance, mit den Arbeits *Sicherheit Automation Domains* (Siehe Abbildung 2). Dazu gehören zum Beispiel die Bereiche der Malware-Erkennung, Asset-und Event-Management. ConMon muss zuerst diese kollektiven Komponenten bezieht sich auf eine „erste Generation" Instanziierung zu erstellen.

Insbesondere stellt ein SIEM Gerät die zentralen Datenverarbeitungsfähigkeiten Kern effektiv die Eingänge und Ausgänge alle aus dem gesamten IT Unternehmen zu koordinieren. Er verwaltet die Datenintegration und Interpretation aller ConMon Komponenten. Und es sorgt für die notwendige Transparenz und Intelligenz für eine aktive Reaktionsfähigkeit.

Endpunktgeräte müssen die geltenden Sicherheitsvorrichtungen dauerhaft sichtbar sein.

Gemeinsam müssen diese Teile mit den entsprechenden Sicherheitskontrollen auszurichten, wie in NIST SP 800-53 beschrieben. Das ausgewählte SIEM-Tool muss in der Lage sein, diese Eingaben zu akzeptieren und analysieren, um sie gegen definierte Sicherheitsrichtlinieneinstellungen, Schwachstellen-Scans wiederkehrenden, signaturbasierten Bedrohungen und heuristischen / aktivitätsbasierten Analysen die Umgebung der Sicherheitslage zu gewährleisten. Die Ausgänge des SIEM muss die weitere Sichtbarkeit der IT-Umgebung unterstützen, leiten und vital Intelligenz zu verbreiten, und alert Führung auf alle laufenden oder drohenden Gefahren. Der obige Ausdruck ist so konzipiert, professionellen versucht, eine konzeptionelle Darstellung der Internetsicherheit zu schaffen, um effektive ConMon Implementierung zu ermitteln oder eine vollständige ConMon Antwort für eine Agentur oder ein Unternehmen zu entwickeln.

Darüber hinaus muss der SIEM verteilt in nahezu in Echtzeit an Analysten und die wichtigsten Führungskräfte Daten-Feeds. Es sorgt für Alarm Multi-Level „Armaturenbrett" Datenströme und Fragen auf der Grundlage vorgegebener Richtlinieneinstellungen. Sobald diese Basis werden erste Generation Funktionalitäten Ausrichtung konsequent mit dem Security Automation Domains, dann eine Organisation oder ein Unternehmen kann endgültig äußern sie die Anforderungen von ConMon erfüllt.

End-Points

Es ist notwendig, Hardware- und Software-Konfigurationselemente zu identifizieren, die bekannt sein müssen und ständig nachvollziehbar vor ConMon innerhalb eines Unternehmens IT-Umgebung zu implementieren. Endpunkt Sichtbarkeit ist nicht auf die Hardware-Geräte, aber die Basislinie Software jeden Hardware-Geräts im Netzwerk.

Configuration Management ist auch eine grundlegende Voraussetzung für jedes Sicherheitslage des Unternehmens. Soundly implementiert Configuration Management muss die Grundlage jeder vollständigen CM Implementierung sein. Zu Beginn jeder Anstrengung, Cyber-Profis wissen müssen den aktuellen „wie besehen" Hardware- und Software-Komponente Zustand innerhalb des Unternehmens. Endpunkte müssen geschützt und überwacht werden, weil sie das wertvollste Ziel für Möchtegern-Hacker und Cyber-Diebe sind.

Configuration Management stellt die Basislinie, die ein Mittel schafft Potenzial Kompromiss zwischen den Unternehmensendpunkten und den erforderlichen Sicherheits-Tool zu identifizieren. „Unternehmen mit einem robusten und effektiven [Configuration Management] Prozess müssen

Sehen Sie Informationen Auswirkungen auf die Sicherheit in Bezug auf die Entwicklung und den Betrieb von Informationssystemen einschließlich Hardware, Software, Anwendungen und Dokumentation"(NIST-A, 2011).

Die RMF erfordert die Kategorisierung von Systemen und Daten als hoch, mittel oder niedrig in Bezug auf Risiko. Die Federal Information Processing Standards (FIPS) Publication 199 Methodik wird in der Regel verwendet, um Daten Empfindlichkeitsstufe in der Bundesregierung zu etablieren. 199 FIPS unterstützt die Cyber professionellen Datenschutzstandards beiden Endpunkte bei der Bestimmung und die in diesen jeweiligen Teilen gespeicherten Daten. Zum Beispiel, dass ein System sammelt und speichert sensible Daten, wie zum Beispiel Finanzinformationen, erfordert ein höheres Maß an Sicherheit. Es ist wichtig, dass Endpunkte als Repositorys von hoch geschätzten Daten zu Cyber-Bedrohungen erkannt werden.

Ferner muss ständig bewusst sein, Fachleute Cyber-Sicherheit der „.... administrativ und technisch Kosten für alle Bund Systeme ein hohes Maß an Schutz bietet ..." (Ross, Katzke, & Toth, 2005). Dies ist nicht eine Frage des physischen Endpunkt allein erkennen kann, aber der Wert und die damit verbunden Kosten der virtuellen Daten gespeichert, überwacht und auf einer kontinuierliche Basis geschützt. FIPS 199 Assists System Besitzer bei der Bestimmung, ob ein höheres Schutzniveau gewährleistet ist, mit höheren Nebenkosten, basierend auf einer Gesamt FIPS 199 Auswertung.

Sicherheits-tools

Sicherheitsüberwachungstools müssen nahezu in Echtzeit eine aktive Bedrohung identifizieren. Beispiele hierfür sind Antivirus- oder Anti-Malware-Anwendungen verwendet, um Netzwerk- und Endpunktaktivitäten zu überwachen. Produkte wie McAfee und Symantec bieten Enterprise-Funktionen, die zu identifizieren und reduzieren Bedrohungen helfen.

Andere Sicherheits-Tools würde ganz sprechen oder die verbleibende NIST Sicherheits Automation Domains Teil. Dazu gehört zum Beispiel Tools zur Verfügung zu stellen Asset Visibility, Schwachstellenerkennung, Patch-Management-Updates, etc. Aber es ist auch wichtig zu erkennen, dass selbst die besten aktuellen Sicherheits-Tools sind nicht unbedingt die Lage, gegen alle Angriffe zu verteidigen. Neue Malware oder Zero-Day-Angriffe stellen ständige Herausforderungen für die Cyber-Belegschaft.

Zum Beispiel würde EINSTEIN-System des DHS hat die 2015 Office of Personnel Management-Verletzung nicht gestoppt. Auch neueste Iteration des DHS von EINSTEIN, EINSTEIN 3, ein fortschrittlichen Netzwerk-Monitoring und-Antwort-System konzipierte Bundesregierungen Netzwerke zu schützen, würde nicht diesen Angriff gestoppt hat. „... EINSTEIN 3 wäre nicht möglich gewesen, um eine Bedrohung zu fangen, dass [hatte] keine bekannten Fußspuren, nach mehreren Industrie-Experten," (Sternstein, 2015).

Erst dort eine viel größere Integration und die Verfügbarkeit von Querschnitt Intelligenz und fähigen Sicherheits-Tool ist, kann jedes einzelne Sicherheits-Tool immer voll wirksam sein. Die Notwendigkeit für mehrere Sicherheitsüberwachungstools, die „Verteidigung in der Tiefe" kann eine bessere Schutzstrategie schaffen sein. Jedoch mit mehreren Werkzeugen die gleiche Sicherheit Automation Domains Überwachung, ein solcher Ansatz wird sicherlich erhöhen die Kosten für eine sichere Agentur oder Unternehmens-IT-Umgebung beibehalten wird. Eine Bestimmung des Return on Investment (ROI) saldiert mit einer gut definierten Bedrohung Risiko-Scoring-Ansatz wird weiterhin auf allen Ebenen des Bundes und der Unternehmens-IT-Arbeitsplatz erforderlich.

Security Controls

„Organisationen sind erforderlich, um angemessen das Risiko zu mindern die aus der Nutzung von Informationen und Informationssystemen in der Ausführung von Missionen und Business-Funktionen entstehen" (NIST 2013). Dies wird durch die Auswahl und Implementierung von NIST SP 800-53 erreicht, Revision 4, beschriebene Sicherheitskontrollen. (Siehe Abbildung 4). Sie sind in achtzehn Familien organisieren Untergruppe Sicherheitsbereiche wie Zugangskontrolle, physische Sicherheit, Incident-Response-Adresse usw. Die Verwendung dieser Kontrollen typischerweise auf die Sicherheit Kategorisierung von den jeweiligen System Eigentümer bei FIPS 199 Kategorisierung Standards unter Berufung zugeschnitten ist. Eine höhere Sicherheit Kategorisierung erfordert die größere Umsetzung dieser Kontrollen.

ID	FAMILY	ID	FAMILY
AC	Access Control	MP	Media Protection
AT	Awareness and Training	PE	Physical and Environmental Protection
AU	Audit and Accountability	PL	Planning
CA	Security Assessment and Authorization	PS	Personnel Security
CM	Configuration Management	RA	Risk Assessment
CP	Contingency Planning	SA	System and Services Acquisition
IA	Identification and Authentication	SC	System and Communications Protection
IR	Incident Response	SI	System and Information Integrity
MA	Maintenance	PM	Program Management

Note that these are not the control families required within DOD. Under the NIST 800-171 effort, not all control families are used or required.

Abbildung 4. Security Control Identifiers und Familiennamen, (NIST 2013)

Sicherheitsinformationen und Event Management (SIEM) -Lösungen

Das SIEM-Tool spielt eine zentrale Rolle in jeder tragfähige „First Generation" Implementierung. Basierend auf NIST und DHS Führung, ein wirksames SIEM Gerät muss die folgenden Funktionalitäten zur Verfügung stellen:

- „Aggregatdaten von,über eine vielfältige Reihe'von Sicherheits-Tool Quellen;
- Analysieren der Mehrquellendaten;
- Engage in Erforschungen von Daten basierend auf sich ändernden Bedürfnisse
- Macht quantitative Nutzung der Daten für die Sicherheit (nicht nur Reporting) Zwecke, einschließlich der Entwicklung und Anwendung von Risiko-Scores; und
- Pflegen umsetzbare Bewusstsein für die sich verändernde Sicherheitslage auf einer Echtzeit-Basis"(Levinson, 2011).

„Wirksamkeit wird weiter verbessert, wenn der Ausgang formatiert wird, um Informationen bereitzustellen, die spezifisch ist, messbar, umsetzbaren, relevant, und rechtzeitigen" (NIST, 2011). Das SIEM-Gerät ist der entscheidende Kern einer vollständigen Lösung, die sammelt, analysiert und warnt die Cyber-Profi von potenziellen und tatsächlichen Gefahren in ihrer Umgebung.

Es gibt mehrere große SIEM-Lösungen, die die Anforderungen von NIST SP 800-137 effektiv erfüllen kann. Dazu gehören Produkte, beispielsweise IBM® Sicherheit, Splunk® und Hewlett Packard's® ArcSight® Produkte.

So wurde zum Beispiel LogRhythm ® hoch in 2014 SIEM Bewertung bewertet. Logrhythm® bereitgestellt Netzwerk Ereignisüberwachung und Benachrichtigung von potenziellen Sicherheits Kompromisse. Die Implementierung einer Enterprise-Klasse SIEM-Lösung ist notwendig wachsende Cyber-Anforderungen für die Prüfung von Sicherheitsprotokollen und Fähigkeiten gerecht zu werden, um cyberincidents zu reagieren. SIEM-Produkte auch weiterhin eine kritische und sich wandelnde Rolle in den Anforderungen spielen „... erhöhte Sicherheit und eine schnelle Reaktion auf Ereignisse im Netzwerk" (McAfee® Stone Professionelle Services® 2013). Verbesserungen und Upgrades von SIEM-Tool sind entscheidend, um eine weitere reaktionsFähigkeit für zukünftige Generationen dieser Geräte auf dem Markt zu bieten.

Next Generations

Zukünftige Generationen von ConMon würden spezifische erweiterten Fähigkeiten und Funktionalitäten des SIEM-Geräts enthalten. Diese zweite Generation und darüber hinaus Entwicklungen wären effektive Lösungen in Zukunft dynamisch und feindliche Netzwerkumgebungen. Solche Fortschritte auch in einem Zielnetz könnten beinhalten den Zugang zu einem größeren Pool von Bedrohungsdatenbanksignatur-Repositories oder mehr expansiven Heuristik erhöhen die aktiven Anomalien identifizieren konnte.

Eine weitere futuristische Fähigkeit könnte die Verwendung von künstlicher Intelligenz (AI) enthält. Verbesserte Fähigkeiten einer SIEM-Appliance mit AI Augmentation verbessern würden weitere menschliche Analyse Bedrohung und sorgen für mehr automatisierte Ansprechbarkeit. „Das Konzept der prädiktiven Analyse beinhaltet statistische Methoden und Entscheidungs Tools, die aktuelle und historische Daten analysieren Vorhersagen über zukünftige Ereignisse zu machen ..." (SANS Institute). Die nächste Generation steigern würde die menschliche Reaktionszeit und Fähigkeiten gegen Angriffe in wenigen Milli-Sekunden umge Stunden zu verteidigen.

Schließlich die nächsten Generationen von ConMon zu beschreiben, ist es nicht zwingend notwendig, nur die Daten, Informations- und Nachrichteneingänge für neue und besser in der Lage SIEM-Produkte zu erweitern, aber die Ein- und entsprechende Datensätze müssen auch vollständig auf Vollständigkeit und Richtigkeit geprüft werden. Besserer Zugang zur Unterzeichnung und heuristische aktivitätsbasierte Analyse Datenbanken würde eine größere Risikoreduktion bieten. Mehr Unterstützung aus der Privatwirtschaft und die Intelligence Community würde auch erhebliche Verbesserungen für Agenturen, die ständig im Kampf gegen eine fähig und besser ausgestattete Bedrohung werden.

ConMon wird nicht Wirklichkeit werden, bis Lieferanten und Agenturen können die richtigen Mitarbeiter, Prozesse und Technologien integrieren. „Braucht Sicherheit als Enabler der positioniert werden organisations muss seinen Platz neben der Humanressourcen, finanzielle Ressourcen, solide Geschäftsprozesse und Strategien, Informationstechnologie und geistiges Kapital als das nehmen

Elemente für den Erfolg der Mission erreichen"(Caralli, 2004). ConMon ist nicht nur eine technische Lösung. Es erfordert fähig Organisationen mit geschultem Personal, wirksame Vorschriften und Verfahren mit den erforderlichen Technologien zu schaffen vor den wachsenden Bedrohungen im Cyberspace zu bleiben.

Abbildung 6 stellt eine grafische Darstellung von dem, was ConMon Komponenten nötig sind, um eine ganzheitliche NIST SP 800-137-konforme Lösung zu schaffen; dies zeigt die erste Generation der Darstellung. Es gibt zahlreiche Anbieter zu beschreiben, dass sie den „Heiligen Gral" Lösung, aber bis sie sie diese Beschreibung insgesamt erfüllen beweisen kann, ist es unwahrscheinlich, dass sie noch eine vollständige Implementierung einer gründlichen ConMon Lösung.

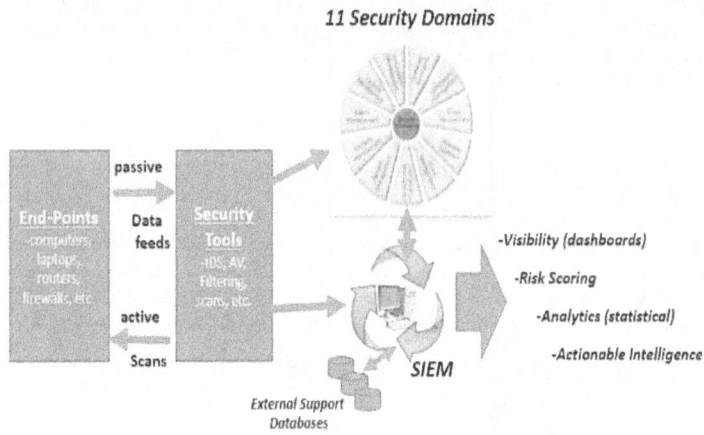

Abbildung 6. Erste Generation kontinuierliche Überwachung

Balakrishnan, B. (2015 Oktober 6). *Insider Threat Mitigation Guidance*. Von SANS Institute
Infosec Lesesaal:
https://www.sans.org/reading-room/whitepapers/monitoring/insiderthreat-mitigation-guidance-36307

Caralli, RA (2004, Dezember). *Managing Enterprise Security (CMU / SEI-2004-TN-046)*. von
Software Engineering Institute: http://www.sei.cmu.edu/reports/04tn046.pdf

Ausschuss für nationale Sicherheitssysteme. (2010, 26. April). *National Information Assurance (IA) Glossar*.
Von nationalem Abschirmdienst & Security Center:
http://www.ncsc.gov/nittf/docs/CNSSI-4009_National_Information_Assurance.pdf

Department of Defense. (2014, 12. März). *DOD Anleitung 8510,01: Risk Management Framework
(RMF) für DoD Informationstechnologie (IT)*. Von Defense Technical Information Center (DTIC):
http://www.dtic.mil/whs/directives/corres/pdf/851001_2014.pdf

GSA. (2012, 27 Januar). *Kontinuierliche Überwachung Strategy & Guide, v1.1*. Von General Services
Verwaltung:
http://www.gsa.gov/graphics/staffoffices/Continuous_Monitoring_Strategy_Guide_072712.pdf

Gemeinsames Medical Logistics Functional Development Center. (2015). JMLFDC kontinuierliche Überwachung Strategie
Planen und Vorgehensweise. Ft Detrick, MD.

Kavanagh, KM, Nicolett, M., & Roch, O. (2014, 25 Juni). *Magic Quadrant für Security Information
und Eventmanagement*. Von Gartner:
http://www.gartner.com/technology/reprints.do?id=1-
1W8AO4W & ct = 140627 & st = sb & mkt_tok = 3RkMMJWWfF9wsRolsqrJcO% 2FhmjTEU5z17u8IWa% 2 B0gYkz2EFye%
2BLIHETpodcMTcVkNb% 2FYDBceEJhqyQJxPr3FKdANz8JpRhnqAA% 3D% 3D

Kolenko, MM (2016, 18. Februar). *SPEZIAL-The Human Element von Cyber*. von
Innere Sicherheit Today.US:
http://www.hstoday.us/briefings/industry-news/singlearticle/special-the-human-element-of-cybersecurity/54008efd46e93863f54db0f7352dde2c.html

Levinson, B. (2011, Oktober). *Bundescyber Best Practices Studie: Informationssicherheit Kontinuierliche
Überwachung*. Von Zentrum für Regulatory Effektivität:
http://www.thecre.com/fisma/wp-content/uploads/2011/10/Federal-Cybersecurity-BestPractice.ISCM_2.pdf

McAfee® Foundstone® Dienstleistungen. (2013). *McAfee*. Von White Paper: Erstellen und
Die Aufrechterhaltung eines SOC:
http://www.mcafee.com/us/resources/white-papers/foundstone/wpcreating-maintaining-soc.pdf

NIST. (2011-A, August). *NIST SP 800-128: Leitfaden für sicherheitsorientierten Configuration Management von Informationssysteme.* Von NIST Computer Security Resource Center: http://csrc.nist.gov/publications/nistpubs/800-128/sp800-128.pdf

NIST. (2011-B, September). *Special Publication 800-137: Informationssicherheit Kontinuierliche Überwachung (ISCM) für Federal Information Systems und Organisationen.* Von NIST Computer Security Resource Center: http://csrc.nist.gov/publications/nistpubs/800-137/SP800-137Final.pdf

NIST. (2012, Januar). *NIST Vermittlungs-Bericht 7756: CAESARS Framework Extension: Eine Enterprise Kontinuierliche Überwachung Technical Reference Model (Zweiter Entwurf).* Von NIST Computer-Ressource Security Center: http://csrc.nist.gov/publications/drafts/nistir-7756/DraftNISTIR-7756_second-public-draft.pdf

NIST. (2013, April). *NIST SP 800-53, Rev 4: Sicherheit und Privacy Controls für Federal Information Systems.* Von NIST: http://nvlpubs.nist.gov/nistpubs/SpecialPublications/NIST.SP.800-53r4.pdf

Ross, R., Katzke, S., & Toth, P. (2005, 17. Oktober). *Die neue FISMA Normen und Richtlinien Ändern Die Dynamik der Informationssicherheit für die Bundesregierung.* Von Information Technology Promotion Agency of Japan: https://www.ipa.go.jp/files/000015362.pdf

Sann, W. (2016, 8. Januar). *Der Schlüssel Missing Piece Ihre Cyber-Strategie? Sichtweite.* von Nextgov: http://www.nextgov.com/technology-news/tech-insider/2016/01/key-missingelement-your-cyber-strategy-visibility/124974/

SANS Institute. (2016, 6. März). *Darüber hinaus Continuous Monitoring: Threat Modeling für Echtzeit Antwort.* Von SANS Institute: http://www.sans.org/readingroom/whitepapers/analyst/continuous-monitoring-threat-modeling-real-time-response-35185

Sternstein, A. (2015 Januar 6). *OPM Hacker Röckchen Cutting-Edge Intrusion Detection System, Official Sagt.* Von Nextgov: http://www.nextgov.com/cybersecurity/2015/06/opm-hackersskirted-cutting-edge-interior-intrusion-detection-official-says/114649/

ANHANG E - NIST 800-171 Compliance-Checkliste

Die folgende Compliance-Checkliste sollte einen Leitfaden, um eine „Selbsteinschätzung" des Unternehmens insgesamt Cyber Haltung zu führen, wie durch NIST 800-171 erforderlich.

* Bewertungsmethode: Siehe NIST 800-171A, *Die Beurteilung Sicherheitsanforderungen für kontrollierte Ohne Zuordnung Informationen,* dass beschreibt Arten und Mittel zur Selbst Validate die Steuerung. Die drei Bewertungsmethoden sind: untersuchen, Interview und Test.

Steuerung #	Beschreibung	Bewertungsmethode Dokument (durch: Prüfen oder Ziel, Oder Personen Führen)	Seite # Bewertet Durch	Bestätigt von
Access Control (AC)				
3.1.1	*Begrenzen Informationssystem Zugriff auf autorisierte Benutzer, Verfahren im Auftrag der autorisierten Benutzer handelt, oder Geräte (einschließlich anderer Informationssysteme)*			
3.1.1 [a]	*Autorisierte Benutzer identifiziert.*			
3.1.1 [b]	*Prozesse im Auftrag von autorisierten Benutzern wirken, werden identifiziert.*			
3.1.1 [c]	*Devices (und andere Systeme) ermächtigt, das System anzuschließen identifiziert.*			
3.1.1 [D]	*Systemzugriff auf autorisierte Benutzer beschränkt.*			
3.1.1 [e]	*Der Zugang zum System ist auf Verfahren beschränkt im Auftrag von autorisierten Benutzern handeln.*			
3.1.1 [f]	*System Zugriff auf autorisierte Geräte (einschließlich anderen Systemen) begrenzt.*			
3.1.1 [a]	*Autorisierte Benutzer identifiziert.*			
3.1.2	*Begrenzen Informationssystem den Zugriff auf die Transaktionstypen und Funktionen, die autorisierte Benutzer sind zulässig auszuführen*			
3.1.2 [a]	*Die Arten von Transaktionen und Funktionen, die Benutzer autorisiert sind, zulässig sind definiert auszuführen.*			
3.1.2 [b]	*Systemzugriff für autorisierte Benutzer auf die definierten Arten von Transaktionen und Funktionen beschränkt.*			

3.1.3	*Steuert den Fluss von CUI in Übereinstimmung mit genehmigten Berechtigungen*
3.1.3 [a]	*Informationsflusskontrolle Richtlinien definiert.*
3.1.3 [b]	*Methoden und Durchsetzungsmechanismen zur Steuerung des Flusses von CUI definiert.*
3.1.3 [c]	*Designated Quellen und Ziele (zB Netzwerke, Einzelpersonen und Geräte) für CUI innerhalb des Systems und zwischen miteinander verbundenen Systeme werden identifiziert.*
3.1.3 [D]	*Genehmigungen für das Steuern des Flusses von CUI definiert.*
3.1.3 [e]	*Zugelassene Berechtigungen zur Steuerung des Flusses von CUI durchgesetzt werden.*
3.1.4	**Trennen Sie die Pflichten des Einzelnen das Risiko böswilliger Aktivität ohne Absprache zu reduzieren**
3.1.4 [a]	*Die Pflichten des Einzelnen erfordert Trennung definiert.*
3.1.4 [b]	*Die Zuständigkeiten für die Aufgaben, die Trennung erforderlich sind, um einzelne Individuen zugeordnet.*
3.1.4 [c]	*Zugriffsrechte, die Einzelpersonen ermöglichen, die Aufgaben wahrzunehmen, die Trennung erfordern gewährt Einzelpersonen zu trennen.*
3.1.5	*Beschäftigen das Prinzip der geringst möglichen Privilegien, unter anderem für bestimmte Sicherheitsfunktionen und privilegierten Accounts*
3.1.5 [a]	*Privilegierte Konten identifiziert.*
3.1.5 [b]	*Der Zugriff auf privilegierte Konten in Übereinstimmung mit dem Prinzip der geringst möglichen Privilegien zugelassen.*
3.1.5 [c]	*Sicherheitsfunktionen werden identifiziert.*
3.1.5 [D]	*Der Zugang zu Sicherheitsfunktionen in Übereinstimmung mit dem Prinzip der geringst möglichen Privilegien zugelassen.*
3.1.6	**Verwenden Sie nicht-privilegierte Konten oder Rollen, wenn nicht sicherheitsrelevante Funktionen zugreifen**
3.1.6 [a]	*Nonsecurity Funktionen identifiziert.*
3.1.6 [b]	*Benutzer müssen nicht privilegierte Konten oder Rollen verwenden, wenn nicht sicherheitsrelevante Funktionen zugreifen.*

3.1.7	Verhindern, dass nicht berechtigte Benutzer von privilegierten Funktionen ausführen und überwachen die Ausführung solcher Funktionen
3.1.7 [a]	Privilegierte Funktionen definiert.
3.1.7 [b]	Nicht-privilegierte Benutzer definiert.
3.1.7 [c]	Nicht-privilegierte Benutzer die Ausführung von privilegierten Funktionen verhindert.
3.1.7 [D]	Die Ausführung von privilegierten Funktionen ist in Prüfprotokolle erfasst.
3.1.8	**Beschränken erfolglose Anmeldeversuche**
3.1.8 [a]	Die Mittel zur Begrenzung erfolglose Anmeldeversuche definiert wird.
3.1.8 [b]	Die definierten Mittel zur Begrenzung erfolglose Anmeldeversuche implementiert.
3.1.9	**Bietet Privatsphäre und Sicherheit Hinweise im Einklang mit dem geltenden Regeln CUI**
3.1.9 [a]	Datenschutz und Sicherheit Hinweise von CUI angegebenen Regeln erforderlich sind, identifiziert, konsistent und mit der spezifischen CUI Kategorie zugeordnet.
3.1.9 [b]	Datenschutz und Sicherheit bemerkt werden angezeigt.
3.1.10	**Verwenden Sie Sitzungssperre mit patternhiding Displays Zugang / Anzeige von Daten nach der Zeit der Inaktivität zu verhindern**
3.1.10 [a]	Die Periode der Inaktivität, nach der das System ein Sitzungssperre initiiert definiert.
3.1.10 [b]	Der Zugang zum System und Anzeigen von Daten wird durch Einleiten eine Sitzungssperre nach der definierten Zeit der Inaktivität verhindert.
3.1.10 [c]	Zuvor sichtbare Informationen werden über eine Muster-Hiding Anzeige nach der definierten Zeitspanne der Inaktivität verborgen.
3.1.11	**Terminate (automatisch) eine Benutzersitzung nach einem definierten Zustand**
3.1.11 [a]	Bedingungen einer Benutzersitzung erforderlich beenden definiert.
3.1.11 [b]	Eine Benutzersitzung wird automatisch beendet, nachdem eine der definierten Bedingungen erfolgen.

Access Control (AC)

3.1.12   *Überwachung und Steuerung*

Fernzugriff-Sitzungen

3.1.12 [a]	Fernzugriff-Sitzungen sind nicht gestattet.
3.1.12 [b]	Die Arten von zulässigen Fernzugriff identifiziert.
3.1.12 [c]	Fernzugriffssitzungen gesteuert werden.
3.1.12 [d]	Fernzugriffssitzungen überwacht.

3.1.13   *Beschäftigen Verschlüsselungsmechanismen die Vertraulichkeit der Remote Access-Sitzungen zu schützen*

3.1.13 [a]	Kryptoverfahren die Vertraulichkeit der Remote Access-Sitzungen schützen identifiziert werden.
3.1.13 [b]	Kryptoverfahren die Vertraulichkeit der Remote Access-Sitzungen durchgeführt werden zu schützen.

3.1.14   *Route Fernzugriff über verwaltete Zugriffskontrollpunkte*

3.1.14 [a]	Managed Zugriffskontrollpunkte identifiziert und umgesetzt werden.
3.1.14 [b]	Der Fernzugriff wird geleitet durch Managed Network Access Control Punkte.

3.1.15   *Autorisieren Remote-Ausführung von privilegierten Befehlen und Remote-Zugriff auf sicherheitsrelevante Informationen*

3.1.15 [a]	Privilegierte Befehle für die Fernausführung autorisiert sind, identifiziert.
3.1.15 [b]	Sicherheitsrelevanten Informationen zugegriffen autorisiert werden fern identifiziert wird.
3.1.15 [c]	Die Ausführung der identifizierten privilegierten Befehle über den Fernzugriff autorisiert ist.
3.1.15 [d]	Der Zugang zu den identifizierten sicherheitsrelevanten Informationen über Remote-Zugriff autorisiert ist.

3.1.16   *Autorisieren drahtlosen Zugriff vor erlauben solche Verbindungen*

3.1.16 [a]	Wireless Access Points werden identifiziert.
3.1.16 [b]	Drahtloser Netzzugang ist vor autorisiert so dass solche Verbindungen.

3.1.17	*Schützen Sie drahtlosen Zugang mit dem*	
	Authentisierung und Verschlüsselung	
3.1.17 [a]	*Ein WLAN-Zugang zum System ist*	
	Verwendung Authentifizierung geschützt.	
3.1.17 [b]	*Ein WLAN-Zugang zum System ist*	
	durch Verschlüsselung geschützt.	
3.1.18	**Steuer Verbindung von mobilen Geräten**	
3.1.18 [a]	Mobile Geräte, die verarbeiten, speichern oder	
	CUI übertragen werden identifiziert.	
3.1.18 [b]	Mobilgeräteverbindungen sind zulässig.	
3.1.18 [c]	Mobilgeräteverbindungen werden überwacht	
	und protokolliert.	
3.1.19	*Encrypt CUI auf mobilen Geräten*	
3.1.19 [a]	*Mobile Geräte und Mobile Computing*	
	Plattformen, verarbeiten, speichern oder zu übertragen CUI	
	identifiziert.	
3.1.19 [b]	*Die Verschlüsselung wird verwendet CUI zum Schutz auf*	
	identifizierte mobile Geräte und mobile Computing-Plattformen.	
3.1.20 [a]	*Anbindungen an externe Systeme identifiziert.*	
3.1.20 [b]	*Die Verwendung von externen Systemen identifiziert.*	
3.1.20 [c]	*Anbindungen an externe Systeme werden überprüft.*	
3.1.20 [d]	*Die Verwendung von externen Systemen wird überprüft.*	
3.1.20 [e]	*Verbindungen zu externen Systemen gesteuert /*	
	begrenzt.	
3.1.20 [f]	*Die Verwendung von externen Systemen wird so*	
	gesteuert / begrenzt.	
3.1.20 [a]	*Anbindungen an externe Systeme identifiziert.*	
3.1.21	*Limit Verwendung von Organisations*	
	tragbaren Speichergeräten auf externe	
	Systeme	
3.1.21 [a]	*Die Verwendung von tragbaren Speichermedien CUI*	
	auf externe Systeme enthält, wird identifiziert und	
	dokumentiert.	
3.1.21 [b]	*Grenzen für die Verwendung von tragbaren*	
	Speichermedien CUI auf externe Systeme enthalten,	
	werden definiert.	
3.1.21 [c]	*Die Verwendung von tragbaren Speichermedien CUI*	
	auf externe Systeme enthält, ist begrenzt, wie definiert.	

3.1.22	**Steuer CUI geschrieben oder bearbeitet, auf öffentlich zugängliche Systeme**	
3.1.22 [a]	Personen berechtigt, zu veröffentlichen oder Prozessinformationen auf öffentlich zugänglichen Systemen identifiziert.	
3.1.22 [b]	Verfahren CUI um sicherzustellen, dass nicht geschrieben oder bearbeitet auf öffentlich zugänglichen Systemen identifiziert.	
3.1.22 [c]	Ein Review-Prozess ist an Ort und Stelle vor den öffentlich zugänglichen Systemen von Inhalten zu veröffentlichen.	
3.1.22 [d]	Inhalt auf öffentlich zugänglichen Systemen wird überprüft, um sicherzustellen, dass es nicht CUI enthält.	
3.1.22 [e] Die Mechanismen sind vorhanden, zu entfernen und Adresse unsachgemäße Entsendung von CUI.		
3.1.22 [a]	Personen berechtigt, zu veröffentlichen oder Prozessinformationen auf öffentlich zugänglichen Systemen identifiziert.	

Awareness & Training (AT)

3.2.1	*Stellen Sie sicher, dass Manager, Systemadministratoren und Anwender von Organisationsinformationssystemen der Sicherheitsrisiken im Zusammenhang aufmerksam gemacht werden mit ihrer Tätigkeit und des geltenden Richtlinien, Standards und für die Sicherheit der organisatorischen Informationssysteme Verfahrens im Zusammenhang mit*		
3.2.1 [a]	Sicherheitsrisiken mit organisatorischen Tätigkeiten verbundene CUI beteiligt identifiziert.		
3.2.1 [b]	Richtlinien, Standards und Verfahren im Zusammenhang <u>auf die Sicherheit des Systems identifiziert.</u>		
3.2.1 [c]	Manager, Systemadministratoren und Nutzer des Systems sind sich der Sicherheitsrisiken mit ihren Aktivitäten verbunden gemacht.		
3.2.1 [D]	Manager, Systemadministratoren und Nutzer des Systems sind sich der geltenden Richtlinien, Standards und Verfahren im Zusammenhang mit der Sicherheit des Systems gemacht.		
3.2.2	*Stellen Sie sicher, dass Organisationspersonal die ihnen zugewiesenen Informationen sicherheitsrelevanten Aufgaben angemessen geschult durchzuführen und Verantwortlichkeiten*		
3.2.2 [a]	Informationen sicherheitsrelevanten Aufgaben, Rollen und Verantwortlichkeiten definiert.		
3.2.2 [b]	Informationen sicherheitsrelevanten Aufgaben, Rollen und Verantwortlichkeiten sind an bestimmte Personen zugeordnet.		
3.2.2 [c]	Personal angemessen ihnen zugewiesenen Informationen securityrelated Aufgaben, Rollen trainiert durchzuführen, und Verantwortlichkeiten.		
3.2.3	*Geben Sie Bewußsteinsbildung auf Erkennung und Meldung von potenziellen Indikatoren für Insider-Bedrohung*		
3.2.3 [a]	Potenzielle Indikatoren mit Insider-Bedrohungen verbunden sind, identifiziert.		

3.2.3 [b]	Bewußtseinsbildung auf Erkennung und Meldung von potenziellen Indikatoren für Insider Bedrohung an Führungskräfte und Mitarbeiter zur Verfügung gestellt.	

Audit & Accountability (AU)

3.3.1 *Erstellen, schützen und Informationssystem Audit-Aufzeichnungen in dem Maße beibehalten notwendig, um die Überwachung zu ermöglichen, Analyse, Untersuchung und Berichterstattung über illegale, nicht autorisierte oder unangemessene Informationen Systemaktivität*

3.3.1 [a]	Prüfprotokolle erforderlich (dh Ereignistypen zu sein angegeben angemeldet) sind die Überwachung, Analyse, Untersuchung und Berichterstattung über rechtswidrige oder nicht autorisierte Systemaktivität zu ermöglichen.
3.3.1 [b]	Für den Inhalt der Audit-Aufzeichnungen benötigt Überwachung, Analyse, Untersuchung zu unterstützen, und die Berichterstattung von rechtswidrigen oder nicht autorisierte Systemaktivität definiert.
3.3.1 [c]	Audit-Aufzeichnungen erstellt werden (erzeugt).
3.3.1 [D]	Audit-Aufzeichnungen, einmal erstellt, enthalten die definierten Gehalt.
3.3.1 [e]	Aufbewahrungsanforderungen für Audit-Protokolle definiert.
3.3.1 [f]	Audit-Aufzeichnungen erhalten bleiben wie definiert.

3.3.2 *Stellen Sie sicher, dass die Aktionen der einzelnen Informationssystem können Benutzer eindeutig auf die Benutzer zurückverfolgt werden, so können sie für ihre Handlungen zur Rechenschaft gezogen werden*

3.3.2 [a]	Der Inhalt der Audit-Aufzeichnungen erforderlich, um die Fähigkeit zur Unterstützung der Benutzer eindeutig zu verfolgen, um ihre Aktionen definiert.
3.3.2 [b]	Audit-Aufzeichnungen, einmal erstellt, enthalten die definierten Gehalt.

3.3.3 *Überprüfung und Aktualisierung geprüften Veranstaltungen*

3.3.3 [a]	Verfahren zur Bestimmung, wann zu Bewertung protokollierten Ereignisse definiert.
3.3.3 [b]	Ereignistypen protokolliert werden entsprechend der definierten Überprüfungsprozess überprüft.

3.3.3 [c]	*Ereignistypen werden auf der Grundlage der Bewertung aktualisiert protokolliert werden.*	
3.3.4	**Alarm im Falle eines Prüfungsprozessfehler**	
3.3.4 [a]	*Personal oder Rollen werden im Falle eines Audit-Protokollierung Prozessfehler aufmerksam gemacht werden identifiziert.*	
3.3.4 [b]	*Arten von Audit-Protokollierung Prozessfehlern, für den Alarm erzeugt wird definiert.*	
3.3.4 [c]	*Identifizierte Personal oder Rollen werden im Falle eines Audit-Protokollierung Prozessfehler aufmerksam gemacht.*	
3.3.5	**Korrelieren Prüfung Überprüfung, Analyse und Reporting-Prozesse für die Untersuchung und Reaktion auf Anzeichen von unangemessenen, verdächtigen oder ungewöhnlichen Aktivitäten**	
3.3.5 [a]	*Prüfsatz Überprüfung, Analyse und Verfahren zur Untersuchung und Reaktion auf Hinweise auf illegale, nicht autorisierte, verdächtige oder ungewöhnliche Aktivitäten Berichterstattung definiert.*	
3.3.5 [b]	*Definierte Prüfsatz Überprüfung, Analyse, und Berichtsprozesse korreliert sind.*	
3.3.6	**Geben Sie Audit Reduktion und Berichterstellung On-Demand-Analyse zu unterstützen und Reporting**	
3.3.6 [a]	*Eine Prüfsatz Reduktionsfähigkeit, dass unterstützt die On-Demand-Analyse versehen ist.*	
3.3.6 [b]	*Ein Bericht Generation Fähigkeit, dass unterstützt on-Demand-Reporting zur Verfügung gestellt.*	
3.3.7	**Fähigkeit bereitstellen, ein Informationssystem, das vergleicht und synchronisiert interne Systemtakte mit einer autorisierenden Quelle Zeitstempel für Prüfsätze zu erzeugen,**	
3.3.7 [a]	*Interne Systemuhr verwendet werden, um* <u>*Zeitstempel für Prüfsätze erzeugen.*</u>	
3.3.7 [b]	*Eine maßgebliche Quelle mit denen Vergleichen und interne Systemuhr synchronisiert werden spezifiziert.*	
3.3.7 [c]	*Interne Systemuhr verwendeten Zeitstempel zu erzeugen, für Audit-Aufzeichnungen sind*	

	gegenüber und mit der angegebenen *autorisierenden Zeitquelle synchronisiert.*	

3.3.8 **Schützen Sie Audit-Informationen und Audit-Tools vor unbefugtem Zugriff, Änderung und Löschung**

3.3.8 [a]	*Audit-Informationen werden geschützt von unautorisierter Zugriff.*	
3.3.8 [b]	*Audit-Informationen werden geschützt von unbefugte Änderung.*	
3.3.8 [c]	*Audit-Informationen vor unbefugtem Löschen geschützt.*	
3.3.8 [D]	*Audit Logging-Tools sind geschützt von unautorisierter Zugriff.*	
3.3.8 [e]	*Audit Logging-Tools sind geschützt von unbefugte Änderung.*	
3.3.8 [f]	*Audit Logging-Tools sind vor unbefugtem Löschen geschützt.*	

3.3.9 **Limitverwaltung von Audit-Funktionalität zu einer Untergruppe von privilegierten Benutzern**

3.3.9 [a]	*Eine Untergruppe von privilegierten Benutzern gewährt Zugang Audit Logging-Funktionalität zur Verwaltung definiert.*
3.3.9 [b]	*Verwaltung von Audit-Protokollierung Funktionalität wird auf die definierte Untergruppe von privilegierten Benutzern beschränkt.*

Configuration Management (CM)

3.4.1	**Aufbau und Pflege von Basiskonfigurationen und Bestände von Organisationsinformationssystemen (einschließlich Hardware, Software, Firmware und Dokumentation) in den jeweiligen Systementwicklungszyklen**			
3.4.1 [a]	*Eine Basiskonfiguration hergestellt.*			
3.4.1 [b]	*Die Basiskonfiguration beinhaltet Hardware, Software, Firmware und Dokumentation.*			
3.4.1 [c]	*Die Basiskonfiguration beibehalten wird (überprüft und aktualisiert) während des gesamten Entwicklungslebenszyklus-System.*			
3.4.1 [D]	*Ein System Inventar wird hergestellt.*			
3.4.1 [e]	*Das System Inventar umfasst Hardware, Software, Firmware und Dokumentation.*			
3.4.1 [f]	*Das Inventar wird beibehalten (überprüft und aktualisiert) während der gesamten Entwicklungslebenszyklus-Systems.*			
3.4.2	**Einrichtung und Sicherheitskonfigurationseinstellungen für Produkte der Informationstechnologie in erzwingen Organisationsinformationssysteme eingesetzt**			
3.4.2 [a]	*Sicherheitskonfigurationseinstellungen für Produkte der Informationstechnologie in dem System eingesetzt werden etabliert und in der Basiskonfiguration enthalten.*			
3.4.2 [b]	*Sicherheitskonfigurationseinstellungen für Produkte der Informationstechnologie in dem System verwendet werden erzwungen.*			
3.4.3	**Track, Bewertung, genehmigen / ablehnen und Audit Änderungen an Informationssysteme**			
3.4.3 [a]	*Änderungen am System Verfolgt werden.*			
3.4.3 [b]	*Änderungen an dem System überprüft werden.*			

3.4.3 [c]	*Änderungen am System sind genehmigt oder abgelehnt.*
3.4.3 [D]	*Änderungen am System angemeldet sind.*

3.4.4 Analysieren Sie die Auswirkungen auf die Sicherheit von

Änderungen vor der

Umsetzung

3.4.5 Definieren Sie, ein Dokument genehmigen, und

Durchsetzung von physischen und logischen

Zugangsbeschränkungen im Zusammenhang

mit Änderungen an das Informationssystem

3.4.5 [a]	*Physische Zugangsbeschränkungen im Zusammenhang mit Änderungen an dem System definiert.*
3.4.5 [b]	*Physische Zugangsbeschränkungen im Zusammenhang mit Änderungen an dem System dokumentiert.*
3.4.5 [c]	*Physische Zugangsbeschränkungen im Zusammenhang mit Änderungen am System zugelassen sind.*
3.4.5 [D]	*Physische Zugangsbeschränkungen im Zusammenhang mit Änderungen an dem System durchgesetzt werden.*
3.4.5 [e]	*Logische Zugriffsbeschränkungen zugeordnet mit Änderungen an dem System definiert.*
3.4.5 [f]	*Logische Zugriffsbeschränkungen im Zusammenhang mit Änderungen an dem System dokumentiert.*
3.4.5 [g]	*Logische Zugriffsbeschränkungen im Zusammenhang mit Änderungen am System zugelassen sind.*
3.4.5 [h]	*Logische Zugriffsbeschränkungen im Zusammenhang mit Änderungen an dem System durchgesetzt werden.*

3.4.6	**Beschäftigen das Prinzip der geringsten Funktionalität durch das Informationssystem konfigurieren, dass nur wesentliche Funktionen zur Verfügung zu stellen**
3.4.6 [a]	*Wesentliche System-Funktionen basieren auf dem Prinzip der kleinsten Funktionalität definiert.*
3.4.6 [b]	*Das System ist so konfiguriert, bereitzustellen nur die wesentlichen Fähigkeiten definiert.*
3.4.7	**Beschränken, deaktivieren und verhindern, die Verwendung von nicht erforderlichen Programmen, Funktionen, Ports, Protokolle und Diensten**

3.4.7 [a]	*Grundlegende Programme definiert.*
3.4.7 [b]	*Die Verwendung von nicht erforderlichen Programmen definiert.*
3.4.7 [c]	*Die Verwendung von nicht erforderlichen Programmen beschränkt ist, deaktiviert, oder wie definiert verhindert.*
3.4.7 [D]	*Wesentliche Funktionen definiert.*
3.4.7 [e]	*Die Verwendung von nicht-essentiellen Funktionen definiert.*
3.4.7 [f]	*Die Verwendung von nicht-essentiellen Funktionen beschränkt ist, deaktiviert, oder wie definiert verhindert.*
3.4.7 [g]	*Wesentliche Ports definiert.*
3.4.7 [h]	*Die Verwendung von nicht-essentiellen Ports definiert.*
3.4.7 [I]	*Die Verwendung von nicht-essentiellen Ports beschränkt ist, deaktiviert, oder wie definiert verhindert.*
3.4.7 [j]	*Wesentliche Protokolle definiert.*
3.4.7 [k]	*Die Verwendung von nicht-essentiellen Protokollen definiert.*
3.4.7 [l]	*Die Verwendung von nicht-essentiellen Protokolle beschränkt ist, deaktiviert oder so definiert verhindert.*
3.4.7 [m]	*Wesentliche Dienste definiert.*
3.4.7 [n]	*Die Verwendung von nicht benötigten Diensten definiert.*
3.4.7 [o]	*Die Verwendung von nicht benötigten Diensten eingeschränkt ist, deaktiviert, oder wie definiert verhindert.*

3.4.8	**Wenden Sie leugnen-by-Exception (schwarze Liste) Politik die Verwendung nicht autorisierter Software zu verhindern oder alle leugnen, erlauben-by-Exception (Whitelisting) Politik, die Ausführung autorisierter Software zu ermöglichen,**	
3.4.8 [a]	*Eine Politik, die angibt, ob oder Whitelist eine schwarze Liste umgesetzt werden soll, wird festgelegt.*	
3.4.8 [b]	*Die Software erlaubt unter weißen Listen oder verweigert den Einsatz unter die schwarze Liste auszuführen angegeben.*	
3.4.8 [c]	*Whitelist, die Ausführung zu ermöglichen, autorisierte Software oder schwarze Liste die Verwendung von nicht autorisiert zu verhindern Software wird als angegeben umgesetzt.*	
3.4.9	**Steuerung und Überwachung vom Benutzer installierten Software**	
3.4.9 [a]	*Eine Politik zur Steuerung der Installation von Software, die von den Benutzern hergestellt wird.*	

3.4.9 [b]	Die Installation der Software werden von den Benutzern auf der etablierten Politik gesteuert.	
3.4.9 [c]	Die Installation der Software wird von den Benutzern überwacht.	

Identification & Authentication (IA)

3.5.1	*Identifizieren Informationssystem Benutzer verarbeitet, der im Namen von Benutzern oder Geräten*					
3.5.1 [a]	Systembenutzer werden identifiziert.					
3.5.1 [b]	Prozesse im Namen der Nutzer wirken, werden identifiziert.					
3.5.1 [c]	Geräte Zugriff auf das System identifiziert.					
3.5.2	*Authentifizieren (oder überprüft) die Identität dieser Benutzer, Prozesse oder Geräte, als Voraussetzung für den Zugang zu organisatorischen Informationssystemen*					
3.5.2 [a]	Die Identität der einzelnen Benutzer authentifiziert ist oder als Voraussetzung für den Systemzugriff verifiziert.					
3.5.2 [b]	Die Identität eines jeden Prozesses im Namen eines Benutzers wirkt, als Voraussetzung für den Systemzugriff authentifiziert oder verifiziert.					
3.5.2 [c]	Die Identität jedes Gerät Zugriff auf oder an das System angeschlossen ist, als Voraussetzung für den Systemzugriff authentifiziert oder überprüft.					
3.5.3	*Verwenden Sie Multi-Faktor-Authentifizierung für lokalen und Netzwerk-Zugriff auf privilegierte Konten und für den Netzzugang zu nicht-privilegierten Konten*					
3.5.3 [a]	Privilegierte Konten identifiziert.					
3.5.3 [b]	Multi-Faktor-Authentisierung für den lokalen Zugriff auf privilegierte Konten umgesetzt.					
3.5.3 [c]	Multi-Faktor-Authentifizierung für Netzwerk-Zugriff auf privilegierte Konten implementiert.					
3.5.3 [D]	Multi-Faktor-Authentisierung für den Netzzugang zu nicht-privilegierten Konten umgesetzt.					

3.5.4	*Beschäftigen Replay-resistente Authentifizierungsmechanismen für den Netzzugang zu privilegierten und nicht privilegierten Konten*	
3.5.5	*Verhindern, dass die Wiederverwendung von Identifikatoren für einen definierten Zeitraum*	
3.5.5 [a]	Ein Zeitraum, in der Kennung kann nicht wiederverwendet werden soll, definiert.	
3.5.5 [b]	Wiederverwendung von Identifikatoren innerhalb des definierten Zeitraums verhindert.	
3.5.6	*Deaktivieren Sie Identifikatoren nach einer bestimmten Zeit der Inaktivität*	
3.5.6 [a]	Eine Periode der Inaktivität, nach der ein Identifikator wird deaktiviert, definiert.	
3.5.6 [b]	Bezeichner sind nach der definierten Zeit der Inaktivität deaktiviert.	
3.5.7	*Erzwingen einer Mindestkennwortkomplexität und Änderung von Zeichen, wenn neue Passwörter erstellt werden*	
3.5.7 [a]	Kennwort Komplexitätsanforderungen definiert.	
3.5.7 [b]	Passwortänderung des Charakters Anforderungen definiert.	
3.5.7 [c]	Minimale Kennwortkomplexitätsanforderungen definiert werden erzwungen, wenn neue Passwörter erstellt werden.	
3.5.7 [D]	*Minimale Kennwortänderung* Zeichen Anforderungen definiert werden erzwungen, wenn neue Passwörter erstellt werden.	
3.5.8	*Verbieten Passwort Wiederverwendung für eine bestimmte Anzahl von Generationen*	
3.5.8 [a]	Die Anzahl der Generationen in dem ein Kennwort kann nicht angegeben wiederverwendet werden.	
3.5.8 [b]	Wiederverwendung von Passwörtern wird während der angegebenen Anzahl von Generationen verboten.	
3.5.9	*Lassen Sie temporäres Passwort Verwendung für Systemanmeldungen mit einem sofortigen Wechsel zu einem permanenten Passwort*	

3.5.10 *nur speichern und übertragen*
verschlüsselte Darstellung von
Passwörtern

3.5.10 [a]	*Passwörter werden verschlüsselt in der Lagerung geschützt.*
3.5.10 [b]	*Passwörter werden verschlüsselt auf der Durchreise geschützt.*

3.5.11. *Obscure Bewertungen von*
Authentifizierungsinformationen

Incident Response (IR)

3.6.1	*Stellen Sie eine Betriebsstörung Handhabungsfähigkeit für Organisationsinformationssysteme, die eine angemessene Vorbereitung beinhaltet, Detektion, Analyse, Containment, Wiederherstellung und Benutzeraktion Aktivitäten*

3.6.1 [a]	*Eine Betriebsstörung Handhabungsfähigkeit hergestellt.*
3.6.1 [b]	*Die Betriebsstörung Handhabungsfähigkeit umfasst Zubereitung.*
3.6.1 [c]	*Die Betriebsstörung Handhabungsfähigkeit beinhaltet Detektion.*
3.6.1 [D]	*Die Betriebsstörung Handhabungsfähigkeit umfasst die Analyse.*
3.6.1 [e]	*Die mit dem Zugverkehr Handhabungsfähigkeit beinhaltet Containment.*
3.6.1 [f]	*Die Betriebsstörung Behandlungsfähigkeit beinhaltet Erholung.*
3.6.1 [g]	*Die Betriebsstörung Handhabungsfähigkeit umfasst Aktivitäten Benutzeraktion.*

3.6.2	*Track, zu dokumentieren und Bericht Vorfälle entsprechende Beamten und / oder Behörden sowohl intern als auch außerhalb der Organisation*

3.6.2 [a]	*Vorfälle werden verfolgt.*
3.6.2 [b]	*Vorfälle dokumentiert.*
3.6.2 [c]	*Behörden, die sind Vorfälle gemeldet werden identifiziert.*
3.6.2 [D]	*Organisations Beamten, die sind Vorfälle identifiziert gemeldet werden.*
3.6.2 [e]	*Identifizierte Behörden der Vorfälle gemeldet.*
3.6.2 [f]	*Identifizierte organisatorische Beamten der Vorfälle gemeldet.*

3.6.3	*Testen Sie die organisatorische Reaktionsfähigkeit*

Maintenance (MA)

3.7.1	*Führen Sie die Wartung auf Organisationsinformationssysteme*	
3.7.2	*Eine wirksame Kontrollen an den Werkzeugen, Techniken, Mechanismen und Personal verwendet, um Informationen Systemwartung durchführen*	
3.7.2 [a]	Werkzeuge verwendet die Systemwartung durchzuführen gesteuert werden.	
3.7.2 [b]	*Techniken Systemwartung durchzuführen gesteuert werden.*	
3.7.2 [c]	*Mechanismen, die Systemwartung durchzuführen gesteuert werden.*	
3.7.2 [D]	Personal verwendet die Systemwartung durchzuführen gesteuert werden.	
3.7.3	**Stellen Sie sicher, Ausrüstung für die Off-Site-Wartung entfernt wird jeder CUI hygienisiert**	
3.7.4	*Überprüfen Medien Diagnose- und Testprogramme für bösartigen Code enthalten, bevor die Medien im Informationssystem verwendet werden,*	
3.7.5	*Erfordern mehrstufige Authentifizierung nonlocal Wartungssitzungen über externe Netzwerkverbindungen aufzubauen und zu beenden, wenn solche Verbindungen nicht lokale Wartung abgeschlossen ist*	
3.7.5 [a]	*Mehrstufige Authentifizierung verwendet wird über externe Netzwerkverbindungen nonlocal Wartungssitzungen zu etablieren.*	
3.7.5 [b]	*Nonlocal Wartungssitzungen über externe Netzwerkverbindungen hergestellt werden beendet, wenn nicht lokale Wartung abgeschlossen ist.*	

3.7.6	*Beaufsichtigen Sie die Wartungsarbeiten von Wartungspersonal ohne erforderliche Zugangsberechtigung*

Medienschutz (MP)

3.8.1 *Protect (dh physikalisch steuern und sicher speichern) Informationssystem enthaltenden Medien CUI, sowohl Papier als auch digitale*

3.8.1 [a]	Papiermedien CUI enthält, wird physisch kontrolliert.
3.8.1 [b]	Digitale Medien CUI enthält, wird physisch kontrolliert.
3.8.1 [c]	Papiermedien CUI enthält, wird sicher gespeichert.
3.8.1 [D]	Digitale Medien CUI enthält, wird sicher gespeichert.

3.8.2 *Beschränken Sie den Zugriff auf CUI auf Informationssystem Medien auf autorisierte Benutzer*

3.8.3 *Desinfizieren oder zerstört Medieninformationssystem enthält CUI vor der Entsorgung oder Freigabe zur Wiederverwendung*

3.8.3 [a]	System-Medium, das CUI ist desinfiziert oder vor der Entsorgung zerstört.
3.8.3 [b]	Systemmedien CUI enthält, wird desinfiziert, bevor es für die Wiederverwendung freigegeben wird.

3.8.4 *Mark Medien mit den notwendigen CUI Markierungen und Verteilungs Beschränkungen*

3.8.4 [a]	Medien, die CUI ist mit den geltenden CUI Markierungen gekennzeichnet.
3.8.4 [b]	Medien, die CUI markiert mit Verteilung Einschränkungen.

3.8.5 *Steuern den Zugriff auf Medien, die CUI und aufrechtzuerhalten Verantwortlichkeit für die Medien während des Transports außerhalb der kontrollierten Gebieten*

3.8.5 [a]	Der Zugang zu Medien, die CUI gesteuert wird.
3.8.5 [b]	Verantwortlichkeit für die Medien, die CUI wird während des Transports außerhalb der kontrollierten Bereichen gehalten.

3.8.6	*Implementieren*
	Verschlüsselungsmechanismen die
	Vertraulichkeit der CUI zu schützen auf
	digitale Medien während des Transports
	gespeichert, sofern nicht anders durch
	alternative physische Sicherheitsmaßnahmen geschützt
3.8.7	*Kontrolle der Verwendung von*
	Wechselmedien auf
	Informationssystemkomponenten
3.8.8	*Verbieten Sie die Nutzung von tragbaren*
	Speichergeräten, wenn solche Geräte
	keine erkennbaren Besitzer haben
3.8.9	*Schützen Sie die Vertraulichkeit der*
	Backup-CUI an Speicherplätzen

Personalsicherheit (PS)

3.9.1   *Bildschirm Personen vor Ermächtigung*

Zugang zu Informationssystemen

enthalten CUI

3.9.2   *Stellen Sie sicher, dass die CUI und*

Informationssysteme enthalten CUI werden

während und nach Personalmaßnahmen

wie Kündigungen und Transfers geschützt

3.9.2 [a]	Eine Politik und / oder Verfahren für den Systemzugriff beendet und alle mit Personalmaßnahmen zusammenfallen Anmeldeinformationen hergestellt.
3.9.2 [b]	Systemzugriff und Anmeldeinformationen sind beendet, die mit Personal Aktionen wie Kündigung oder zu übertragen.
3.9.2 [c]	Das System wird während und nach dem Personaltransfer Aktionen geschützt.

Physische Sicherheit (PP)

3.10.1 *Beschränken Sie den physischen Zugriff auf*

Organisationsinformationssysteme, Ausrüstung und die jeweiligen Betriebsumgebungen berechtigte Personen

3.10.1 [a]	*Autorisierte Personen erlaubt körperliche Zugang identifiziert.*
3.10.1 [b]	*Physischer Zugriff auf Organisationssysteme auf berechtigte Personen beschränkt.*
3.10.1 [c]	*Der physische Zugang zu Ausrüstung ist auf autorisierte Personen beschränkt.*
3.10.1 [d]	*Physischer Zugriff auf Betriebssystemumgebungen auf berechtigte Personen beschränkt.*

3.10.2 *Schutz und zur Überwachung des*

physische Anlage und Support-Infrastruktur für die Informationssysteme

3.10.2 [a]	*Die physische Einrichtung, in den Organisationssysteme befinden ist geschützt.*			
3.10.2 [b]	*Die Support-Infrastruktur für Organisationssysteme geschützt.*			
3.10.2 [c]	*Die physische Einrichtung, in den Organisationssysteme residieren wird überwacht.*			
3.10.2 [d]	*Die Support-Infrastruktur für Organisationssysteme überwacht.*			

3.10.3 *Escort Besucher und Monitor*

Besucheraktivität

3.10.3 [a]	*Die Besucher werden begleitet.*
3.10.3 [b]	*Besucheraktivität überwacht.*

3.10.4 *Pflegen Überwachungsprotokolle der physikalischen*

Zugriff

3.10.5 *Steuerung und Verwaltung von physischen*

Zugangsgeräte

3.10.5 [a]	*Physische Zugangsgeräte identifiziert.*
3.10.5 [b]	*Physische Zugangsgeräte gesteuert werden.*
3.10.5 [c]	*Physische Zugangsgeräte verwaltet.*

3.10.6 *Erzwingen Sicherungsmaßnahmen*		
für CUI bei alternativen Arbeitsstellen		
(zB Tele Seiten)		
3.10.6 [a]	*Sicherungsmaßnahmen für CUI sind für alternative Arbeitsstellen definiert.*	
3.10.6 [b]	*Sicherungsmaßnahmen für CUI sind für alternative Arbeitsstellen erzwungen.*	

Risikobewertungen (RA)

3.11.1 *Er bewertet regelmäßig das Risiko*
organisatorische Operationen
(einschließlich der Aufgabe, Funktionen,
ein Bild oder Ruf), Organisations-
Vermögen und Individuen, aus dem Betrieb
der Organisationsinformationssysteme
führen und die zugehörige Verarbeitung,
Speicherung oder Übertragung von CUI

3.11.1 [a]	*Die Häufigkeit zu beurteilen Risiko zu organisatorischen Abläufen, Organisationsvermögen und Einzelpersonen definiert.*
3.11.1 [b]	*Risiko für die organisatorischen Abläufe, Organisationsvermögen und Personen aus dem Betrieb eines Organisationssystem führt, das, speichert oder überträgt CUI verarbeitet wird mit der bestimmten Frequenz beurteilt.*

3.11.2 *Scannen nach Schwachstellen in der*
Informationssystem und Anwendungen in
regelmäßigen Abständen und wenn neue
Schwachstellen des Systems zu
beeinflussen, werden identifiziert

3.11.2 [a]	*Die Frequenz für die Schwachstellen in den Organisationssystemen und Anwendungen scannen definiert.*
3.11.2 [b]	*Vulnerability-Scans durchgeführt, auf Organisationssysteme mit der definierten Frequenz.*
3.11.2 [c]	*Vulnerability Scans sind auf Anwendungen mit der festgelegten Frequenz durchgeführt.*
3.11.2 [d]	*Vulnerability-Scans durchgeführt, auf Organisationssysteme, wenn neue Schwachstellen werden identifiziert.*
3.11.2 [e]	*Vulnerability-Scans durchgeführt, auf Anwendungen, wenn neue Schwachstellen werden identifiziert.*

3.11.3 *Standardisieren von Schwachstellen in*
nach Risikobewertungen

3.11.3 [a] Schwachstellen werden identifiziert.	
3.11.3 [b] Schwachstellen sind sanierenden in nach Risikobewertungen.	

Sicherheitsprüfungen (SA)

3.12.1 Er bewertet regelmäßig die Sicherheit

Kontrollen in

Organisationsinformationssystemen, um

zu bestimmen, ob die Kontrollen in ihrer

Anwendung wirksam sind

3.12.1 [a]	*Die Häufigkeit der Sicherheitskontrollprüfungen definiert.*		
3.12.1 [b]	*Sicherheitskontrollen werden mit der definierten Frequenz beurteilt, um zu bestimmen, ob die Kontrollen in ihrer Anwendung wirksam sind.*		

3.12.2 *Entwicklung und Umsetzung von Plänen*

entworfen Mängel Handlungs zu

korrigieren und verringern oder zu

beseitigen Schwachstellen in

Organisationsinformationssysteme

3.12.2 [a]	*Mängel und Schwachstellen zu sein durch den Aktionsplan angesprochen werden identifiziert.*		
3.12.2 [b]	*Ein Aktionsplan wird entwickelt, zu korrigieren festgestellten Mangel und zur Verringerung oder identifiziert Schwachstellen beseitigen.*		
3.12.2 [c]	*Der Aktionsplan wird umgesetzt nachgewiesene Mängel zu korrigieren und reduzieren oder identifizierter Schwachstellen zu beseitigen.*		

3.12.3 *Monitor-Informationssystem*

Sicherheitskontrollen, die laufend die

weitere Wirksamkeit der Kontrollen, um

sicherzustellen,

3.12.4 *Entwickeln, dokumentieren und*

regelmäßig die Sicherheit des System Pläne

aktualisieren, die Systemgrenzen,

Systemumgebungen von Betrieb zu

beschreiben, wie Sicherheitsanforderungen

umgesetzt werden, und die Beziehungen mit

oder Verbindungen zu anderen Systemen

3.12.4 [a] *Ein Sicherheitsplan entwickelt.*		
3.12.4 [b]	*Die Systemgrenze wird in dem Systemsicherheitsplan beschrieben und dokumentiert.*	
3.12.4 [c]	*Die Systemumgebung des Betriebes ist in dem System Sicherheitsplan beschrieben und dokumentiert.*	
3.12.4 [d]	*Die Sicherheitsanforderungen identifiziert und genehmigt von der zuständigen Behörde als nicht anwendbar sind, identifiziert.*	
3.12.4 [e]	*Verfahren nach Sicherheitsanforderung Umsetzung werden im System Sicherheitsplan beschrieben und dokumentiert.*	
3.12.4 [f]	*Die Beziehung mit oder Anbindung an andere Systeme in der Systemsicherheitsplan beschrieben und dokumentiert.*	
3.12.4 [g]	*Die Frequenz des Systems Sicherheitsplan zu aktualisieren definiert.*	
3.12.4 [h]	*Die Sicherheit des Systems Plan wird mit der definierten Frequenz aktualisiert.*	

System & Kommunikation Schutz (SC)

3.13.1 *Überwachen, zu steuern und schützen*

    Organisationskommunikations (dh
    Informationen übertragen oder von
    Organisationsinformationen Systemen
    empfangen) an den Außengrenzen und
    Schlüssel inneren Grenzen der
    Informationssysteme

3.13.1 [a]	Die externe Systemgrenze definiert.		
3.13.1 [b]	Key interne Systemgrenzen definiert.		
3.13.1 [c]	Kommunikationen werden an der äußeren Systemgrenze überwacht.		
3.13.1 [d]	Kommunikation wird an wichtigen internen Grenzen überwacht.		
3.13.1 [e]	Kommunikationen werden an der äußeren Systemgrenze gesteuert.		
3.13.1 [f]	Kommunikationen werden an zentralen inneren Grenzen gesteuert.		
3.13.1 [g]	Kommunikationen werden an der äußeren Systemgrenze geschützt.		
3.13.1 [h]	Kommunikation wird an wichtigen inneren Grenzen geschützt.		

3.13.2 *Beschäftigen Architekturentwürfe,*

    Software-Entwicklungstechniken und
    Systemtechnik Prinzipien, die
    effektive Informationssicherheit
    innerhalb
    Organisationsinformationssysteme
    fördern

3.13.2 [a]	Architektonische Entwürfe, die Förderung effektive Informationssicherheit identifiziert.		
3.13.2 [b]	Software-Entwicklungstechniken, die effektive Informationssicherheit zu fördern, werden identifiziert.		
3.13.2 [c]	System Engineering Prinzipien, die effektive Informationssicherheit zu fördern, werden identifiziert.		

3.13.2 [d]	Identifizierte architektonische Entwürfe, die effektive Informationssicherheit fördern eingesetzt.	
3.13.2 [e]	Identifizierte Software-Entwicklungstechniken, die effektive Informationssicherheit fördern eingesetzt.	
3.13.2 [f]	Identifizierte Systems Engineering Prinzipien, die effektive Informationssicherheit fördern eingesetzt.	

3.13.3 Separate Benutzerfunktionalität von Informationssystem-Management-Funktionalität

3.13.3 [a]	Benutzerfunktionalität identifiziert.
3.13.3 [b]	System-Management-Funktionalität identifiziert.
3.13.3 [c]	Benutzerfunktionalität wird getrennt von System-Management-Funktionalität.

3.13.4 Unbefugten und unbeabsichtigte Informationsübertragung über den gemeinsam genutzten Systemressourcen

3.13.5 Implementieren Sie Subnetze für öffentlich zugängliche Systemkomponenten, die physisch oder logisch von internen Netzwerken getrennt sind

3.13.5 [a]	Öffentlich zugängliche Systemkomponenten identifiziert werden.
3.13.5 [b]	Teilnetze für öffentlich zugängliche Systemkomponenten sind physisch oder logisch von internen Netzwerken getrennt.

3.13.6 Deny Netzwerk-Kommunikation Verkehr von Ausfall- und erlaubt Netzwerkkommunikationsverkehr durch Ausnahme (dh alle verweigert, Erlaubnis Ausnahme)

3.13.6 [a]	Netzwerk-Kommunikationsverkehr standardmäßig verweigert.	
3.13.6 [b]	Netzwerk-Kommunikationsverkehr ausnahmsweise erlaubt.	

3.13.7 Verhindern, dass Remote-Geräte aus nonremote Verbindungen mit dem Informationssystem gleichzeitig der Einrichtung und über eine andere Verbindung zu Ressourcen in externen Netzwerken zu kommunizieren

System & Kommunikation Schutz (SC)

3.13.8	*Implementieren Verschlüsselungsmechanismen unbefugte Offenlegung von CUI während der Übertragung zu verhindern, sofern nicht anders geschützt durch* <u>*alternative physikalische Schutzmaßnahmen*</u>	
3.13.8 [a]	*Kryptoverfahren sollten unbefugte Offenlegung von CUI verhindern, werden identifiziert.*	
3.13.8 [b]	*Alternative physikalische Schutzmaßnahmen vorgesehen unbefugte Offenlegung von CUI zu verhindern, werden identifiziert.*	
3.13.8 [c]	*Entweder Verschlüsselungsmechanismus oder alternative physikalische Schutzmaßnahmen umgesetzt wird während der Übertragung nicht genehmigte Verbreitung von CUI zu verhindern.*	
3.13.9	**Terminate Netzwerkverbindungen, die mit Kommunikationssitzungen am Ende der Sitzungen oder nach einer definierten Zeit der Inaktivität**	
3.13.9 [a]	*Eine Zeit der Inaktivität zu beenden Netzwerkverbindungen im Zusammenhang mit* <u>*Kommunikationssitzungen definiert.*</u>	
3.13.9 [b]	*Netzwerkverbindungen im Zusammenhang mit Kommunikationssitzungen sind* <u>*am Ende der Sitzungen beendet.*</u>	
3.13.9 [c]	*Netzwerkverbindungen im Zusammenhang mit Kommunikationssitzungen sind nach der definierten Zeit der Inaktivität beendet.*	
3.13.10	*Einzurichten und zu verwalten kryptographischer Schlüssel für Kryptographie im Informationssystem eingesetzt*	
3.13.10 [a]	*Kryptographischer Schlüssel sind etabliert* <u>*wann immer Kryptographie verwendet.*</u>	
3.13.10 [b]	*Kryptographischer Schlüssel verwaltet werden, wenn Kryptographie verwendet wird.*	
3.13.11	*Beschäftigen FIPS-validierten Kryptographie, wenn verwendet, um die Vertraulichkeit von CUI zu schützen*	

3.13.12 *Verbieten Fernaktivierung von kollaborative Computergeräte und in der Vorrichtung vorhanden Anzeige der Geräte im Einsatz für die Nutzer*

3.13.12 [a]	*Kollaborative Computergeräten identifiziert.*
3.13.12 [b]	*Collaborative Computing-Geräte bieten Hinweis für Benutzer von Geräten im Einsatz.*
3.13.12 [c]	*Fernaktivierung von Collaborative Computing-Geräten ist nicht gestattet.*

3.13.13 *Steuerung und Überwachung der Verwendung von mobiler Code*

3.13.13 [a]	*Die Nutzung von mobilem Code gesteuert wird.*
3.13.13 [b]	*Die Nutzung von mobilem Code wird überwacht.*

3.13.14 *Steuerung und Überwachung der Verwendung von Voice over Internet Protocol (VoIP) -Technologien*

3.13.14 [a]	*Die Nutzung von Voice over Internet Protocol (VoIP) Technologien gesteuert wird.*
3.13.14 [b]	*Die Nutzung von Voice over Internet Protocol (VoIP) -Technologien wird überwacht.*

3.13.15 *Schützen Sie die Echtheit Kommunikationssitzungen*

3.13.16 *Schützen Sie die Vertraulichkeit CUI in Ruhe*

System & Informationsintegrität (SI)

3.14.1   *Identifizieren, berichten und korrekte*
Informationen und Informationssystem
Mängel in angemessener Zeit

3.14.1 [a]	*Die Zeit, in den Systemfehler zu identifizieren, festgelegt.*
3.14.1 [b]	*System Fehler werden innerhalb der vorgegebenen Zeit identifiziert.*
3.14.1 [c]	*Die Zeit, in den Systemfehler melden angegeben.*
3.14.1 [d]	*Systemfehler innerhalb des vorgegebenen Zeitrahmens gemeldet.*
3.14.1 [e]	*Die Zeit, in den Systemfehler zu korrigieren, ist festgelegt.*
3.14.1 [f]	*System Fehler werden innerhalb der vorgegebenen Zeit korrigiert.*

3.14.2   *Schutz vor bösartigem Code an*
geeigneten Stellen innerhalb
Organisationsinformationssysteme

3.14.2 [a]	*Sehenen Stellen für bösartigen Code Schutz identifiziert.*
3.14.2 [b]	*Schutz vor bösartigem Code an bestimmten Stellen vorgesehen.*

3.14.3 *Monitor-Informationssystem*
Sicherheitswarnungen und Advisories und
geeignete Maßnahmen in Reaktion nehmen

3.14.3 [a]	*Antwortaktionen auf Systemsicherheitswarnungen und Advisories werden identifiziert.*
3.14.3 [b]	*System Sicherheitswarnungen und Advisories werden überwacht.*
3.14.3 [c]	*Aktionen als Reaktion auf Systemsicherheitswarnungen und Advisories getroffen werden.*

3.14.4 *Aktualisieren Sie bösartigen Code*
Schutzmechanismen, wenn neue
Versionen verfügbar sind

3.14.5   *Führen Sie regelmäßige Scans des*
Informationssystems und Echtzeit-Scans
von Dateien aus externen Quellen wie
Dateien

	heruntergeladen, geöffnet oder *ausgeführt*
3.14.5 [a]	*Die Frequenz für bösartigen Code-Scans* *definiert.*
3.14.5 [b]	*Bösartiger Code-Scans durchgeführt werden* *mit der festgelegten Frequenz.*
3.14.5 [c]	*Echtzeit bösartigen Code-Scans von Dateien aus externen* *Quellen wie Dateien werden heruntergeladen, geöffnet oder* *ausgeführt werden, durchgeführt.*

3.14.6 Überwachen Sie die Informationen	**System einschließlich ein- und** **ausgehenden Nachrichtenverkehr,** **Angriffe und Indikatoren für potenzielle** **Angriffe zu erkennen**
3.14.6 [a]	*Das System überwacht Angriffe und Indikatoren* *für potenzielle Angriffe zu erkennen.*
3.14.6 [b]	*Inbound-Kommunikationsverkehr wird überwacht* *Angriffe und Indikatoren für potenzielle Angriffe* *zu erkennen.*
3.14.6 [c]	*Outbound Kommunikationsverkehr überwacht* *Angriffe und Indikatoren für potenzielle Angriffe* *zu erkennen.*
3.14.7	**Identifizieren unberechtigte Nutzung des** **Informationssystems**
3.14.7 [a]	*Autorisierte Nutzung des Systems definiert ist.*
3.14.7 [b]	*Die nicht autorisierte Verwendung des Systems* *identifiziert.*

Über den Autor

Herr Russo ist das ehemalige Profi-Informationen Security Engineer im Department of Defense (DOD) F-35 Joint Strike Fighter-Programm. Er hat einen umfangreichen Hintergrund in Cyber-Sicherheit und ist ein Experte auf dem Risk Management Framework (RMF) und DOD Instruction 8510, die RMF während des DOD und der Bundesregierung implementiert. Er hält sowohl eine Certified Information Systems Security Professional (CISSP) Zertifizierung und eine CISSP in der Informationssicherheitsarchitektur (ISSAP). Er verfügt über eine 2017-Zertifizierung als Chief Information Security Officer (CISO) von der National Defense University, Washington, DC. Er zog sich von der US-Armee Reserven im Jahr 2012 als Senior Nachrichtenoffizier.

Er ist ehemalig CISO am Department of Education bei 2016 er die Anstrengung führte mehr als 95% der ausstehenden US-Kongress und Generalinspekteur Cyber Fehlbetrages Schwächen zu schließen, wie weit zurück zu fünf Jahren.

Herr Russo ist der ehemalige Profi Cyber Ingenieur des Joint Medical Logistics Entwicklung Funktionszentrum der Defense Health Agency (DHA) in Fort Detrick, MD unterstützt. Er führte ein Team von Ingenieuren und Cyber-Profis schützen fünf großen Medical Logistiksysteme unterstützen über 200 DOD Medical Treatment Einrichtungen rund um den Globus.

Im Jahr 2011 wurde Herr Russo vom Amt für Personalmanagement als Absolvent des Executive Service Candidate Programms Profi-zertifiziert.

Von 2009 bis 2011 war Herr Russo den Chief Technology Officer bei der Small Business Administration (SBA). Er führte ein Team von mehr als 100 IT-Experten bei der Unterstützung einer interkontinentalen Enterprise IT-Infrastruktur und Sicherheitsoperationen Spanning 12 Zeitzonen; er zum Einsatz modernster Technologien SBA Geschäfts- und Informationsaustausch Operationen Unterstützung der kleinen Unternehmen zu verbessern.

Herr Russo war der allererste Programm Executive Officer (PEO) / Senior Program Manager im Büro des Geheimdiensts und Analyse in der Zentrale, Department of Homeland Security (DHS), Washington, DC. Herr Russo war verantwortlich für die Entwicklung und Bereitstellung von sicheren Informationen und Intelligence-Systemen zur Unterstützung der OI & A gehören Software-Anwendungen und Systeme, die DHS Mission zu verbessern. Er war verantwortlich für den Programm-Management-Entwicklungszyklus während seiner Zeit bei DHS.

Er hat einen Master of Science von der National Defense University in Government Information Führung mit einer Konzentration in Cyber Security und einem Bachelor of Arts in Politikwissenschaft mit einer Minderjährigen in russischen Studien von der Lehigh University. Er hält Stufe III Defense Acquisition Zertifizierung im Programm-Management, Informationstechnologie und Systemtechnik. Er ist seit 2001 Mitglied der DOD Acquisition Corps gewesen.

EPILOG

Ein Jahr nach OPM Daten Breach, Was hat die Regierung gelernt?

*„... Die Agentur verlangt jetzt Mitarbeiter zu verwenden **Zwei-Faktor-Authentifizierung** in ihren Computer anmelden, ein Passwort und eine sichere Karte bedeutet. Die Mitarbeiter können nicht mehr ihre Gmail zugreifen ®-Konten von ihren Bürocomputern. OPM hat auch neue Tools implementiert Malware zu erkennen. ... [T] kann er Regierung sehen, alle seine Netzwerke angeschlossenen Geräte sowie überwachen die Daten zu bewegen in und aus dem System."*

(QUELLE: https://www.npr.org/sections/alltechconsidered/2016/06/06/480968999/one-year-after-opm-databreach-what-has-the-government-learned)

System Sicherheitsplan (SSP) Template & Arbeitsmappe NIST-basierte

https://www.amazon.com/System-Security-Plan-Template-Workbook/dp/B07BCY41D2/ref=sr_1_1?ie=UTF8&qid=1523490730&sr=8-1&keywords=system+security+plan

Agile / Security Development Life Cycle (A / SDLC):

Integration von Sicherheit in das System

Development Life Cycle

https://www.amazon.com/Agile-Security-Development-Cycle-ASDLC/dp/B07GL9YJVT/ref=sr_1_1?ie=UTF8&qid=1528965616&sr=8-1&keywords=Agile+cybersecurity